16	3	2	13
5	10	11	8
9	6	7	12
4	15	14	1

Mina Loy
Hope Mirrlees
Nancy Cunard

TRÊS POETAS
MODERNÍSSIMAS

Edição bilíngue
Organização, tradução, ensaios e notas de **Álvaro A. Antunes**

editora■34

EDITORA 34

Editora 34 Ltda.
Rua Hungria, 592 Jardim Europa CEP 01455-000
São Paulo - SP Brasil Tel/Fax (11) 3811-6777 www.editora34.com.br

Copyright © Editora 34 Ltda. (edição brasileira), 2024
Organização, tradução, ensaios e notas © Álvaro A. Antunes, 2024

The writings by Mina Loy contained in this volume have been translated and printed by permission of Roger Conover, Mina Loy's editor and literary executor. © The Estate of Mina Loy, 2023.

Paris: a poem © The Estate of Hope Mirrlees, 1920/2023.
Published by arrangement with Tassy Barham Associates.

The writings by Nancy Cunard contained in this volume have been translated and printed by permission of Robert Bell, executor of the Literary Estate of Nancy Cunard. *Parallax* © The Estate of Nancy Cunard, 2023.

A FOTOCÓPIA DE QUALQUER FOLHA DESTE LIVRO É ILEGAL E CONFIGURA UMA APROPRIAÇÃO INDEVIDA DOS DIREITOS INTELECTUAIS E PATRIMONIAIS DO AUTOR.

Imagem da capa:
A partir de retratos de Mina Loy, Hope Mirrlees e Nancy Cunard

Capa, projeto gráfico e editoração eletrônica:
Franciosi & Malta Produção Gráfica

Revisão:
Alberto Martins, Beatriz de Freitas Moreira

1ª Edição - 2024

CIP - Brasil. Catalogação-na-Fonte
(Sindicato Nacional dos Editores de Livros, RJ, Brasil)

L339t Loy, Mina (1882-1966)
       Três poetas moderníssimas / Mina Loy, Hope Mirrlees e Nancy Cunard; edição bilíngue; organização, tradução, ensaios e notas de Álvaro A. Antunes — São Paulo: Editora 34, 2024
       (1ª Edição).
       368 p.

       Texto bilíngue, português e inglês

       ISBN 978-65-5525-189-0

       1. Poesia inglesa moderna. 2. Mirrlees, Hope (1887-1978). 3. Cunard, Nancy (1896-1965).
       3. Antunes, Álvaro A. I. Título.

                CDD - 821

TRÊS POETAS MODERNÍSSIMAS

Mulheres, mestras, modernistas 7

MINA LOY

Vida, poesia, poema 25
SONGS TO JOANNES/ CANÇÕES PARA JOANNES 37
Oito outros poemas:
    The effectual marriage/ O casamento eficaz 71
    Der blinde Junge/ Der blinde Junge 79
    Lunar Baedeker/ Baedeker da Lua 83
    Brancusi's *Golden bird*/
        O *Pássaro dourado* de Brancusi 87
    Joyce's *Ulysses*/ O *Ulisses* de Joyce 91
    Gertrude Stein/ Gertrude Stein 97
    Nancy Cunard/ Nancy Cunard 99
    Apology of genius/ Apologia do gênio 101
Notas aos poemas 105
Sobre as traduções 108
"*Uma coisa que toma forma/*
    Uma coisa com um nome novo":
    um comentário a "Canções para Joannes" 123
Prosas de combate:
    Aforismos sobre Futurismo 141
    Manifesto Feminista 145

HOPE MIRRLEES

Vida, poesia, poema 151
PARIS: A POEM/ PARIS: UM POEMA 165
Notes/ Notas [da autora] 199
Sobre a versão de 1973 de "Paris: a poem" 201
Notas ao poema 203
Sobre a tradução 225
"*Algo belo — terrível — gigante*":
    um comentário a "Paris: um poema" 230

Nancy Cunard

Vida, poesia, poema 261
Parallax/ Paralaxe 275
Notas ao poema 315
Sobre a tradução 319
"*Palavras... como os rios pedregosos*":
　um comentário a "Paralaxe" 329
Sobre a influência de Eliot em "Paralaxe" 349

Sobre o poema-longo modernista 355

Bibliografia.. 360
Sobre o tradutor 367

Mulheres, mestras, modernistas

Álvaro A. Antunes

Mina Loy, Hope Mirrlees e Nancy Cunard são três mulheres, mestras, modernistas. Três poetas moderníssimas cujas obras mais ambiciosas foram quase esquecidas. Ainda permanecem "à margem da margem", fora do perímetro que por convenção historiográfica delimita o cerne, o cânone da vertente poética que, desde o quase meio século que compreende a última década do século XIX e as três primeiras do século XX, é vista por muitos como a fonte de onde emergem importantes correntes da poesia contemporânea.

Neste contexto, estas traduções de "Songs to Joannes" (1917) de Mina Loy, "Paris: a poem" (1920) de Hope Mirrlees, e "Parallax" (1925) de Nancy Cunard, três exemplares da poética modernista, querem ser mais um passo numa aventura de resgate.

O pano de fundo deste livro, portanto, é o Modernismo, termo que em seu sentido mais amplo dá nome a um momento (ou período, ou espírito) de profunda, avassaladora, cataclísmica transformação cultural.[1] *Grosso modo*, tal período se pode datar entre 1890 e 1930.[2]

Até mesmo por sua proximidade histórica, o Modernismo resultou de, e resultou em, convulsões que ainda sentimos. Suas reverberações levaram a sucessivas e inelutáveis transformações, das quais são

---

[1] Daqui em diante, quando uso o termo "Modernismo" (ou "modernista") sem qualificá-lo, entenda-se por ele a sua expressão literária. Mais: se não qualifico o termo, entenda-se por ele a poesia modernista em língua inglesa, embora, considerado de forma mais ampla, o Modernismo (como o Romantismo, e mesmo o Barroco) tenha um caráter global e requeira em seu estudo um enfoque também social e/ou econômico e/ou político, aí incluídas as questões de identidade, de gênero e de etnia que tão profunda e justificadamente marcam o nosso atual momento histórico.

[2] *Modernismo: guia geral, 1890-1930* (Bradbury e McFarlane, 1999).

consequência muitos aspectos fundamentais da realidade cultural em que estamos imersos, um século depois do seu apogeu.[3]

A historiografia do Modernismo em língua inglesa é vasta.[4] Para muitos (e para mim), a poesia do Modernismo nasce com "Un coup de dés" (1897), de Stéphane Mallarmé, para, na França ainda, logo explodir em direções diferentes com Guillaume Apollinaire e Blaise Cendrars, com Jean Cocteau, com André Breton e Philippe Soupault e seus oníricos *copains*. Quase tudo isto antes que a poesia modernista em inglês acordasse do longo crepúsculo vitoriano e se livrasse do falso, tépido amanhecer da poesia georgiana.[5] Em paralelo e concomitantemente à eclosão da poesia experimental na França, a de viés futurista floresceu na Rússia e na Itália. Em seus vários matizes, o Modernismo foi também intenso e importante em toda a Europa. Na América de língua espanhola, assim como em Portugal e no Brasil, teve um impacto duradouro. 1922 é o ano que, por amplo consenso, marca o apogeu da literatura modernista na Europa, e é o ano em que entre nós "tudo se transformou", aquele de cuja mexerica todos somos gomos.

Mais estreitamente, o pano de fundo deste livro é a forma poética que, mesmo sem uma definição consensual, se convencionou chamar de *poema-longo modernista*.[6] Penso que a importância desta forma poética decorre do quanto e quão bem ela congrega e articula, com maior densidade e contornos mais nítidos, a maioria dos atributos essenciais aos quais se costuma recorrer quando tentamos relacionar, comparar e

---

[3] *Modernismo: o fascínio da heresia — de Baudelaire a Beckett e mais um pouco* (Gay, 2009).

[4] *A history of modernist poetry* (Davis and Jenkins, 2015), *The Cambridge companion to modernist poetry* (Davis and Jenkins, 2007), *A history of modernist literature* (Gąsiorek, 2015), *The gender of Modernism: a critical anthology* (Scott, 1990), *Gender in Modernism: new geographies, complex interactions* (Scott, 2007), *The Cambridge companion to Modernism* (Levenson, 2005).

[5] A poesia georgiana foi uma tendência poética no Reino Unido que se constituiu durante o reinado de Jorge V, entre 1910 e 1936. Os poetas georgianos se consideravam modernos, mas são vistos pela historiografia do Modernismo como tímidos, saudosistas, conservadores por terem sido varridos de cena, em relação a esta sua autoimagem, pela radicalidade de modernistas propriamente ditos.

[6] *On the modernist long poem* (Dickie, 1986), *The great war, "The waste land" and the modernist long poem* (Tearle, 2019).

distinguir o poema modernista da tradição que, ao mesmo tempo e tipicamente, ele decompõe, disseca, recusa e revoluciona.

O hífen em "poema-longo" é necessário, porque nem todo poema longo é um poema-longo no sentido mais estrito que a historiografia do Modernismo consagra. Por exemplo, *The cantos* (1925-1969), de Ezra Pound, ou *The bridge* (1930), de Hart Crane, ou *Paterson* (1946-1958), de William Carlos Williams, ou *"A"* (1927-1978) de Louis Zukofsky, são poemas longos, longuíssimos, e certamente modernistas, mas seu ímpeto é épico porque não apenas contêm (e contam) história, mas dissecam-na e moldam-na em estória por meio de procedimentos de corte e sutura, de desmonte e montagem, tentando revelar o que daquela resulta quando colide com o indivíduo.

Os poemas-longos modernistas só raramente são épicos, no sentido que acabo de esboçar. Para estabelecer um contraste, talvez estejam para o épico modernista como o epílio dos poetas alexandrinos e dos Novos Romanos[7] está para o épico homérico ou virgiliano. Em parte, é uma questão de intensificação de aspectos: enquanto o épico, em sua vastidão, tende a dispersar sua energia centrifugamente, o poema-longo, em sua circunscrição atenta, condensa energias e se faz mais nítido sem deixar de ser amplo, centripetamente.[8]

---

[7] Marco Túlio Cícero (106-43 a.C.), com uma leve contorção de sarcasmo, chamou de *neoteroi* (e, em latim, *poetae novi*) um grupo informal de poetas latinos, ativos na primeira metade do século I a.C., que se puseram a rasgar certas teias de aranhas passadas. As influências eleitas pelos *poetae novi* vinham da poesia alexandrina, principalmente a de Calímaco (*c.* 310-*c.* 240 a.C.). Da poesia do grupo, somente a de Caio Valério Catulo (*c.* 84-*c.* 54 a.C.) sobreviveu em volume suficiente para caracterizar sua poética. A poesia de Sexto Aulo Propércio (43-14 a.C.), uma geração depois, e que é relativamente extensa, revela que, principalmente no início de sua carreira, Propércio até exacerba a influência alexandrina em comparação com Catulo. Segundo o classicista J. P. Sullivan, a poesia dos *neoteroi* é "caracterizada por experimentação formal e métrica, um tratamento oblíquo e *recherché* de temas mitológicos, e, em geral, uma aversão [à tradição do épico grandioso]". Os *poetae novi* foram, e são ainda, vistos como uma *avant-garde*, rebelde e irritante para uns (como Cícero) ou renovadora e instigante para outros (como Pound). Chamo-os, aqui, de "Novos Romanos" por analogia, anacrônica mas afetuosa, aos nossos Novos Baianos.

[8] Catulo 64 talvez seja o epílio que melhor exemplifique as características que ressalto: em quase 400 versos (relativamente longo para um epílio), Catulo entrelaça, condensando-os, três relatos da épica de base mitológica: a viagem dos argonautas, o abandono de Ariadne por Teseu e as bodas de Peleu e Tétis, de cuja união nasce Aquiles.

Assim como é famosamente difícil formular de modo objetivo e funcional uma definição consensual de verso livre (que é talvez o elemento prosódico mais frequentemente empregado nesta forma poética), o poema-longo modernista também não se oferece à óbvia análise: não é um inseto que pudéssemos, com vanglória taxonômica, alfinetar ao fundo de seda de uma caixa com tampa de cristal para acumular poeira numa estante de museu passadista.

Aqui, para evitar o vácuo, considero que um poema-longo modernista exibe em geral uma ou mais das seguintes características[9] (mas não necessariamente todas). O poema se apresenta a quem o lê de forma *não-referencial* e/ou *polifônica* e/ou *não-linear* e por isso, do ponto de vista dos leitores, permanece *indeterminado* em vários planos linguísticos. Além disso, e agora com a linguagem poética em primeiro plano, o poema tende a ser *fragmentado* e/ou *alusivo* e/ou *extremista* e/ou *anticonvencional* e/ou *renovador* (i.e., informado pela consciência da tradição no seu impulso irresistível à renovação) e por isso, do ponto de vista da tradição que o precede, aspira a ser fundamental e essencialmente *novo*.

Os mais famosos e importantes poemas-longos do Modernismo são "Homage to Sextus Propertius" (1917) e "Hugh Selwyn Mauberley" (1920), de Pound, e "The waste land" (1922), de T. S. Eliot. A cada um dos poemas nesta tríade foram dedicados volumes inteiros de comentário e exegese (estantes inteiras, no caso de "The waste land"), e são eles o referencial principal para a breve caracterização dos poemas-longos aqui traduzidos que ofereço mais adiante.

Das três poetas nesta coletânea, Loy é a mais amplamente conhecida, lida e estudada. Ainda assim, viveu décadas de esquecimento.[10] Neste sentido, a maior diferença é que sua poesia foi redescoberta antes, nos anos 1960. Os poemas de Mirrlees e de Cunard tiveram que esperar a primeira década do século XXI para sentir o tímido, pálido brilho da ribalta.

---

[9] Estas características são consideradas com um pouco mais de detalhe, ainda que, a rigor, não exatamente definidas de modo objetivo e funcional, no apêndice "Sobre o poema-longo modernista" neste volume.

[10] Principalmente, em contraste com o relativamente contínuo interesse em Marianne Moore e H. D., que, ao contrário de Loy, continuaram a publicar ininterruptamente ao longo do século XX.

Enquanto o poema de Mirrlees, a meu ver, tem raízes mais claras no Modernismo continental, os de Loy e Cunard traduzidos aqui são, com vieses distintos, exemplares do Modernismo em língua inglesa. Este ramo do Modernismo reage, por um lado, ao marasmo de certa poesia americana do final do século XIX[11] e, por outro, tanto ao vitoriano monumental[12] quanto ao odor de estéril decoro de georgianos,[13] já contemporâneos. Aos modernistas, tal corpo poético parecia um paquiderme oco e rouco tentando validar em poesia o apogeu do Império, a primeira aparição da mentira de que a história chegara ao fim.

Em vez de ver o futuro no lance de Mallarmé, este ramo anglo-americano do Modernismo foi despertado por poetas no limite do simbolismo francês (principalmente Jules Laforgue), remontando assim à modernidade de Charles Baudelaire (e não à de Mallarmé). Mas esteve sempre atento ao tom, à arte e ao *ethos* de Gustave Flaubert e, por seu esmero técnico, a Théophile Gautier, que por um curto período concentrou a atenção de Pound e, por influência deste, de Eliot.

Tendo emergido do *fog* londrino pelas penas de jovens prodígios americanos, a poesia modernista foi ser *enfant terrible* em Nova York e culminou *sauvage* em Paris, entrecruzando setas e metas com os *ismos* do futuro, do *dada* e, menos, do surreal e do simultâneo, até finalmente se entronar como "o trovar da tribo" e reinar por mais de meio século. Hoje, mesmo confundido pelo angu de paródicos caroços do pós-Modernismo, e mesmo tendo com este, em parte, se co-fundido para criar a cacofonia característica dos últimos anos da virada do século XX, o poema-longo modernista está vivo e vendendo viço.

Desde o seu momento máximo na década de 1920, pelas ampulhetas caiu muita areia sobre as três poetas aqui resgatadas. Das três, Loy foi a primeira a ser novamente lida, mas Mirrlees e Cunard (e sobretudo aquela) tiveram que esperar bem mais. Nas cachoeiras de estudos que acadêmicos e críticos jorram sobre nós, quase só se discernem com clareza os suspeitos de sempre: Eliot, Pound, Williams, Wallace Stevens, talvez e. e. cummings, talvez H. D., Moore e, na vertente (mal)

---

[11] Pense-se, por exemplo, em Longfellow e nos Fireside Poets (Whittier, Lowell, Cullen Bryant, Wendell Holmes Sr.).

[12] Digamos, Alfred Tennyson e Matthew Arnold.

[13] Por exemplos, Walter de la Mare e John Masefield.

dita objetivista, Louis Zukofsky e Basil Bunting. Até pouco e no limite, estes eram os poetas que, por um relativo consenso, configuravam o cerne da poesia modernista.

À parte a importante questão do gênero,[14] minha atração a Loy, Mirrlees e Cunard não decorre de serem exímias, tecnicamente, ou de seus poemas encarnarem puras (ou impuras) paixões. Para mim, a marca de sua importância na paisagem da poesia modernista é a coragem de sua inteligência singular, magnificamente expressada com audácia formal. Os três poemas-longos nesta coletânea são exemplos que ilustram bem a variedade de estratégias paradigmáticas da poética modernista. Antecipam (e/ou instauram e/ou intensificam) vertentes que alimentam a poesia contemporânea, embora, dada a força bruta de décadas de obscuridade, nem sempre, e nem todos, os novos poetas novos estejam conscientes disto. Ainda.

Os três poemas-longos traduzidos aqui exibem uma ou mais das características listadas acima como definidoras desta forma poética. Porém, no corpo de poemas-longos modernistas que nos foi legado, são exemplares de estratégias distintas. Como tentei sugerir acima, na poética modernista, a linguagem constrói poemas cujo significado é conciso, obscuro, obstinado, duro, sisudo, adamantino. Aqui, para tentar sugerir que distinções percebo entre os poemas, permito-me usar como metáfora do entendimento, a visão; da linguagem, um instrumento óptico; do poema, a luz (ou sua refração/difração).

Dependendo de ser o instrumento óptico mais, ou menos, adequado à visão que se almeja, a luz mediada e emitida por aquele leva à nitidez, ou não, da visão. Dependendo da linguagem poética que a poeta escolhe, o poema mediado e emitido por aquela leva, ou não, ao entendimento imediato.

Em "Canções para Joannes", o poema-longo de Loy, a linguagem tem o efeito de um espelho: você a encara e em resposta ela te encara de volta, e te desafia a achar o seu terminal de sentido, ou mesmo a decidir se este existe. As palavras parecem renascer, frescas sempre, no momento mesmo em que se as lê: a opacidade é de pensamento, de intelecção.

---

[14] Ver *The gender of Modernism: a critical anthology* (Scott, 1990), *Gender in Modernism: new geographies, complex interactions* (Scott, 2007) e *Modernist women poets: an anthology* (Hass e Ebenkamp, 2014).

Em "Paris: um poema", o poema-longo de Mirrlees, a linguagem tem o efeito de um prisma: você a encara e em resposta ela se divide em diversas rotas para distintos terminais de sentido. As microestruturas do poema parecem se lixar de se fixar num todo coeso, vibrando continuamente, voando para múltiplos destinos: a opacidade é da variedade vertiginosa do mundo e da realidade que o poema congrega e decompõe.

Em "Paralaxe", o poema-longo de Cunard, a linguagem tem o efeito de uma casa de espelhos nos velhos parques de diversões: você a encara e em resposta ela se multiplica e projeta em reflexões caladamente distorcidas em graus diferentes do terminal de sentido, que se presume existir, mas do qual só se percebem conflitantes, consideradas deflexões.[15] As palavras parecem nunca revelar o verdadeiro contorno de seu referente certeiro: a opacidade é de indeterminação, por escassez de dados, por recusa de revelação, por deliberada variação de pontos de vista.

Em conjunto, portanto, os três poemas ilustram diferentes procedimentos poéticos que são constituintes da revolução modernista. Têm em comum a resistência ao sentido imediato, i.e., a preferência pelo sentido mediado, pela estratégia de demandar o envolvimento dos leitores na confecção da conclusão efetiva, e por isso pessoal, do poema.

No caso de "Canções para Joannes", a linguagem parece clara, mas seu sentido transparece recluso e o poema compele os leitores a construir um pano de fundo que revele em quê, se em algo, o seu sentido profundo consiste.

No caso de "Paris: um poema", a linguagem, combinando montagem e colagem, age no sentido de causar uma inundação de informações e com isso compele os leitores a construir, a partir dos seus muitos estilhaços, um sentido, em geral idiossincrático, para o poema.

No caso de "Paralaxe", a multiplicidade de vozes, de *personae* poéticas, de espaços e tempos ao mesmo tempo concretos e desancorados, lineares e entrelaçados, compele os leitores a construir uma grelha consistente de referentes (i.e., pessoas, momentos, lugares) sem os quais o sentido do poema propriamente não se revela.

---

[15] O termo "paralaxe" denota o deslocamento ou diferença aparente na posição de um objeto em relação a um plano de fundo quando tal objeto é percebido por observadores em locais distintos ou por um observador em movimento.

Em 1923, digamos, Mina Loy, Hope Mirrlees e Nancy Cunard podem ter se cruzado em Paris, onde viviam então, e podem mesmo ter se encontrado. Loy e Cunard se conheciam e tinham amigos em comum com Mirrlees. Agora que as podemos reler, imagino-as revendo-se aqui, vivas em seus poemas.

Armadilhas, enigmas, minúcias, dilemas e derrotas

Este volume foi concebido como uma justaposição de três livros de estrutura semelhante, cada um dedicado a um poema-longo modernista. Há três partes em cada. Primeiro, introduções à vida e à poesia de cada autora, assim como ao poema em si. A estas, segue-se o poema na língua original e em tradução. Por fim, cada poema é acompanhado de três tipos de aparato explicativo: notas ao texto, notas à tradução e um comentário.[16] Em conjunto, o objetivo destes textos adicionais é preparar a leitura, situando a poeta, sua poesia e seu poema no contexto do Modernismo, e complementá-la, notando e anotando o quanto de genuína maestria e audácia estes poemas complexos e desafiadores contêm.

Uma característica importante deste volume é que os textos originais adotados são os da primeira publicação do poema. O intuito aqui é o de tentar emular a recepção (quase sempre um choque) dos primeiros leitores. Isto quer dizer que mantenho os erros e estranhezas (que chamo de *microturbulências*) quando e como estas aparecem naquelas primeiras aparições em público e busco, para cada uma delas, um equivalente na tradução, anotando, quando existem, as correções que edições mais cuidadas tenham consagrado.

As notas ao texto são as que me parecem necessárias mesmo a quem leia o original, posto que explicam ou discutem uma decisão do autor no seu uso específico da língua de origem. Na sua maioria, são

---

[16] As notas ao texto são assinaladas, na tradução, por um número sequencial sobrescrito. As notas à tradução são assinaladas por um círculo sobrescrito (°). Cada nota é identificada pelo número do verso (ou versos) seguido pelas palavras que contextualizam o trecho a que a nota se refere.

enigmas e minúcias na forma de referências a coisas, pessoas, lugares etc. que eram (ou se tornaram) obscuras por pressuporem uma íntima familiaridade com o contexto (principalmente, sociocultural) da composição do poema. Assim, estas notas são quase sempre derivadas do trabalho pioneiro das estudiosas e estudiosos que me antecederam. Em outros casos, derivam mais imediatamente de resoluções diretas a partir de obras de referência comumente disponíveis.

Em contrapartida, as notas à tradução explicam ou discutem decisões minhas, como tradutor, no uso específico que faço da língua de destino em relação à de origem. Assim, tais notas tentam trazer à tona nuances de tom, registro e sentido com que a poeta, principalmente fazendo uso da ambiguidade intencional subjacente à mentalidade modernista, constantemente bifurca a trilha de leitura. É natural que tais nuances venham à tona mais marcadamente ao se tentar transcriar o poema em outra língua. Por isso, notas à tradução têm como pano de fundo diferentes possíveis soluções ao desafio de traduzir. Em geral, o que as suscita é o constatar a presença daquilo que no poema é mais intensamente inextricável da língua de origem, o que, por sua vez, incorre no compromisso de registrar as perdas[17] mais significativas de que a tradução não conseguiu escapar. Assim, na sua maioria, tais notas são um registro das armadilhas, dilemas e derrotas que poemas assim tão intrincados propõem a quem traduz.

A separação destes dois tipos de nota ajuda a salientar características distintas de cada poeta, e me parecem, neste sentido, úteis ao leitor. Assim, pode-se notar que o poema de Mina Loy requer um maior número de notas à tradução do que de notas ao texto; o de Hope Mirrlees, um número maior de notas ao texto do que à tradução; e o de Nancy Cunard, um número não tão discrepante de notas ao texto e à tradução. Por sua vez, o que isto revela é que o poema de Loy parece primar pelo uso inovador da linguagem em maior grau do que o de Mirrlees e, ao mesmo tempo, é muito menos alusivo ou ancorado a um tempo e lugar do que este. Correspondentemente, percebe-se melhor

---

[17] Segundo Louis Untermeyer, Robert Frost costumava dizer: "Poetry is what is lost in translation. It is also what is lost in interpretation" [Poesia é o que se perde na tradução. É também o que se perde na interpretação], in *Oxford dictionary of modern quotations* (3ª ed.), Elizabeth Knowles (org.), Oxford, OUP, 2008.

que o poema de Mirrlees usa uma linguagem comparativamente convencional e inova, em vez disso, ao criar uma estonteante, estupenda colagem sensorial ancorada em distintos tempos de Paris. Finalmente, fica mais claro que a inovação mais notável do poema de Cunard não se dá principalmente através da radicalização da linguagem (como o de Loy) ou da orquestração de alusões e referências (como o de Mirrlees), mas sim pela intrincada polifonia de vozes, o que torna extremamente complexa a tarefa de fixar seus referenciais semânticos.

Estas observações sugerem o quanto a poesia modernista se lançou em várias direções, usando diferentes estratégias poéticas, resultando com isso em poemas que inovam em maneiras diferentes e, em alguns casos, complementares.[18] Os três poemas neste livro ilustram três modos distintos de se fazer poesia modernista, mas têm em comum a resistência a uma apreensão imediata: não é injusto dizê-los obscuros, opacos, aparentemente impenetráveis, por razões que a combinação de notas ao texto e notas à tradução, pelo seu próprio volume, torna evidentes.[19] Dado que, em graus diferentes, primam por uma construção fragmentada, não seria absurdo chamá-los de "poemas-ouriço",[20] como de fato os epílios alexandrinos e romanos tendiam a ser. É esta constatação que motiva o terceiro tipo de aparato explicativo usado neste livro.

---

[18] Para fins de contraste, a tendência em muitas tradições poéticas anteriores (por exemplo, no Barroco ou no Parnasianismo) era para uma menor diferenciação em termos de estratégias formais; assim entre Francisco de Quevedo e Gregório de Matos Guerra ou entre Olavo Bilac e José-Maria de Heredia (embora seja possível contra-argumentar que o conceptismo de Quevedo e o culteranismo de Luis de Góngora estão numa relação de diferenciação que é análoga, em linhas gerais, à que predomina na poesia modernista).

[19] Um dos estímulos ao Modernismo foi a consciência cada vez mais contundente de que no meio século que vai do apogeu do capitalismo imperialista à primeira Grande Guerra, o mundo e a vida tinham se tornado tão complexos e intrincados que somente uma arte complexa e intrincada poderia lhes fazer jus e, assim, justificar-se.

[20] Para o poeta, crítico literário, filósofo, filólogo e indologista alemão Friedrich Schlegel (1772-1829), "um fragmento, como uma obra de arte em miniatura, tem que existir inteiramente isolado do mundo que o circunda e ser completo em si mesmo, como um porco-espinho", in *Friedrich Schlegel's* Lucinde *and the fragments*, Peter Firchow (org.), Minneapolis, University of Minnesota Press, 1971, fragmento 206, p. 189.

Os comentários aos poemas almejam exemplificar uma leitura possível e com isso afirmar que, por obscuros, opacos e aparentemente impenetráveis que possam parecer a princípio, não é impossível iluminá-los, dar-lhes maior transparência e, assim, melhor desfrutá-los. Sendo exemplos apenas, os comentários não têm por objetivo, portanto, nada além de estimular os leitores a construírem por si mesmos, e para si mesmos, interpretações suas. Querem-se uma promessa concreta de que o engajamento com estes poemas, reconhecidamente difíceis, recompensa o esforço de leitura.

Os comentários também ajudam a tornar mais explícita a origem da complexidade de cada poema. Como esta origem é distinta em cada caso, os comentários forçosamente assumem pontos de vista distintos e se estruturam de forma diferente. Neste sentido, provam-se úteis na medida em que ajudam os leitores a perceber o quanto (e em quê) estes são poemas típicos do Modernismo e como esta grande guinada na evolução das tradições poéticas se embasa numa furiosa e implacável renúncia ao sentido imediato, como comumente entendido. Uma guinada que está para a poesia anterior ao Modernismo, como, digamos, na pintura, Braque para Ingres ou Millet.

Vale notar que os comentários são modestamente heréticos em pelo menos dois aspectos. A primeira heresia é consequência da tentativa de construção de um eixo narrativo, ou um referencial subjacente, tão claro e consistente quanto crível, o que é anátema à ética e à estética modernista no seu modo mais radical. À luz destas é a forma, e somente a forma, através de percepções puras e imediatas, e não de descrições mediadas pela mente do autor (ou, claro, de um *tertius*, o comentarista), que condensa o pensamento e o gesto do artista em artefato. A segunda heresia é consequência da primeira, posto que na construção daquele eixo narrativo sou compelido a assumir, em essência, que a voz sob o poema[21] corresponde sim à da poeta. Esta postura é anátema ao

---

[21] Uso essa expressão mais neutra, ainda que mais longa, em vez de "o eu lírico", que é a mais comumente usada para denotar o suposto indivíduo a quem os usos da primeira pessoa gramatical no texto se referem. Na poesia modernista não é incomum que o uso da primeira pessoa expresse a personificação de uma condição cultural e não o eu de um indivíduo. Em contraste, nas tradições poéticas com as quais a poesia modernista dialoga e se digladia, o uso da primeira pessoa mais comumente denota uma individualidade distinta e univocamente caracterizada. No caso mais comum, a pessoa

propósito modernista de confrontar a realidade esfacelada, volátil, fugaz, desancorada, sem a âncora fácil da subjetividade. Assim, é comum a muitos que estudam o Modernismo afirmar que o paradigmático texto modernista tende ao impessoal; que a artista modernista se esforça em manter uma consciente distância do texto que cria.

Até um certo grau, há um grão de verdade nesse postulado, mas, como comumente ocorre quando é impossível delinear uma fronteira clara para um conceito, muitas vezes, a cada exemplo corresponde um contraexemplo imediato. No caso de Eliot, se "The love song of Alfred J. Prufrock" for um exemplo do seu modo impessoal, em "The waste land" não é incomum que se possa ler traços da sua vida. No caso de Pound, se "Homage to Sextus Propertius" é (quase) livre da vida de Pound, "Hugh Selwyn Mauberley" reflete tão de perto o *milieu* do poeta na Londres do princípio do século XX que o postulado titubeia mais uma vez. Não é que se possa ler "The waste land" ou "Mauberley" como autobiografia, muito menos que se deva fazê-lo. É que, para mim, um dos vieses válidos numa tentativa de interpretação de certas passagens é ancorá-la na vida e/ou no meio cultural da poeta, às vezes através de compósitos, como é particularmente o caso em "Canções para Joannes" e em "Paralaxe". Mais ainda, tal viés parece mais válido para a interpretação destes do que para a de "Prufrock" ou "Propertius". Uma questão, portanto, de grão e de grau.

Por um lado, meu comentário a "Paris: um poema" não ambiciona fixar um referencial que fortemente o ate à vida de Mirrlees, nem mesmo como comprovação de hipótese metodológica. Em seu minucioso comentário ao poema, Julia Briggs,[22] a grande estudiosa inglesa, tampouco o ancora na vida da poeta. Penso que esta postura é consistente com a extrema e deliberada fragmentação do poema e, de fato, inescapavelmente decorrente dela. Por outro lado, os comentários a "Canções para Joannes" e a "Paralaxe" usam fatos nas vidas de Loy e de Cunard para tentar delinear referenciais sobre os quais alguns dos possíveis sentidos dos poemas possam coalescer num mosaico consis-

---

da poeta. Na dezena de metapoemas com o título coletivo de "Ao leitor", em *Fim de verão* (2022), Paulo Henriques Britto dramatiza, entre tantas tensas, densas outras, esta inquieta questão, a de uma voz que se sabe ser e não ser.

[22] *Commentary on "Paris"* (Briggs, 2007b).

tente. No caso de "Canções para Joannes", apelo às vezes à paráfrase, mas meu propósito com isso não é afirmar que o referencial possivelmente revelado por tal recurso é uma chave necessária do poema, mas sim que um tal referencial é cabível, i.e., que o poema não é um poço de mil escuros, ou, o que seria catastroficamente pior, que não faz qualquer sentido.

Não é demais registrar que, como todas as interpretações, mesmo as menos dependentes de conhecimento extrínseco ao texto, as minhas nem são especiais nem querem se arvorar de autoridade excepcional: mais uma vez, apenas exemplificam o que pode constituir, como se pode construir, um referencial de leitura para poemas tão impenetráveis *prima facie*. Os comentários são, neste sentido, um exercício de abdução, i.e., de construção de uma hipótese de cunho explanatório que possa agir como um referencial subjacente a um texto que, por intenção autoral, nasce e se quer radicalmente livre.

Enfim, o dilema do comentarista é muito bem, e bem sucintamente, descrito por Joe Moshenka referindo-se aos poemas de John Donne: "Estes poemas são conspicuamente difíceis e eruditos, demandando profundidade de conhecimento, intensidade de atenção e rapidez de pensamento dos que os querem seguir; porém, recrutar conhecimentos com o intuito de penetrar suas guinadas imprevisíveis, seus jatos de imaginação, pode vir a parecer o penetrar com um alfinete o corpo de uma borboleta particularmente bela com o propósito de agrilhoá-la a uma taxonomia".[23] Não bastasse o temor deste terror, e a objeção de Robert Frost citada anteriormente, há ainda que confrontar a ansiedade com que a palavra de ordem de Susan Sontag,[24] punho parado no ar, nos ameaça: "Em vez de uma hermenêutica, precisamos de uma erótica da arte". Nem uma nem outra meus comentários são.

E no entanto, por sua importância tanto intrínseca quanto histórica, é preciso ler os poemas neste volume, evadir suas armadilhas, confrontar seus enigmas, atender às suas minúcias, aceitar seu resíduo de dilemas e, por fim, contemplar nossas derrotas diante do mistério final de sua arte audaciosa. Que uma leitura enriquecedora é possível é o que modestamente os comentários neste volume pretendem exemplificar.

---

[23] "The poet and the whale" (Moshenka, 2022).

[24] *Contra a interpretação e outros ensaios* (Sontag, 1999).

O que é verdadeiramente inerente à poesia modernista é que ler, sem pretender definitivamente decifrar e fixar qualquer leitura, é preciso: ser preciso não é preciso. Aqui, errar não é o decepcionante antônimo de acertar: aqui, errar é o intrépido sinônimo de vagar, de não ter rumo certo, certo de que é preciso aceitar o desafio que a poeta configurou e conflagrou em poema. O que dá fruto é ir em frente, com o poema em flor, onde quer que o poema vá.

Por que, para quem

Minha primeira versão de "Songs to Joannes" foi para pagar uma promessa, há quantos anos feita, a Carlito Azevedo e a Daniel Chomski. Agradeço a Guilherme Gontijo Flores tê-la acolhido, e à minha primeira versão de "Paris: a poem", na *Escamandro*.

Agradeço a Augusto de Campos e a Paulo Henriques Britto terem me estimulado a aprimorar aquelas primeiras versões. Acompanhadas aqui, pela tradução de "Parallax" e mais textos de contexto, este volume é o resultado. Paulo Henriques, sempre generoso, tentou dar brilho ao barro das minhas primeiras versões das traduções de Mirrlees e Cunard, e por isso muito lhe devo. Agradeço a Alberto Martins, meu editor, pela generosidade de sua finíssima lima nas minhas muitas arestas. Os erros turrões, burrões, são sempre, todos, meus.

Agradeço a Drew Milne e a Sandeep Parmar a ajuda que me deram em obter um fac-símile da primeira edição de "Parallax" e à British Library por tornar disponível online um fac-símile da primeira edição de "Paris: a poem", ambos originalmente publicados pela Hogarth Press. Parabenizo Peter Brooker e Andrew Thacker por liderarem o *Modernist Magazines Project*, financiado em grande parte pelo Arts and Humanities Research Council do Reino Unido, pois sem ele teria sido bem mais difícil obter um fac-símile do exemplar de *Others* em que "Songs to Joannes" foi publicado inteiro pela primeira vez. Erros de transcrição são, claro, somente meus.

Agradeço a atenção de poeta de Sandeep Parmar e seu interesse instigante pela poesia de Loy, Mirrlees e Cunard, pois foi ela quem abriu meus olhos para estas duas últimas poetas e sua dedicação às três tornou-se, em paralaxe, a minha.

Grato por ser um a quem é dado tê-las por amigas, dedico o que de bom e meu houver neste trabalho a Regina Fernandes, Marilene Barino Moura e Odete Loureiro: três poemas moderníssimos. *Je vous salue, jolies!*

Buxton, Derbyshire, 2024

MINA LOY

(1882-1966)

Mina Loy em retrato de Stephen Haweis, 1905.

Vida, poesia, poema

Vida[1]

Mina Loy nasce Mina Gertrude Lowy, em Londres, em 27 de dezembro de 1882, a mais velha de três filhas. O pai, judeu, é alfaiate; a mãe, gentia, filha de um artesão.

Apesar de vir deste contexto social modesto, Loy se verá presente em muitos marcos espaçotemporais do mundo modernista: na Munique do *Jugendstil*, na Paris do Picasso Azul, na Florença futurista, na Nova York *dada*, na Cidade do México quando Pancho Villa e Zapata, na Berlim de Weimar, na Viena de Freud, na Paris surrealista.[2]

Dos dez aos vinte anos, encorajada pelo pai, um veio artístico floresce. Adolescente, sua extraordinária beleza física e seu antagonismo às convenções da época sobre o comportamento feminino geram conflitos.

Em 1903, já grávida da primeira filha de ambos, casa-se com Stephen Haweis, um pintor e fotógrafo medíocre que conhecera ainda em Londres e com quem se mudara para Paris. Haweis se revelará um caráter mau e daninho. Em vez de adotar o do marido, Mina muda o sobrenome para Loy. Aquela primeira filha, Oda Janet, morre infante. Em 1907, outra filha, Joella Synara, que vive até 2004, e em 1909, um filho, Giles, que morrerá adolescente. Nesse primeiro período em Paris, estuda arte, frequenta o círculo de Gertrude e Leo Stein, e exibe (aquarelas) no *Salon d'Automne*, o da vanguarda viva, em 1904, 1905 e 1906.

---

[1] Tomo como base a cronologia que Roger Conover escreveu para *The last lunar Baedeker* (Loy, 1985, pp. lxiii-lxix).

[2] Sarah Hayden é quem chama a atenção para as peregrinações de Loy na sua introdução a *Insel* (Loy, 2014a, p. ix).

Em 1906, Loy e Haweis mudam-se para Florença. É um período difícil, marcado por depressão, ausência, estranhamento e infidelidades de ambos. É também quando se torna próxima, por um lado, do futurismo de F. T. Marinetti e Giovanni Papini, e, por outro, do círculo de Mabel Dodge Luhan, Gertrude Stein e outros expatriados americanos, residentes ou de passagem por Florença, muitos dos quais virão a ter um papel crucial na explosão *dada* em Nova York pouco tempo depois.

Haweis desaparece em viagens mundo afora. Na prática, o casamento se desfaz em 1913, mas o divórcio legal só se dá em 1917. O período florentino é fértil para Loy, tanto como artista quanto como poeta. Publica poemas pela primeira vez em 1914, em revistas de vanguarda em Nova York. Quando a Grande Guerra eclode, trabalha como enfermeira num hospital italiano. Tem *affaires* com Marinetti e Papini, e percebe que vem deles uma energia que preza,[3] mas o faz crítica e ceticamente, por inevitáveis reservas à ideologia de gênero tão passadista dos não tão futuristas assim.

1915 é o ano da migração de vários artistas europeus para Nova York.[4] Os poemas de Loy continuam a ser publicados pelas várias pequenas-revistas modernistas[5] bancadas pelos magnos mecenas da vanguarda americana. Desiludida com o Futurismo, satiriza e antagoniza seus líderes.

Parte para Nova York em 1916, deixando o casal de filhos em Florença com uma ama. Logo se torna extremamente ativa no extremamente ativo período em que se cristaliza a vanguarda americana. Conhece e/ou convive com Marianne Moore e William Carlos Williams, além de Duchamp e Picabia, entre outros. Porém, nada na vida de Loy

---

[3] Ver na seção "Prosas de combate" minhas traduções de "Aforismos sobre Futurismo" e do "Manifesto Feminista" de Loy, dois textos afiados ainda agora, peças em prosa polêmica não tanto poemas em prosa.

[4] Vale nomear Henri-Pierre Roché, Marcel Duchamp, Francis Picabia, Edgard Varèse, entre outros.

[5] Uso esta forma hifenada para marcar com ele o significado específico da expressão "little reviews" em inglês. Estas revistas tiveram um papel crucial na geração, evolução e consolidação do modernismo anglo-americano. Entre as mais relevantes para os poemas traduzidos aqui, estão *Others, Poetry, The Criterion, The Dial, The Egoist, The English Review, The Little Review, The New Age,* e *Wheels.*

é tão importante quanto o seu encontro e seu instantâneo e correspondido *amour fou* por Arthur Cravan, em Nova York, em 1917.

Cravan (cujo nome verdadeiro é Fabian Avenarius Lloyd) nasce em Lausanne, sobrinho da mulher de Oscar Wilde. Desde sempre, é rebelde, provocador, contumaz contestador de tudo e todos, onde e quando for. Escritor, poeta, crítico, cantor, pugilista com dois metros de altura. Sua vida e desaparecimento precoce são matéria de muitos mitos. Em 1918, tinha 31 anos e, ao experimentar um barco com vistas a uma longa viagem com Loy, some no Oceano Pacífico, ao largo de Salina Cruz, no México. Seu corpo, jamais encontrado.[6] A filha de Loy e Cravan, Jemima Fabienne, mas conhecida por Fabi, nasce em 1919 em Londres e vive até 1997.

Pelos três anos seguintes, Loy perambula a dor deste desaparecimento: de Londres a Lausanne, onde vai visitar a mãe de Cravan; a Florença, se reunir com Joella e Giles; a Nova York (os filhos ficam na Europa), preparar as buscas, já que o presume ainda vivo. Com Loy ausente de Florença, Haweis rapta Giles e desaparece com a criança. De Nova York a Florença a Viena a Berlim, até que se fixa em Paris em 1923. Ali, volta a escrever e finalmente tem seus poemas publicados em seu primeiro livro, *Lunar Baedecker* [sic].

Tem 41 anos. Apesar das perdas potentes (de Oda, Giles e Cravan), que jamais superaria de todo, este momento, o do apogeu do Modernismo, é o apogeu de Mina Loy. Na Paris de Proust e Pound e Joyce e Stein, a modernidade profunda e inteligentíssima de sua poesia faz destes quatro pilares seus raros pares.

A década seguinte é árdua. Entre 1923 e 1925, escreve seu segundo poema-longo, ainda mais longo que "Canções para Joannes", que toma a forma de uma automitologia em verso.[7] Deu-lhe o nome de "Anglo-mongrels and the rose" [Anglo-vira-latas e a rosa], uma alusão à família paterna de judeus assimilados e à materna, obcecada por modos opressivos de educação vitoriana com a qual, se num corpete, a quiseram aprisionar em forma de flor.

---

[6] O lendário *affaire* de Loy e Cravan serve de fundo a pelo menos dois romances relativamente recentes: *Shadow-box* (1999), de Antonia Logue, e *Last stop Salina Cruz* (2007), de David Lalé.

[7] Como a ele se refere Roger Conover.

Depois de reunir-se às filhas, Loy tenta por vários anos sobreviver como designer de roupas, chapéus e, principalmente, de abajures estampados com arte original criada por ela. Recebe apoios[8] e a princípio a empresa prospera. Uma loja é aberta, mas débitos acabam por se acumular. Joella casa-se em 1927 e muda-se para Nova York; o marido, um marchand. Em 1930, a empresa finalmente fecha; o genro, que abrira uma galeria em Nova York, resgata as dívidas. A preocupação, desapontamento e depressão que se seguem fazem com que ela se recolha, se cale, e escreva pouca poesia. Dedica-se à prosa e trabalha num romance, *Insel*, baseado na sua estranha amizade com Richard Oelze (1900-1981), o pintor surrealista alemão que conhecera em 1933.[9] Entre 1930 e 1936, ajuda o genro com seus contatos no mundo artístico parisiense e atua como sua agente, mergulhando na busca de pintores e pinturas. Em 1936, muda-se definitivamente para Nova York. Continua artisticamente ativa, escreve poesia, revisa sua prosa, faz uma amizade duradoura com o artista e cineasta experimental Joseph Cornell, mas vai se calando, gradualmente.

Com o silêncio, em parte voluntário, é quase esquecida. Em 1953, muda-se para Aspen, onde moram Fabi e Joella. Uma edição ampliada de seu livro parisiense sai em 1958 pela editora de Jonathan Williams, o poeta americano. Em 1959, propalada por Marcel Duchamp, parte de sua arte é exibida numa galeria em Nova York. Morre em Aspen, em 25 de setembro de 1966, aos 83 anos.

Poesia

Mina Loy foi ultra entre ultras, radical entre radicais, *avant de l'avant-garde*.

Roger L. Conover, o grande editor de Loy, usa dois esquemas diferentes para segmentar as obras de Loy.[10] Na primeira versão, *The*

---

[8] Entre outros, o de Peggy Guggenheim.

[9] *Expectation* [Expectativa] (1935-1936), no MoMA, misteriosa e belíssima pintura, é obra sua.

[10] Dependendo do grau de rigor de um editor ao confrontar os projetos, rascunhos e trabalhos mais ou menos incompletos de Loy, há (ou não) o que ainda acrescentar às suas obras publicadas. Roger Conover nos dá duas versões diferentes, e com-

last lunar Baedeker, de 1985, Conover divide os poemas em *primeiros* (1914-1925) e *últimos* (1930-1950), e mantém à parte um grupo de poemas que chama de *sátiras* (1914-1923), coevos com os *primeiros*. Entre estes dois grupos, Conover coloca os dois mais famosos poemas-longos de Loy: "Songs to Joannes" e "Anglo-mongrels and the rose". Conclui o arranjo, um grupo de poemas (na época, inéditos) que, na sua grande maioria, datam de 1930-1940. Na versão mais recente, *The lost lunar Baedeker*, de 1996, Conover exclui "Anglo-mongrels and the rose" e os inéditos da coleção anterior, e prefere rotular períodos na poesia de Loy. Agrupa os poemas de 1914-1920 sob o título "Futurismo x feminismo: a quadratura do círculo"; os de 1942-1949 sob o título "Compensações da pobreza"; e a um grupo de poemas datados de 1919-1920 (coevos, portanto, com o fim da fase que chamara de futurista-feminista), Conover dá o título "Cadáveres e gênios", talvez porque dominado por poemas descritivos, por vezes abstratos retratos, por vezes quase écfrases. Novamente, "Songs to Joannes" faz o papel de pivô.

Esses dois esquemas ressaltam que a poesia de Loy tem dois tempos, com o ano de 1925 dividindo-os. O primeiro esquema ressalta o caráter satírico de boa parte da poesia de Loy. O segundo ressalta, por um lado, a importância que ela deu à defesa da arte livre de artistas livres e, por outro, a transição do combate (nos poemas de confronto feminista-futurista) à interioridade que Conover vê como compensação à pobreza e ao silêncio que engolfaram Loy no seu segundo período americano, até que chegassem à foz na relativa quietude dos seus anos finais.

A obra poética de Loy consiste em 95 poemas.[11] Tendo publicado pouco[12] e lentamente, é difícil caracterizar a poética de Loy evolutiva-

---

plementares, em *The last lunar Baedeker* (Loy, 1985) e em *The lost lunar Baedeker* (Loy, 1996).

[11] Este número é inevitavelmente um tanto arbitrário, já que, a um outro leitor/editor, seria possível conceber como poemas passagens incompletas, ou malformadas, no legado holográfico de Loy.

[12] Porém, como nota Conover (Loy, 1985, p. xxix), os poemas que Eliot e Moore decidiram coligir foram poucos também, cerca de 65 e 70, respectivamente. Em claro contraste, as obras poéticas dos nossos próprios modernistas maiores são bem mais extensas.

mente. Ao meu ler, seus poemas tardios (por exemplo, "An aged woman" [Uma mulher envelhecida], s/d) vêm trajados da mesma arte e do mesmo mistério que a faz única, mesmo entre poetas intensamente comprometidos com invenção e originalidade. Por outro exemplo, três décadas depois de "Songs to Joannes", Loy publica um poema-longo ("Hot cross bum")[13] que tão só, e de modo marcante, adensa e radicaliza as inovações poéticas que haviam constituído a sua contribuição para a primeira pulsão modernista.

O que a faz única, penso, é a sua inteligência fina, elusiva, brava, afiada e felina, oblíqua, prenhe de lacunas, de centelhas, de neblinas. Não a lemos tanto pela música ou pela imagística, embora, quando as quer, as saiba.

Ao que parece, e pelo menos em parte, Pound nos saiu com a ideia de logopeia para alfinetá-la *farfalla*, para tentar explicar onde o minério, onde o mistério, de sua poesia tão radicalmente nova. Numa resenha da antologia *Others*,[14] Pound define o termo como denotando um tipo de "poesia que não tem a ver com nada a não ser linguagem, que é uma dança da inteligência entre palavras e ideias e modificação de ideias e personagens" para depois afirmar que, embora os poemas de Pope, Browning, Laforgue e Eliot tenham momentos logopaicos, somente os de Mina Loy e Marianne Moore são de pura logopeia, acrescentando que "é, no caso delas, o enunciado de pessoas inteligentes em desespero, ou flutuando à beira daquele precipício. [...] É um grito da mente, mais que um grito do coração. 'Roube o mundo se quiser, mas me deixe um lugar de asilo para o meu afeto' não é a lamentação delas, mas sim 'No meio desta desolação, me dê pelo menos uma inteligência com a qual eu possa conversar'". Não me parece impossível que a logopeia de Loy (principalmente pela sua fina ironia) tenha sido um dos pivôs da consolidação modernista na poesia de Pound que fecha seu

---

[13] O título é um trocadilho com *hot cross bun*, um pãozinho típico da Páscoa. *Bum* é um termo pejorativo amplo para mendigos, desabrigados e dependentes de álcool e drogas. Uma tradução poderia ser algo como "Beberrão de Páscoa", mas o *jeu d'esprit* se perde. O poema é de 1949.

[14] Uma de três antologias editadas por Alfred Kreymborg, a resenha de Pound foi publicada originalmente em março de 1918 na pequena-revista *The Little Review*, 4(11), pp. 56-68, e reimpressa em *The gender of Modernism: a critical anthology* (Scott, 1990, pp. 365-6).

período londrino com "Hugh Selwyn Mauberley" e "Homage to Sextus Propertius", seus influentes poemas-longos, seus primeiros puros gritos da mente.

Para Carolyn Burke, "é possível, agora, ver que o modernismo [de Loy] é profundamente tingido pelo seu pensar questões de diferença sexual, tendo florescido de uma combinação incomum da sua experiência da Europa no pré-Primeira Guerra Mundial, sua associação íntima com vanguardistas como Stein e Marinetti, e um cruzamento idiossincrático de seus interesses feministas e metafísicos" (Scott, 1990, p. 230). Burke ressalta que "embora Loy tenha, por um tempo, sido arrastada pela energia de Marinetti, as contradições na política de gênero que ele defendia logo se tornaram evidentes e [tendo escrito seus "Aforismos sobre Futurismo"] a motivaram a escrever seu manifesto feminista [no qual ela] afirma que, no estado em que estão as coisas, 'homens & mulheres são inimigos, com a hostilidade do explorado pelo parasita, do parasita pelo explorado', já que ambos estão aprisionados numa luta desigual por poder que resulta da dependência sexual" (Scott, 1990, p. 232).

Conover relata que Loy, ao se deparar com poetas da geração seguinte à sua decididos a redescobri-la, quis evitá-los, mandá-los embora, espantando-os, que a deixassem assim, bem como era e estava: "Mas, por que vocês perdem tempo com estes pensamentos meus? Nunca fui poeta". Parece-me semanticamente (e ironicamente) preciso que ela quisesse que fossem lidos como pensamentos o que muitos leem como poemas somente,[15] talvez subestimando assim o veio de profunda inteligência que subjaz à beleza do seu verso.

Sua obra poética está coligida em duas edições complementares já citadas. Há uma biografia sólida,[16] monografias,[17] e pelo menos duas ricas coletâneas de ensaios,[18] além de vários artigos dispersos. Alguma

---

[15] Porém, há, sempre, sutileza em Loy, e aqui, talvez, por "poeta", ela estivesse ironizando os parnasianos, os artistas do verso, em sentido estrito.

[16] *Becoming modern: the life of Mina Loy* (Burke, 1996).

[17] Por exemplo, *Mina Loy: American modernist poet* (Kouidis, 1980) e *Mina Loy's critical modernism* (Scuriatti, 2019).

[18] *Mina Loy: woman and poet* (Shreiber e Tuma, 1998) e *The Salt Companion to Mina Loy* (Potter e Hobson, 2010).

prosa e uma retrospectiva de sua enigmática produção artística foram publicadas recentemente.[19]

Se bem que bem mais conhecida hoje do que há duas ou três décadas, o cânone da poesia modernista ainda não acolheu a poesia de Loy, e talvez jamais o faça, mas, em que pese esta relutância, se os poemas pesam, por serem complexos, são leves também, no verso ágil, e Loy é sempre audaz, jamais fugaz (ainda que esquiva). Por isso, espero, sempre viva.

POEMA[20]

"Canções para Joannes" é um poema de desamor feminista cujo pulso é de crescente intenção, de intensa descoberta, e cujo impulso é de consciente, conquistada, consequente rebelião.

Enquanto peça de arte poética,[21] a leitura de "Canções para Joannes" descortina com suficiente clareza certos aspectos do que Pound

---

[19] *Stories and essays of Mina Loy* (Loy, 2011), *Insel* (Loy, 2014a) e *Mina Loy: strangeness is inevitable* (Gross, 2023).

[20] "Songs to Joannes" foi publicado pela primeira vez em 1917 (Loy, 1917) e este é o texto adotado aqui. Quando este difere do texto em *The lost lunar Baedeker* (Loy, 1996), assinalo tal fato em nota. Por outro lado, sigo as delimitações de estrofes da edição de 1996 quando a paginação na primeira publicação gera incerteza. As quatro primeiras canções (de um total de 34) tinham aparecido com o título "Love songs" ["Canções de amor"] no número inaugural de *Others* (Loy, 1915). No texto de 1915, apenas a segunda estrofe da quarta canção difere do de 1917, fora pequenas modificações tipográficas. Foi esta aparição de "Love songs" que chocou todos e levou muitos a atirarem a primeira, segunda e terceira pedras em Loy, instantaneamente ojerizada como "moderna" (no sentido pejorativo) e "liberada" (idem). Numa carta de 1915, Loy havia expressado seu desejo de que o poema completo fosse impresso com certos precisos detalhes de leiaute e precedido por outro de seus poemas, "To you" ["Para você"] (Loy, 1916). Roger Conover cumpriu o segundo desejo ao republicar, revisado, o texto de 1917 em *The last lunar Baedeker* (Loy, 1985), mas reconsiderou sua decisão na mais recente republicação, de 1996, onde escreve: "Hoje, acho difícil ler 'To you' como um prelúdio a 'Songs to Joannes'", seja temática, seja estruturalmente", e decidiu omiti-lo, o que também é feito aqui. Uma edição digital do poema existe em <https://eng373.leahmell.com>.

[21] Loy parece usar o termo "canções" com um sentido amplo (o de um tom lírico adotado pela voz sob o poema ao se dirigir a um seu parceiro) que contém um tom

queria dizer ao caracterizar a poesia de Loy como de pura logopeia. Sua poesia foi desde cedo vista como intensamente cerebral, mas é ao mesmo tempo visceral, em "Canções para Joannes" por certo. E experimental, num sentido que me parece melhor entender como exploratório, estritamente: poemas nunca dantes em paisagens do corpo, do mundo e da mente nunca dantes.

"Canções para Joannes" se passa em Florença num período anterior à sua chegada a Nova York e à sua imersão nos círculos artísticos de ponta que dominavam a época, no seu caso, os que tinham como bases as pequenas-revistas modernistas *Others*, *The Dial* e *The Little Review*. Lá, Mina Loy topou com o futurismo e os futuristas: Carlo Carrà, Giovanni Papini e Filippo Tommaso Marinetti, estes dois, adversários e, ambos, amantes seus e, ambos, sobretudo por terem uma tendência a tentar afirmarem-se másculos, dominadores, homens errados para uma mulher, artista e poeta como Loy, tão consciente das opressões que as mulheres sofriam, e sofrem ainda. Pensa-se que "Joannes" é um amálgama de Papini e Marinetti, mas Loy, mais tarde, sugeriu que muito no poema reflete o seu casamento difícil com Stephen Haweis. Seja como for, Loy atribuiu a Marinetti a descoberta do que ela, seguindo-o, chama de "vitalidade", mas penso que há pouco dele, e menos ainda de Papini,[22] na poesia de Mina Loy: onde a audácia daquele tende ao fátuo, a dela faz-se faca anti-hipocrisia.

Dos atributos que listei como sendo característicos do poema-longo modernista, os mais marcantes em "Canções para Joannes" são os de cunho essencialmente linguístico: o poema é fragmentado (é em si uma sequência descontínua), extremista (por exemplo, na mistura de termos coloquiais e eruditos que é característica da poética de Loy), anticonvencional (ao confrontar com cáustico cutelo a moralidade de an-

---

de ironia (já que os poemas individuais são muitas vezes ásperos, agressivos, e mesmo chocantes). Seu uso não é consistente com o que se entende comumente pelo termo: segundo Basil Bunting, "words written to be sung to a music which is written for them" (palavras escritas para serem cantadas conforme uma música que é escrita para elas).

[22] Um dos oito outros poemas de Loy que também traduzo aqui ("The effectual marriage") é um bisturi em forma de poema dissecando seu breve *affaire* com Papini. Veja a Bibliografia para outras traduções, todas recentes, de poemas de Mina Loy para o português.

quinhas-e-corpetes da época em que se formara) e renovador (na sua síntese magistral de impacto imagético, fluente livre verso e a "dança da inteligência entre palavras").

Peter Quartermain descreve assim o poema: "Paródico, cômico, zangado, escarnecedor, desdenhoso, de língua afiada, às vezes melancólico, altivo, irônico, cultivando a ausência de coesão e equilíbrio, [o poema] questiona formal e tematicamente a tradição poética masculina dominante, e busca neutralizar não apenas os mitos através dos quais as mulheres são alijadas do poder, mas também as definições sociais e psicológicas da condição feminina, e os meios pelos quais aquela identidade pode ser expressada".[23]

Que esta tradução contribua, na esteira do recente crescente bem-vindo interesse por Mina Loy entre nós, para que muitos mais a leiam; que seja mais um aríete nas muralhas do cânone.

---

[23] *Mina Loy: woman and poet* (Shreiber e Tuma, 1998, pp. 76-7).

Canções para Joannes

Aqui, como em todos os poemas no livro, na reprodução dos textos originais, o sinal (>) indica que o fim da página não coincide com o fim da estrofe.

Songs to Joannes
(1917)

I

Spawn   of   Fantasies
Silting the appraisable
Pig Cupid   his rosy snout
Rooting erotic garbage
"Once upon a time"
Pulls a weed   white and star-topped
Among wild oats   sewn in mucous-membrane

I would   an   eye in a bengal light
Eternity in a sky-rocket
Constellations in an ocean
Whose rivers run no fresher
Than a trickle of saliva

These   are suspect places

I must live in my lantern
Trimming subliminal flicker
Virginal   to the bellows
Of Experience
          Coloured   glass

II

          The skin-sack
In which a wanton duality
Packed

Canções para Joannes°
(1917)

I°

Desova   de   Fantasias
Assoreando o estimável
Porco Cupido°   seu focinho rosado
Fuçando lixo erótico
"Era uma vez"
Arranca uma erva°   branca e ponta-estrelada°
Entre aveias bravas°   bordadas° na membrana-mucosa

Queria   um   olho° uma estrelinha°
Eternidade num rojão-ao-céu
Constelações num oceano
Cujos rios correm não mais doces°
Que um fio de saliva

Estes   são lugares suspeitos

Devo viver na minha lanterna°
Aparando o tremeluz subliminar
Virgem   aos foles°
Da Experiência
            Vidro   colorido

II

            A bolsa-baga°
Onde uma dualidade devassa
Empacotava
            >

All the completions of my infructuous impulses
Something the shape of a man
To the casual vulgarity of the merely observant
More of a clock-work mechanism
Running down against time
To which I am not paced
    My finger-tips are numb from fretting your
                                      [hair
A God's door-mat
              On the threshold of your mind

III

We might have coupled
In the bed-ridden monopoly of a moment
Or broken flesh with one another
At the profane communion table
Where wine is spill't on promiscuous lips

We might have given birth to a butterfly
With the daily-news
Printed in blood on its wings

IV

Once in a mezzanino
The starry ceiling
Vaulted an unimaginable family
Bird-like abortions
With human throats
And Wisdom's eyes
Who wore lamp-shade red dresses
And woolen hair

One bore a baby
In a padded porte-enfant

                   >

Todas as completações° de meus impulsos infrutuosos
Algo com a forma de um homem
À vulgaridade fortuita do mero observador
Mais um mecanismo à-corda   25
Se exaurindo° contra o tempo
Com o qual° não me compasso
    Minha pontas-dos-dedos dormentes de despentear
                                                  [teus cabelos
Capacho de um Deus
                No umbral da tua mente   30

III

Poderíamos ter nos acoplado°
No monopólio acamado de um momento
Ou partido carne uma com o outro
Na mesa da comunhão profana°
Onde o vinho derrama-se° em lábios promíscuos   35

Poderíamos ter parido uma borboleta
Com as últimas-do-dia°
Impressas em sangue em suas asas

IV

Uma vez num mezzanino°
O teto estrelado   40
Abarcava° uma família inimaginável
Abortos quase pássaros
Com gargantas humanas
E olhos de Siso°
Que vestiam robes° rubi-abajur°   45
E cabelos de llã°

Um nina° um neném
Num porte-enfant° forrado
          >

Tied with a sarsanet ribbon
To her goose's wings

But for the abominable shadows
I would have lived
Among their fearful furniture
To teach them to tell me their secrets
Before I guessed
—Sweeping the brood clean out

V

Midnight empties the street
Of all but us
Three
I am undecided which way back
       To the left a boy
—One wing has been washed in the rain
  The other will never be clean any more—
Pulling door-bells to remind
Those that are snug
       To the right a haloed ascetic
      Threading houses
Probes wounds for souls
—The poor can't wash in hot water—
And I dont know which turning to take
Since you got home to yourself—first

VI

I know the Wire-Puller intimately
And if it were not for the people
On whom you keep one eye
You could look straight at me
And Time would be set back

Preso em fita de tafetá°
Às suas asas de gansa

Não fossem as sombras abomináveis
Eu teria vivido
Entre a macabra° mobília deles
Para ensinar-lhes a me contar seus segredos
Antes que eu adivinhasse
—Varrendo fora a ninhada inteira

V

A meia-noite esvazia a rua
De todos menos nós
Três
Não sei decidir qual o caminho de volta
        À esquerda um menino
—Uma asa lavada pela chuva
  A outra nunca mais estará limpa—
Tocando campainhas pra lembrar
Aos que estão aconchegados
        À direita, de auréola, um asceta
        Alinhavando casas
Sonda feridas à procura de almas
—Os pobres não podem se lavar com água quente—
E nao° sei que direção tomar
Já que você° se mandou pra casa pra si°—primeiro

VI

Conheço o Manipulador° intimamente
E não fosse pelas pessoas
Em quem você finca um olho
Você poderia me olhar direto
E o Tempo voltaria aonde antes°

VII

My pair of feet
Smack the flag-stones
That are something left over from your walking
The wind stuffs the scum of the white street
Into my lungs and my nostrils
Exhilarated birds
Prolonging flight into the night
Never reaching — — — — — — —

VIII

I am the jealous store-house of the candle-ends
That lit your adolescent learning
— — — — — — — — —
Behind God's eyes
There might
Be other lights

IX

When we lifted
Our eye-lids on Love
A cosmos
Of coloured voices
And laughing honey

And spermatazoa
At the core of Nothing
In the milk of the Moon

X

Shuttle-cock and battle-door

VII

Meu par de pés
Dá palmadas nas pedras-de-piso°
Que são alguma sobra do teu caminhar
O vento entulha a escória da rua branca 80
Nos meus pulmões e minhas narinas
Pássaros eufóricos
Prolongando voo noite adentro
Sem jamais alcançar — — — — — — —

VIII

Eu sou o armazém ciumento dos tocos de vela 85
Que iluminaram tua erudição° adolescente
— — — — — — — — —
Nas costas° dos olhos de Deus
Poderiam
Existir outras luzes 90

IX

Quando nossos cílios
Elevamos a° Eros
Um cosmos
De vozes coloridas
E gargalhando o mel° 95

E espermatazoides°
No núcleo do Nada°
No leite da Lua

X

Petoca e rã-quente°

>

A little pink-love
And feathers are strewn

XI

Dear one   at your mercy
Our Universe
Is only
A colorless onion
You derobe
Sheath by sheath
         Remaining
A disheartening odour
About your nervy hands

XII

Voices break on the confines of passion
Desire   Suspicion   Man   Woman
Solve in the humid carnage

Flesh from flesh
Draws the inseparable delight
Kissing at gasps   to catch it

Is it true
That I have set you apart
Inviolate in an utter crystallization
Of all   the jolting of the crowd
Taught me willingly to live to share

Or are you
Only the other half
Of an ego's necessity
Scourging pride with compassion

>

Um pequeno rosamor°
E voam penas

XI

Caro mio°   à tua mercê
Nosso Universo
Não passa
De uma cebola sem côr°
Que você despe
Camada por camada
       Restando
Um cheiro que desalenta
Em tuas° mãos nervosas

XII

Vozes se estilhaçam nos limites da paixão
Desejo   Suspeita   Homem   Mulher
Solvem° na úmida carnificina

Carne de carne
Extrai o inseparável prazer
Beijando em golfadas   para pegá-lo

Seria° verdade
Que te escolhi°
Inviolado numa cristalização absoluta
De tudo   o sacudir a turba
De bom grado ensinou-me a viver pra repartir°

Ou seria você
Somente a outra metade
Da necessidade de um ego
Flagelando orgulho com compaixão

>

To the shallow sound of dissonance
And boom of escaping breath

XIII

Come to me   There is something
I have got to tell you   and I can't tell
Something taking shape
Something that has a new name
A new dimension
A new use
A new illusion

It is ambient   And it is in your eyes
Something shiny   Something only for you
                    Something that I must not see

It is in my ears   Something very resonant
Something that you must not hear
                    Something only for me

Let us be very jealous
Very suspicious
Very conservative
Very cruel
Or we might make an end of the jostling of aspira-
      tions
Disorb inviolate egos

Where two or three are welded together
They shall become god
— — — — — —
Oh that's right
Keep away from me   Please give me a push
Don't let me understand you   Don't realise me
Or we might tumble together
Depersonalized

            >

Ao raso som de dissonância
E bumbo d'ar° dando o fora do pulmão

XIII

Vem cá   Tem uma coisa
Que preciso te contar   e não posso contar
Uma coisa tomando forma
Uma coisa com um nome novo
Uma nova dimensão
Um   novo   uso
Uma nova ilusão

Está em volta°   E está em teus olhos
Uma coisa brilhante   Uma coisa só pra você
                       Uma coisa que preciso não ver

Está em meus ouvidos   Uma coisa ressoante demais°
Uma coisa que você precisa não ouvir
                       Uma coisa só para mim

Sejamos ciumentos
Muito desconfiados
Muito conservadores
Muito cruéis
Ou acabamos dando fim às aspirações que se atrope-
    lam
Destronar° egos inviolados

Onde dois ou três soldarem-se
Hão de se tornar deus
— — — — —
Ah é isso mesmo
Fique longe de mim   Por favor me dê um empurrão
Não me deixe te entender   Não vem dizer que me entende°
Ou pode ser que despenquemos juntos
Despersonalizados
            >

Identical
Into the terrific Nirvana
Me you — you — me

XIV

Today
Everlasting   passing   apparent   imperceptible
To you
I bring the nascent virginity of
—Myself   for the moment

No love   or the other thing
Only the impact of lighted bodies
Knocking sparks off each other
In chaos

XV

Seldom   Trying for Love
Fantasy dealt them out as gods
Two or three men   looked only human

But you alone
Superhuman   apparently
I had to be caught in the weak eddy
Of your drivelling humanity
          To love you most

XVI

We might have lived together
In the lights of the Arno
Or gone apple stealing under the sea
Or played

>

Idênticos
No terrível Nirvana°
Eu você — você — eu

XIV

Hoje
Perpétua   peregrina°   aparente   imperceptível
A ti
Eu trago a virgindade nascente de
—Mim mesma   no momento°

Nada de amor   ou a outra coisa
Somente o impacto de corpos acesos
Soltando faíscas um no outro
Em caos

XV

Raramente   Aspirando ao Amor
Nas cartas que a Fantasia dava° eram deuses
Dois ou três homens   pareciam apenas humanos

Mas só você
Sobre-humano   aparentemente
Eu tinha que ser pega no débil remoinho
Da tua humanidade disparatada
            Para te amar mais que°

XVI

Poderíamos ter vivido juntos
Nas luzes do Arno
Ou ido roubar maçãs debaixo° do mar
Ou brincado

>

Hide and seek in love and cob-webs
And a lullaby on a tin-pan

And   talked till there were no more tongues
To talk with
And never have known any better

XVII

I don't care
Where the legs of the legs of the furniture are walk-
      ing to
Or what is hidden in the shadows they stride
Or what would look at me
If the shutters were not shut

Red   a warm colour on the battle-field
Heavy on my knees as a counterpane
Count counter
I counted   the fringe of the towel
Till two tassels clinging together
Let the square room fall away
From a round vacuum
Dilating with my breath

XVIII

Out of the severing
Of hill from hill
The interim
Of star from star
The nascent
Static
Of night

De esconde-esconde no amor e teias-de-aranha
E uma canção de ninar numa panela 180

E   conversado até não termos mais línguas
Com que conversar°
E sem termos juízo algum°

XVII

Não dou a mínima para
Onde as pernas das pernas dos móveis estão cami-
    nhando 185
Ou o que se esconde nas sombras que pisam
Ou o que me olharia
Se a cortina não o cortasse°

Vermelho   uma cor quente no campo-de-batalha°
Pesada nos meus joelhos fosse uma manta° 190
Conta tento
Contei   a franja da toalha
Até que duas borlas emaranhadas
Deixassem que o quarto quadrado escorra
De um vácuo redondo 195
Dilatando com minha respiração

XVIII

Do corte
Desta colina àquela° colina
O ínterim
Desta estrela àquela estrela 200
A nascente
Estática
Da noite

XIX

Nothing so conserving
As cool cleaving
Note of the Q H U
Clear carving
Breath-giving
Pollen smelling
Space

White telling
Of slaking
Drinkable
Through fingers
Running water
Grass haulms
Grow to

Leading astray
Of fireflies
Aerial quadrille
Bouncing
Off one another
Again conjoining
In recaptured pulses
Of light

You too
Had something
At that time
Of a green-lit glow-worm
— — — — — —

Yet slowly drenched
To raylessness
In rain

XIX

Nada tão preservativo°
Quanto o cutelo frescor   205
Note que Q H U¹
Trinchando claro
O ar se arfando
Cheirando a pólen em
Espaço   210

Branco a contar
Saciar
Bebível
Pelos dedos
Água correndo   215
Caules de grama
Crescem até°

Desgovernar
Os pirilampos
Quadrilha aérea   220
Trombando-se
Um no outro
De novo conglutinando-se
Em recapturados pulsos
De luz   225

Você também
Tinha algo
Naquela época
De um verde-aceso vaga-lume
— — — — — — —   230
Mas lentamente encharcado
Até desraiar-se-o°
Em chuva

XX

Let Joy go solace-winged
To flutter whom she may concern

XXI

I store up nights against you
Heavy with shut-flower's nightmares
— — — — — — — — —
Stack noons
Curled to the solitaire
Core of the
Sun

XXII

Green things grow
Salads
For the cerebral
Forager's revival
Upon bossed bellies
Of mountains
Rolling in the sun
And flowered flummery
Breaks
To my silly shoes

In ways without you
I go
Gracelessly
As things go

XX

Deixe que a Alegria vá consolo-alada°
Alvoroçar° a quem interessar ela possa°   235

XXI

Armazeno noites contra você
Pesadas de pesadelos de flor fechada°
— — — — — — — — — —
Empilho tardes°
Enrolada ao solitário°   240
Cerne do
Sol

XXII

Coisas verdes crescem em
Saladas
Para o renascer   245
Do forrageiro° cerebral
Sobre submissas barrigas
De montanhas
Rolando no sol
E flores frufrus°   250
Viram cacos
Sob os meus sapatos parvos°

Por vias sem você
Eu vou
Assim sem graça   255
Como tudo vai

XXIII

Laughter in solution
Stars in a stare
Irredeemable pledges
Of pubescent consummations
Rot
To the recurrent moon
Bleach
To the pure white
Wickedness of pain

XXIV

The procreative truth of Me
Petered out
In pestilent
Tear drops
Little lusts and lucidities
And prayerful lies
Muddled with the heinous acerbity
Of your street-corner smile

XXV

Licking the Arno
The little rosy
Tongue of Dawn
Interferes with our eyelashes
— — — — — —
We twiddle to it
Round and round
Faster
And turn into machines

XXIII

Gargalhada em solução
Constelações estateladas
Promessas irredimíveis
De consumações púberes
Apodrecem
Ao recorrente alvejar da
Lua
À pura branca
Maldade da dor

XXIV

A procriadora verdade de Mim
Caducou
Em pestilentas
Lágrimas
Leves luxúrias e lucidezes
E mentiras prenhes de prece
Desnorteadas pela aspereza abominável
Do teu sorriso de canto-de-rua°

XXV

Lambendo o Arno
A rosada mindinha°
Língua da Aurora
Interfere em nossos cílios

— — — — — — — —

Feito polegares
A gente roda e roda°
Cada vez mais rápido
E viramos máquinas

Till the sun
Subsides in shining
Melts some of us   285
Into abysmal pigeon-holes
Passion has bored
In warmth

Some few of us
Grow to the level of cool plains   290
Cutting our foot-hold
With steel eyes

XXVI

Shedding our petty pruderies
From slit eyes

We sidle up   295
To Nature
— — — that irate pornographist

XXVII

Nucleus   Nothing
Inconceivable concept
Insentient repose   300
The hands of races
Drop off from
Immodifiable plastic

The contents
Of our ephemeral conjunction   305
In aloofness from Much
Flowed to approachment of — — —
NOTHING
There was a man and a woman

>

Até que o sol
Abranda seu brilho
Derrete alguns de nós 285
Em cubículos aterradores
Que a Paixão perfurou°
Em mornidão

Alguns poucos entre nós
Crescem ao nível de frescas planícies 290
Cortando nosso ponto-de-apoio
Com olhos de aço

XXVI

Descartando° nossas vergonhas vulgares
De olhos rasgados

De esguelha nos grudamos 295
Na Natureza
— — — aquela colérica pornógrafa

XXVII

Núcleo   Nada
Inconcebível conceito
Insensitivo repouso 300
As mãos de raças
Descolam-se e caem de
Imodificável plástico

O conteúdo
Da nossa conjunção efêmera 305
Em alheamento de Muito
Fluiu para avizinhamento de — — —
NADA°
Havia um homem e uma mulher

>

In the way
While the Irresolvable
Rubbed with our daily deaths
Impossible eyes

XXVIII

The steps go up for ever
And they are white
And the first step   is the last white
Forever
Coloured   conclusions
Smelt   to synthetic
Whiteness
Of my
Emergence
And I am burnt quite white
In the climacteric
Withdrawal of your sun
And wills and words all white
Suffuse
Illimitable monotone

White   where there is nothing to see
But a white towel
Wipes the cymophonous sweat
—Mist rise of living—
From your
Etiolate body
And the white dawn
Of your   New Day
Shuts down on me

Unthinkable   that white over there
— — — Is smoke from your house

No caminho
Enquanto o Insolúvel
Esfregava com nossas mortes diárias
Olhos impossíveis

XXVIII

Os degraus vão subindo sempre°
E são brancos
E o primeiro degrau   é o último branco°
Para sempre
Conclusões   coloridas
Fundidas   à sintética
Brancura°
De minha
Emersão
E me queimei bem branca
Na retirada
Climatérica do teu sol
E vontades e verbos° todos brancos°
Difundem
Ilimitável monotom°

Branco   onde não há nada o que se ver
Mas uma toalha branca
Seca o suor opalescente°
—Nascente névoa de viver—
Do teu
Corpo estiolado
E a branca aurora
Do teu   Novo Dia
Se fecha para mim°

Impensável   aquele branco lá
— — — É fumaça da tua casa

XXIX

Evolution   fall foul of
Sexual equality
Prettily miscalculate
Similitude

Unnatural selection
Breed such sons and daughters
As shall jibber at each other
Uninterpretable cryptonyms
Under the moon

Give them some way of braying brassily
For carressive calling
Or to homophonous hiccoughs
Transpose the laugh
Let them suppose that tears
Are snowdrops or molasses
Or anything
Than human insufficiencies
Begging dorsal vertebrae

Let meeting be the turning
To the antipodean
And Form   a blurr
Anything
Than seduce them
To the one
As simple satisfaction
For the other

Let them clash together
From their incognitoes
In seismic orgasm

For far further
Differentiation

XXIX

Evolução   choque-se° com 340
Igualdade sexual
Singelamente° erre o cálculo de
Similitude

Seleção desnaturada
Dê à luz tais filhos e filhas 345
Que vão destaramelar uns às outras
Criptônimos inescrutáveis
Sob a lua

Dê-lhes uma brecha e zurram bronzinos°
Por chamamento chamegante° 350
Ou em soluçantes solilóquios°
Transponha a gargalhada
Deixe suporem que lágrimas
São galantos² ou melado
Ou qualquer coisa 355
Fora insuficiências humanas
Implorando vértebras dorsais

Deixe encontro ser a guinada
Ao antípoda
E Forma   um borrrão° 360
Qualquer coisa
Fora° seduzi-los
Àquele um°
Como simples satisfação
Ao outro 365

Deixe que colidam
De onde nem sabem quem são°
Em orgasmo sísmico

Para muito maior°
Diferenciação 370

Rather than watch
Own-self distortion
Wince in the alien ego

XXX

In some
Prenatal plagiarism
Foetal buffoons
Caught tricks
— — — — —

From architypal pantomime
Stringing emotions
Looped aloft
— — — —

For the blind eyes
That Nature knows us with
And the most of Nature   is green
— — — — — — — — —

What guaranty
For the proto-form
We fumble
Our souvenir ethics to
— — — — — —

XXXI

Crucifixion
Of a busy-body
Longing to interfere so
With the intimacies
Of your insolent isolation

Em vez de ver
Distorção do seu-próprio°
Retrair-se no ego estranho

XXX

Em algum
Plágio pré-natal
Bufões fetais
Aprenderam truques
— — — —

De pantomima arquitípica°
Enfilando emoções
Enlaçadas ao alto ar°
— — — —

Para os olhos cegos
Com que a Natureza nos conhece
E a maioria da Natureza   é verde°
— — — — — — —

Que fiança³
Da proto-forma
A gente atrapalha com
Nossa ética souvenir°
— — — — —

XXXI

Crucificação
De um intro-metido°
Querendo interferir assim
Nas intimidades
Do teu insolente isolamento

Crucifixion
Of an illegal ego's
Eclosion
On   your   equilibrium
Caryatid   of an idea

Crucifixion
Wracked arms
Index extremities
In vacuum
To the unbroken fall

XXXII

The moon is cold
Joannes
Where the Mediterranean — — — —

XXXIII

The prig of passion — — —
To your professorial paucity

Proto-plasm was raving mad
Evolving us — — —

XXXIV

Love — — — the preeminent literateur

Crucificação
Da eclosão de um ego
Ilegal
No teu equilíbrio   400
Cariátide   de uma ideia

Crucificação
Braços destruídos
Extremidades indiciais°
Em vácuo   405
Para a queda incontida

XXXII

A lua está° fria
Joannes
Onde o Mediterrâneo — — — — —

XXXIII

O pedante da paixão — — — —   410
À tua penúria professoral

Proto-plasma° era um louco varrido
Nos evoluindo — — —

XXXIV

Amor — — — o preeminente literateur°

Oito outros poemas

The effectual marriage
or The insipid narrative of Gina and Miovanni
(1915)

The door was an absurd thing
Yet it was passable
They quotidianly passed through it
It was this shape

Gina and Miovanni   who they were God knows
They knew   it was important to them
This being of who they were
They were themselves
Corporeally   transcendentally   consecutively
conjunctively   and they were quite   complete

In the evening they looked out of their two windows
Miovanni out of his library window
Gina from the kitchen window
From among his pots and pans
Where he so kindly kept her
Where she so wisely busied herself
Pots and Pans   she cooked in them
All sorts of sialagogues
Some say   that happy women are immaterial

So here we might dispense with her
Gina being a female
But she was more than that
Being an incipience   a correlative
an instigation of the reaction of man
From the palpable to the transcendent
Mollescent irritant of his fantasy

>

O casamento eficaz°
ou A insípida narrativa de Gina e Miovanni[4]
(1915)

A porta era uma coisa absurda
Era passável porém
Quotidianamente passavam por ela
Tinha essa forma

Gina e Miovanni   quem eram Deus sabe
Eles sabiam   era importante para eles
Este ser de quem eram
Eram eles mesmos
Corporeamente   transcendentalmente   consecutivamente
conjuntamente   e eram bastante   completos

À noite olhavam de suas duas janelas
Miovanni da janela de sua biblioteca
Gina da janela da cozinha
No meio dos potes e panelas dele
Onde ele tão magnanimamente a mantinha
Onde ela tão sabiamente se ocupava sempre
Potes e Panelas   cozinhava neles
Todo tipo de sialagogos[5]
Dizem uns   que mulheres felizes são imateriais

Assim poderíamos dispensá-la aqui
Gina sendo fêmea
Mas era mais que isso
Sendo uma incipiência   um correlativo
uma instigação da reação de homem
Do palpável ao transcendente
Emoliente irritante da fantasia dele

>

Gina had her use   Being useful
contentedly conscious
She flowered in Empyrean
From which no well-mated woman ever returns

Sundays   a warm light in the parlor
From the gritty road   on the white wall
anybody could see it
Shimmered a composite effigy
Madonna   crinolined   a man
hidden beneath her hoop
Ho for the blue and red of her
The silent eyelids of her
The shiny smile of her

Ding dong   said the bell
Miovanni   Gina called
Would it be fitting for you to tell
the time for supper
Pooh   said Miovanni   I am
Outside time and space

Patience said Gina   is an attribute
And she learned   at any hour to offer
The dish   appropriately delectable

What had Miovanni made of his ego
In his library
What had Gina wondered   among the pots and pans
One never asked the other
So they   the wise ones   eat their suppers in peace

Of what their peace consisted
We cannot say
Only that he was magnificently man
She insignificantly a woman who understood
Understanding   what is that
To Each   his entity   to others

>

Gina tinha sua utilidade   Sendo útil
contentemente consciente
Florescia no Empíreo⁶
De onde nenhuma mulher bem-acasalada retorna   30

Domingos   na sala de estar uma luz morna
Da rua pedregosa   na parede branca
qualquer um podia vê-la
Cintilava a efígie compósita
Madona   de crinolina   um homem   35
escondido sob o aro de sua saia
Eia para o azul e vermelho dela
Os silenciosos cílios dela
O cintilante sorriso dela

Blim blão   disse o sino   40
Miovanni   Gina chamava
Ser-te-ia conveniente me dizer
a que horas o jantar
Bláblá   disse Miovanni   Existo
Fora do tempo e do espaço   45

Paciência disse Gina   é uma qualidade
E aprendeu   a qualquer hora ofertar
O prato   apropriadamente deleitável

O que fizera Miovanni do seu ego
Em sua biblioteca   50
O quê se perguntava Gina   entre os potes e panelas
Uma jamais perguntara ao outro
Assim eles   os sábios   jantam em paz

De que consistia a paz deles
Nada podemos dizer   55
Só que ele era esplendorosamente homem
Ela insignificantemente uma mulher que compreendia
Compreensão   o que é isso
Para Cada   sua entidade   para outros
>

    their idiosyncrasies   to the free expansion
to the annexed   their liberty
To man his work
To woman her love
Succulent meals   and an occasional caress
        So be it
               It so seldom is

While Miovanni thought alone in the dark
Gina supposed that peeping   she might see
A round light   shining   where his mind was
She never opened the door
Fearing that this might blind her
Or even
That she should see   Nothing at all
So while he thought
She hung out of the window
Watching for falling stars
And when a star fell
She wished   that still
Miovanni would love her to-morrow
And as Miovanni
Never gave any heed to the matter
He did

Gina was a woman
Who wanted everything
To be everything in woman
Everything everyway at once
Diurnally variegate
Miovanni always knew her
She was Gina
Gina who lent monogamy
With her fluctuant aspirations
A changeant consistency
Unexpected intangibilities

suas idiossincrasias   à livre expansão
aos anexados   a liberdade deles
Ao homem seu trabalho
À mulher seu amor
Refeições suculentas   e uma carícia ocasional
          Que seja então
                E tão raro é

Enquanto Miovanni pensava sozinho no escuro
Gina supunha que espreitando   poderia ver
Uma luz redonda   brilhando   onde a mente dele estava
Ela nunca abria a porta
Temendo que isso pudesse cegá-la
Ou até mesmo
Que visse   Nada de nada
Assim enquanto ele pensava
Se debruçava pra fora da janela
Atenta a estrelas cadentes
E quando uma estrela caía
Fazia um pedido   que Miovanni
Continuasse a amá-la a-manhã°
E como Miovanni
Nunca pensava nisto
Amava sim

Gina era uma mulher
Que queria tudo
Ser tudo em mulher
Tudo de todo jeito ao mesmo tempo
Diurnamente variegada
Miovanni sempre a reconhecia
Era Gina
Gina que emprestava à monogamia
Com suas aspirações flutuantes
Uma irisada consistência
Intangibilidades inesperadas

O casamento eficaz

Miovanni remained
Monumentally the same   95
The same Miovanni
If he had become anything else
Gina's world would have been at an end
Gina with no axis to revolve on
Must have dwindled to a full stop   100

In the mornings she dropped
Cool crystals
Through devotional fingers
Saccharine   for his cup
And marketed   105
With a Basket
Trimmed with a red flannel flower
When she was lazy
She wrote a poem on the milk bill
The first strophe   Good morning
The second   Good night   110
Something not too difficult to
Learn by heart

The scrubbed smell of the white-wood table
Greasy cleanliness   of the chopper board
The coloured vegetables   115
Intuited quality of flour
Crickly sparks of straw-fanned charcoal
Ranged themselves among her audacious happinesses
Pet simplicities of her Universe
Where circles were only round   120
                Having no vices.

    (This narrative halted when I learned that the house
which inspired it was the home of a mad woman.

                 —Forte dei Marmi)

Miovanni permanecia
Monumentalmente o mesmo 95
O mesmo Miovanni
Se tivesse se tornado qualquer outra coisa
O mundo de Gina teria terminado
Gina sem eixo em torno do qual girar
Por certo terá encolhido a um ponto final 100

Nas manhãs ela pingava
Cristais frios
Pelos dedos devotados
Sacarina   para a xícara dele
E mercadejava 105
Com uma Cesta
Enfeitada com uma púrpura flor de flanela
Quando se sentia preguiçosa
Escrevia um poema na conta do leite
A primeira estrofe   Bom dia
A segunda   Boa noite 110
Uma coisa não muito difícil de
Aprender de cor

O cheiro esfregado da mesa de madeira clara
Limpeza engordurada   da tábua de picar
Os vegetais coloridos 115
Qualidade de farinha intuída
Estalidas centelhas no carvão que o leque de palha açulava
Se enfileiravam entre as suas audaciosas felicidades
Simplicidades de estimação do seu Universo
Onde círculos eram só redondos 120
        Não tendo vício algum.

   (Essa narrativa foi interrompida quando me dei conta
de que a casa que a inspirou era o lar de uma louca.[7]

—Forte dei Marmi)

Der blinde Junge
(*c.* 1922)

The dam Bellona
littered
her eyeless offspring
Kreigsopfer
upon the pavements of Vienna

Sparkling precipitate
the spectral day
involves
the visionless obstacle

this slow blind face
pushing
its virginal nonentity
against the light

Pure purposeless eremite
of centripetal sentience

Upon the carnose horologe of the ego
the vibrant tendon index moves not

since the black lightning desecrated
the retinal altar

Void and extinct
this planet of the soul
strains from the craving throat
in static flight upslanting

Der blinde Junge°⁸
(*c.* 1922)

Bellona,⁹ a loba°,
paria
sua ninhada sem olhos de
Kreigsopfer¹⁰
sobre as calçadas de Viena

Precipitado brilhante
o dia espectral
envolve
o obstáculo sem visão

esta lenta cega face
empurra
sua não entidade virginal
contra a luz

Puro eremita sem meta
da sensitividade centrípeta

Sobre o carnoso horológio do ego
o vibrante tendão do indicador move-se não

desde que o negro relâmpago profanou
o altar retinal

Vácuo e extinto
este planeta da alma
quer escapar da goela que roga
em estático voo inclícimo°

A downy youth's snout
nozzling the sun
drowned in dumbfounded instinct

Listen!
illuminati of the coloured earth
How this expressionless "thing"
blows out damnation and concussive dark

Upon a mouth-organ

O focinho de um moço penugento
farejando o sol25
naufragado em atônito instinto

Ouçam!
illuminati[11] da terra colorada
Como esta "coisa" sem expressão
sopra danação e treva concussiva30

Numa gaita

Lunar Baedeker
(*c.* 1920)

A silver Lucifer
serves
cocaine in cornucopia

To some somnambulists
of adolescent thighs							5
draped
in satirical draperies

Peris in livery
prepare
Lethe									10
for posthumous parvenues

Delirious Avenues
lit
with the chandelier souls
of infusoria								15
from Pharoah's tombstones

lead
to mercurial doomsdays
Odious oasis
in furrowed phosphorous — — —						20

the eye-white sky-light
white-light district
of lunar lusts

Baedeker da Lua°[12]
(*c.* 1920)

Um Lúcifer de prata
traz num prato
cocaína em cornucópia

Para certos sonâmbulos
de coxas adolescentes
drapeadas
em satíricas drapearias

Peris[13] de libré
preparam o
Lete[14]
para novos-ricos póstumos

Delirantes Avenidas
iluminadas
com as almas candelabras
de infusórios[15] vindos
das lápides de Faraó

levam°
a juízos finais voláteis
Odioso oásis
de fósforo fendido — — —

o bairro alvolho
luceleste luzalvo°
de luxúrias lunares

— — — Stellectric signs
"Wing shows on Starway"
"Zodiac carrousel"

Cyclones
of ecstatic dust
and ashes whirl
crusaders
from hallucinatory citadels
of shattered glass
into evacuate craters

A flock of dreams
browse on Necropolis

From the shores
of oval oceans
in the oxidized Orient

Onyx-eyed Odalisques
and ornithologists
observe
the flight
of Eros obsolete

And "Immortality"
mildews . . .
in the museums of the moon

"Nocturnal cyclops"
"Crystal concubine"
— — — — — —
Pocked with personification
the fossil virgin of the skies
waxes and wanes — — — —

— — — Estelétricos° anúncios
"Shows d'alas no Estrada Das Estrelas"
"Carrossel zodiacal"

Ciclones
de extática poeira
e cinzas redemunham°
cruzados[16]
de alucinantes cidadelas
de vidro estilhaçado
dentro de crateras de evacuados

Um rebanho de sonhos
pasta em Necrópolis°

Das praias
de oceanos ovais
no Oriente oxidado

Odaliscas d'olho d'ônix
e ornitologistas
observam
a fuga
de Eros obsoleto

E "Imortalidade"
mofa . . .
nos museus da lua

"Ciclopes noturnos"
"Concubina cristalina"
— — — — —
Bexiguenta por personificação
a fóssil virgem dos céus
crescenta° e míngua — — — —

Brancusi's *Golden bird*
(1919)

    The toy
    become the aesthetic archetype

As if
    some patient peasant God
    had rubbed and rubbed
    the Alpha and Omega
    of Form
    into a lump of metal

    A naked orientation
    unwinged   unplumed
      —the ultimate rhythm
    has lopped the extremities
    of crest and claw
    from
    the nucleus of flight

    The absolute act
    of art
    conformed
    to continent sculpture
    —bare as the brow of Osiris—
    this breast of revelation

    an incandescent curve
    licked by chromatic flames
    in labyrinths of reflections

O *Pássaro dourado* de Brancusi[17]
(1919)

        O brinquedo
        tornado arquétipo estético

Como se
        um paciente Deus camponês
        tivesse polido e polido   5
        o Alfa e Ômega
        da Forma
        num naco de metal

        Uma orientação nua
        sem asas   e sem plumas   10
          —o ritmo supremo
        podou as extremidades
        de crista e garra
        do
        cerne do voo   15

        O ato absoluto
        da arte
        conformado
        em continente escultura
        —nua como a nuca de Osíris—   20
        este peito de revelação

        uma curva incandescente
        lambida por chamas cromáticas
        em labirintos de reflexões

This gong
of polished hyperaesthesia
shrills with brass
as the aggressive light
strikes
its significance

The immaculate
conception
of the inaudible bird
occurs
in gorgeous reticence . . .

Este gongo
de polida hiperestesia
guincha com bronze
quando a luz agressiva
atinge
seu significado

A imaculada
concepção
do pássaro inaudível
acontece
em magnífica reticência . . .

Joyce's *Ulysses*
(1921-1922)

The Normal Monster
sings in the Green Sahara

The voice and offal
of the image of God

make Celtic noises 5
in these lyrical hells

Hurricanes
of reasoned musics
reap the uncensored earth

The loquent consciousness 10
of living things
pours in torrential languages

The elderly colloquists
the Spirit and the Flesh
are out of tongue — — — 15

The Spirit
is impaled upon the phallus

Phoenix
of Irish fires
lighten the Occident 20

O *Ulisses* de Joyce°
(1921-1922)

O Monstro Normal
canta no Verde Saara

A voz e as tripas
da imagem de Deus

fazem ruídos célticos   5
nestes infernos líricos

Furacões
de músicas raciocinadas
colhem a terra sem censura

A consciência facunda°   10
das coisas vivas
verte-se em línguas torrenciais

Os interlocutores vetustos
o Espírito e a Carne
acabaram sem língua — — —   15

O Espírito
está empalado no falo

Fênix
de fogos irlandeses
acendem o Ocidente   20

>   with Ireland's wings
>   flap pandemoniums
>   of Olympian prose
>
>   and satirize
>   the imperial Rose   25
>   of Gaelic perfumes
>   —England
>   the sadistic mother
>   embraces Erin—
>
> Master   30
> of meteoric idiom
> present
>
>   The word made flesh
>   and feeding upon itself
>   with erudite fangs   35
>   The sanguine
>   introspection of the womb
>
>   Don Juan
>   of Judea
>   upon a pilgrimage   40
>   to the Libido
>
>   The Press — — —
>   purring
>   its lullabies to sanity
>
>   Christ capitalised   45
>   scourging
>   incontrite usurers of destiny
>   —in hole and corner temples
>
> And hang
>   The soul's advertisements   50
>   outside the ecclesiast's Zoo

```
                com as asas da Irlanda
                batem pandemônios
                de prosa olímpica

                e satirizam
                a Rosa imperial                          25
                de perfumes gaélicos
                —Inglaterra
                a mãe sádica
                abraça Erin[18]—

Mestre                                                   30
de meteórico idioma
presente

                O verbo feito carne
                e se alimentando de si mesmo
                com presas eruditas                      35
                A esperançosa
                introspecção do ventre

                Don Juan
                da Judeia
                numa peregrinação                        40
                à Libido

                A Imprensa — — —
                ronronando
                seus acalantos à sanidade

                Cristo em maiúsculas                     45
                flagelando
                incontritos usurários do destino
                —em templos clandestinos

E penduram°
                As propagandas da alma                   50
                fora do zoológico do pregador
```

A gravid day
spawns
guttural gargoyles
upon the Tower of Babel

Empyrean emporium
where the
rejector — recreator
    Joyce
flashes the giant reflector
on the sub rosa — — —

Um dia prenhe
desova
gárgulas guturais
sobre a Torre de Babel					55

Empório empíreo
onde o
rejeitador — recriador
     Joyce
detona° o refletor gigante				60
sobre o sub rosa¹⁹ — — —

Gertrude Stein
(*c.* 1924)

Curie
of the laboratory
of vocabulary
   she crushed
the tonnage
of consciousness
congealed to phrases
    to extract
a radium of the word

Gertrude Stein°
(*c.* 1924)

Curie
do laboratório
do vocabulário
   ela esmagou
a tonelagem   5
de consciência
coagulada em frases
   para extrair
um rádio da palavra

Nancy Cunard
(late 1930s-early 1940s)

Your eyes diffused with holly lights
of ancient Christmas
helmeted with masks
whose silken nostrils
point the cardinal airs,

The vermilion wall
receding as a sin
beyond your moonstone whiteness,

Your chiffon voice
tears with soft mystery
a lily loaded with a sucrose dew
of vigil carnival,

Your lone fragility
of mythological queens
conjures long-vanished dragons—
—their vast jaws
yawning in disillusion,

Your drifting hands
faint as exotic snow
spread silver silence

as a fondant nun
framed in the facing profiles
of Princess Murat
and George Moore

Nancy Cunard°
(fim dos anos 1930-início dos anos 1940)

Teus olhos difusos, lâmpadas no azevinho
de Natais há tanto atrás,
seus capacetes, máscaras
cujas sedosas narinas
apontam para os ares° cardinais,   5

O muro rubro
se afastando se um pecado
al di là de tua brancura de pedra lunar,[20]

Tua voz de chiffon
rasga, um macio mistério,   10
um lírio lânguido° em orvalho mel,°
a véspera, é carnaval,°

Tua isolada fragilidade
de rainhas mitológicas
invoca dragões há muito sidos—   15
—suas vastas mandíbulas
bocejam de desilusão,

Tuas mãos que ao vagar
se delicada neve exótica,
sopram um silêncio selênio°   20

se uma freira fondant
emoldurada nos perfis, que se encaram,
da Princesa Murat[21]
e George Moore[22]

Apology of genius
(1921)

Ostracized as we are with God—
    The watchers of the civilized wastes
    reverse their signals on our track

    Lepers of the moon
    all magically diseased
    we come among you
    innocent
    of our luminous sores

    unknowing
    how perturbing lights
    our spirit
    on the passion of Man
    until you turn on us your smooth fools' faces
    like buttocks bared in aboriginal mockeries

    We are the sacerdotal clowns
    who feed upon the wind and stars
    and pulverous pastures of poverty

    Our wills are formed
    by curious disciplines
    beyond your laws

    You may give birth to us
    or marry us
    the chances of your flesh
    are not our destiny—

Apologia do gênio°
(1921)

Ostracizados que estamos com Deus—
  As sentinelas das desolações civilizadas
  revertem seus sinais no nosso rastro

  Leprosos da lua
  todos magicamente doentios   5
  vimos à vossa rua
  inocentes
  das nossas chagas luminosas

  inconscientes
  de que distúrbio inflama   10
  nosso espírito
  na paixão do Homem
  até que nos voltai vossas lisas tolas caras
  se nádegas nuas de aborígenes deboches

  Somos os palhaços sacerdotais   15
  que se nutrem de vento e de estrelas
  e polvorosas pastagens de pobreza

  Nossas vontades são formadas
  por estranhas disciplinas
  muito além de vossas leis   20

  Podeis nos parir
  ou nos casar
  os acasos de vossa carne
  não são nosso destino—

The cuirass of the soul
still shines—
And we are unaware
if you confuse
such brief
corrosion with possession

In the raw caverns of the Increate
we forge the dusk of Chaos
to that imperious jewellery of the Universe
    —the Beautiful—

While to your eyes
    A delicate crop
of criminal mystic immortelles
stands to the censor's scythe.

A couraça da alma 25
queima calma—
E nem nos damos conta
se confundis
tão fugaz
corrosão com possessão 30

Nas cruas cavernas do Incriado
forjamos o crepúsculo do Caos
àquela joalheria imperiosa do Universo
    —o Belo—

Enquanto aos vossos olhos 35
    Uma safra delicada
de criminosas místicas perpétuas[23]
de pé encara a foice do censor.

Notas aos poemas

Canções para Joannes

[1] v. 206: *Q H U*: Ver o comentário ao poema neste mesmo livro.
[2] v. 354: *snowdrops* [galantos]. *Galanthus nivalis*.
[3] v. 387: *guaranty* [fiança]. É um termo legal, significando um documento legal de fiança.

O casamento eficaz

[4] No título alternativo "A insípida narrativa de Gina e Miovanni", Loy inverte as iniciais do seu nome e do de Giovanni Papini.
[5] v. 18: *sialagogues* [sialagogos]. Um remédio que excita ou provoca a secreção da saliva.
[6] v. 29: *Empyrean* [Empíreo]. Na mitologia clássica, a morada dos deuses, um mundo de delícias.
[7] *mad woman* [uma louca]. Numa publicação anterior, e assim aparece em *The last lunar Baedeker* (Loy, 1985), Loy acrescentara: '— Forte dei Marmi', que é uma cidade toscana à beira-mar que Loy visitou e onde Joella e Giles, seus filhos, foram criados por criadas.

Der blinde Junge

[8] O título, em alemão, significa "O jovem cego".
[9] v. 1: *Bellona*. A deusa romana da guerra, destruição, conquista e combates sangrentos.
[10] v. 4: *Kreigsopfer*. O termo alemão (sua forma correta é *Kriegsopfer*) designa as vítimas de guerra. No caso, as da Grande Guerra (1914-1918).

[11] v. 28: *illuminati*. O termo, usado aqui em sentido irônico e referindo-se a qualquer grupo ou pessoa que se arvora detentora de saber especial, refere-se originalmente a qualquer dos muitos grupos, em geral secretos, que no fim do século XVIII, a partir da Baviera, se formaram em oposição à superstição, ao obscurantismo, à interferência das religiões organizadas nas questões de governo e aos abusos de poder pelos estados.

BAEDEKER DA LUA

[12] *Baedeker*. É metonímia para "guia de viagem", posto que os guias turísticos mais famosos, e mais usados, entre a segunda metade do século XIX e primeira metade do século XX eram produzidos pela Verlag Karl Baedeker, na Alemanha. Um *jeu d'esprit* seria traduzir o título por *Lonely Lua*, brincando com *Lonely Planet*, uma das marcas de guias turísticos mais famosas em décadas recentes.

[13] v. 8: *Peris*. Um peri é um gênio, uma criatura graciosa e fabulosa, boa ou má, masculina ou feminina, em certas mitologias orientais.

[14] v. 10: *Lethe* [Lete]. O Lete é um dos cinco (ou seis, segundo alguns) rios do Hades (ou Tártaro), o reino subterrâneo, dos mortos. É o rio do olvívio, do apagar da memória daqueles que o cruzam ao morrerem.

[15] v. 15: *infusoria* [infusórios]. O termo denota microrganismos, dotados de cílios ou flagelos, que se desenvolvem com frequência nas infusões vegetais.

[16] v. 30: *crusaders* [cruzados]. Penso que, aqui, tem o sentido de participantes de uma cruzada.

O *PÁSSARO DOURADO* DE BRANCUSI

[17] Loy e Brancusi foram amigos, se visitavam, iam juntos jantar, mas não parecem ter sido amantes, nem Brancusi a usou como tema de uma obra sua, como foi o caso com Nancy Cunard. Tarsila do Amaral e Oswald de Andrade conheceram Brancusi um pouco mais tarde, nos anos 1920, há fotos que registram o fato. Tarsila, sabe-se, comprou uma escultura de Brancusi mas a vendeu depois, sitiada por vacas magras.

O *Ulisses* de Joyce

[18] v. 29: *Erin*. É a personificação da Irlanda.
[19] v. 61: *sub rosa*. Uma frase em latim usada em inglês para significar "em segredo".

Nancy Cunard

[20] v. 8: *moonstone* [pedra lunar]. Prefiro esta forma em vez de "pedra da lua" por me parecer prosodicamente melhor. O mineral a que Cunard se refere é um silicato de sódio, potássio e alumínio, conhecido como "ortósio", ou "adulária".
[21] v. 23: *Princess Murat*. Violette Ney d'Elchingen (1878-1936), princesa francesa, rica, excêntrica, que era bastante ativa no meio artístico na França da virada do séc. XX.
[22] v. 24: *George Moore*. George Augustus Moore (1852-1933), escritor irlandês, foi admirador, talvez amante, da mãe de Nancy Cunard, e amigo da poeta por toda a vida, desde a primeira infância desta (muitos suspeitavam que fosse o verdadeiro pai de Nancy).

Apologia do gênio

[23] v. 37: *immortelles* [perpétuas]. A flor, cujo nome científico é *Helichrysum arenarium*, também é conhecida por "sempre-viva" (um sinônimo, claro, de "perpétua", que preferi por questões de prosódia).

Sobre as traduções

Canções para Joannes

O texto original é o de *Songs to Joannes*, publicado por Alfred Kreymborg na pequena-revista *Others*, vol. 3, nº 6. Nova York, 1º de abril de 1917.

Alguns meses depois da publicação online de uma primeira versão desta tradução de "Songs to Joannes",[24] Maíra Mendes Galvão ofereceu a sua,[25] sem conhecimento da minha. Nesta minha versão revisada, beneficio-me, em alguns casos, e sempre com gratidão, de soluções que Galvão propõe e, quando me parece útil a quem se interesse pelo processo tradutório, discuto brevemente diferentes alternativas. Uma distinção às vezes importante é que Galvão usa a versão corrigida enquanto eu uso a versão original.[26]

v. 3: *Pig Cupid* [Porco Cupido]. Galvão rejeita "Porco Cupido" por considerar, como eu, a frase cacofônica. Eu a adoto precisamente porque considero a expressão original *Pig Cupid* cacofônica. O motivo é a justaposição de duas consoantes oclusivas ("g" e "c") onde aquela é precedida, e esta é seguida, pela também oclusiva "p". Loy teria facilmente evitado essa concentração de oclusivas, se quisesse fazê-lo. Em vez, é possível que Loy quisesse com isso sugerir o caráter (a nós) mecânico e gutural dos grunhidos de um porco. Galvão prefere "Cupido suíno" que me parece, semanticamente, murchar o mur-

---

[24] Revista *Escamandro*, 30/3/2020.

[25] *Tradução enquanto prática teórica (e um ensaio tradutório do poema "Songs to Joannes", de Mina Loy)* (Galvão, 2020). Uma outra versão do poema para o português é a de Miguel Cardoso (Loy, 2022). Não a comento porque a disparidade de dicções gera obstáculos intransponíveis no espaço que tenho.

[26] A partir daqui, por "versão original" de "Canções para Joannes", entenda-se a que foi publicada pela pequena-revista *Others* (Loy, 1917) e, por "versão corrigida", a que foi editada por Roger Conover em *The lost lunar Baedeker* (Loy, 1996).

ro da palavra *Pig* no original e, foneticamente, se afastar, na sua eufonia, da trovoada de oclusivas que assinalei acima.

v. 6: *weed* [erva]. Estritamente, "erva daninha", mas, mais contemporaneamente, "erva" (diamba), e por isso deixada ambígua.

v. 6: *star-topped* [ponta-estrelada]. Literalmente, "com estrelas no topo", mas distenderia ainda mais a música. A versão corrigida não tem a conjunção *and*.

v. 7: *wild* [bravas]. Mais diretamente, "silvestre", "selvagem", mas "bravas" alitera com "branca". Galvão nota que *to sow one's wild oats* é uma expressão idiomática com o significado amplo de sair mundo afora buscando novas experiências, principalmente sexuais, e principalmente quando jovem.

v. 7: *sewn* [bordadas]. O sentido mais preciso é o de "costuradas", mas "bordadas" adensa a música com uma sílaba a menos. Note que a versão corrigida muda para *sown*, i.e., "semeadas", o que faz mais sentido com *wild oats*, mas um lance da poesia de logopeia é a paronomásia; assim, ainda que possivelmente fortuita, suponho uma aqui e ainda prefiro o texto da primeira publicação.

v. 8: *I would an eye* [queria um olho]. O original é sintaticamente turvo, sugerindo uma elipse, o que a tradução infelizmente não reflete.

v. 8: *bengal light* [estrelinha]. Loy pode estar aludindo (trocadilhescamente, talvez) a uma marca de cigarros, que nesta acepção viria a aparecer num trecho, depois descartado, de "The waste land".[27] Em português, a expressão "luz de bengala" não é desconhecida para um tipo de fogo de artifício que se empunha enquanto ele solta faíscas. Traduzo por "estrelinha", com a mesma denotação, por causa de *sky-rocket* no verso seguinte.

v. 11: *rivers run no fresher than* [rios correm não mais doces que]. Aqui, *fresh* é ambíguo entre "fresco" (i.e., novo, ou frio) e "doce" (em contraste com a água salgada dos oceanos). Em sentido figurado, ambos são plausíveis para a saliva de quem se ama.

v. 14: *lantern* [lanterna]. É difícil decodificar a que o termo se refere: "lampião" (de rua, talvez), mas "lanterna" mantém a polissemia. Uma alternativa é "farol" (*lantern* é mais especificamente a câmara que abriga a fonte de luz de um farol) por causa da menção a oceanos na estrofe anterior.

v. 16: *bellows* [foles]. Prefiro "foles", no sentido usado em forjas e na fabricação manual de vidros, pela menção a "vidro colorido" no v. 18. A acepção

---

[27] *The waste land: a facsimile and transcript of the original drafts including the annotations of Ezra Pound* (Eliot, 2022).

de "berro", "urro", que Galvão prefere, é uma alternativa. Vê-se aqui o quanto a ausência de referenciais claros, e a presença de elipses, quebrando o poema em fragmentos sintáticos e semânticos, explode em constantes polissemias.

v. 19: *skin-sack* [bolsa-baga]. Literalmente, é "saco de pele" (como prefere Galvão), mas a aliteração se perderia. Assim, uso "bolsa-baga", que a preserva, apelando para "bagos", na gíria brasileira.

v. 22: *completions* [completações]. O termo que uso é uma forma não unanimemente aceita na lexicografia do português (mas é esse também o caso com o *infructuous* de Loy, logo a seguir, em relação aos lexicógrafos do inglês).

v. 26: *running down* [exaurindo]. Se tomado literalmente, como o faz Galvão, o sentido seria "escorrendo", mas esta passagem fala de um mecanismo (p.e., um relógio) cuja corda acaba.

v. 27: *To which* [Com o qual]. Parte da logopeia que Pound vê em Loy se revela na dança das preposições, sempre desafiadoras às tentativas de tradução: aqui, *to which*. Caberiam "ao qual", "no qual", talvez mesmo "diante do qual". O léxico e a sintaxe de Loy são tão distantes quanto se pode imaginar de clichês e frases feitas, as carniças de língua. Este aspecto da sua poética foi notado desde cedo, e ainda e sempre é.

v. 31: *coupled* [acoplado]. O termo é ambíguo entre "casar-se" e "acasalar", mas embora "acoplado" penda para o mais bruto, o original também o faz, consistentemente com o tom das canções anteriores.

v. 34: *the profane communion table* [mesa da comunhão profana]. Em inglês, uma cadeia de substantivos em função adjetival gera ambiguidade, às vezes. Aqui, permanece duvidoso se "profana" é a mesa (como prefere Galvão) ou a comunhão (como prefiro). Leio Loy, aqui, como aludindo à eucaristia e pervertendo-a (partir a carne em vez do pão, e, no verso seguinte, entornar, em vez de tomar, o vinho).

v. 35: *spill't* [derrama-se]. A versão corrigida usa a ortografia americana (*spill'd*) em vez da inglesa (*spill't*) da versão original. A elisão, de qualquer modo, é peculiar aqui (porque não há rigor de versificação que a exija, nem era prática estimulada pelo primeiro Modernismo, que, ao contrário, tentava se afastar dos sinais "poéticos" dos vitorianos e georgianos e trazer à poesia o realismo sóbrio de um Flaubert). Embora não neste caso, tento em princípio replicar, ou gerar uma equivalência para o que chamo de microturbulências no original (por exemplo, na versão em *Others*, "nao", sem o til; "espermatazoides", onde o segundo "a" deveria ser "o").

v. 37: *daily-news* [últimas-do-dia]. A versão corrigida remove o hífen; eu o retenho para ressaltar a microturbulência.

v. 39: *mezzanino* [mezzanino]. A grafia moderna é *mezzanine*, por isso mantenho o dígrafo "zz", i.e., não sigo a ortografia do português ("mezanino") para registrar a microturbulência.

v. 41: *vaulted* [abarcava]. Minha solução não tem a sugestão de majestade que o original conota, mas "abobadava" me pareceu foneticamente muito intrusivo aqui.

v. 44: *Wisdom* [Siso]. Literalmente seria "Sabedoria" (como verte Galvão), mas prefiro o *jeu d'esprit*, de rimar, semanticamente, com *wisdom tooth* ["dente de siso"], tendo em vista a adolescência rebelde de Loy.

v. 45: *dresses* [robes]. O termo que uso é semanticamente mais estreito que "vestidos", o sentido literal do original, mas ajuda a manter a densa aliteração de Loy.

v. 45: *lamp-shade* [rubi-abajur]. A versão de Galvão é explícita em atribuir a forma de um abajur aos vestidos vermelhos (sua resolução para outro caso de ambiguidade em cadeias de substantivos em função adjetival). Prefiro tentar manter a ambiguidade, e a aliteração.

v. 46: *woolen* [llã]. Na ortografia do inglês a palavra que Loy usa com apenas um "l" requer um "l" duplo. Assim, para registrar a microturbulência, inverto, i.e., duplico o "l" de "lã" quando a ortografia do português requer apenas um.

v. 47: *One bore a baby* [Um nina um neném]. Possivelmente quer dizer "carrega um bebê", mas esta solução perderia a aliteração que "nina" (do verbo "ninar") preserva. O pronome indefinido no masculino, penso, se resolve com os "abortos quase pássaros" no v. 42.

v. 48: *porte-enfant* [porte-enfant]. A expressão que Loy usa não é dicionarizada em inglês, assim evito traduzir. Galvão prefere traduzir para o contemporâneo "canguru", que, temo, introduz um anacronismo.

v. 49: *sarsanet* [tafetá]. A versão corrigida tem *sarsenet*, em vez, aqui.

v. 53: *fearful* [macabra]. Minha solução é um tanto tosca, já que *fearful*, mais literalmente, quer dizer "com medo", "temerosa". Galvão prefere "medonha", mas o "deles" logo a seguir contaminaria a música aqui, a meu ver.

v. 70: *dont* [nao]. Não o uso o til para registrar microturbulência (i.e., a ausência do apóstrofe) na versão original em *Others*, que a versão corrigida regulariza e elimina.

v. 71: *you* [você]. O uso de pronomes na segunda pessoa, dada a ambiguidade intrínseca do inglês quanto a isto, é frequentemente uma questão de escolha se o contexto não é informativo. Em geral, coloquialmente e sem ser rigorosamente consistente, misturo: uso "você" e "si", mas "teu", "tua" e "te".

v. 71: *Since you got home to yourself* [Já que você se mandou pra casa pra si]. Se não é um erro, é finíssimo exemplo de logopeia, e, se é este o caso, é tão difícil quanto indesejável dissecá-la. Há várias leituras subjacentes se consideramos a polissemia tanto do verbo principal (*got*) quanto da preposição que ele rege (*to*). Minha versão tenta reter alguma ambiguidade.

v. 72: *Wire-Puller* [Manipulador]. O marionetista, o que controla o desenrolar da máquina do mundo, o que manipula à distância. "Manipulador" fica aquém, não é tão penetrante quanto o original, mais imagético.

v. 76: *set back* [voltaria aonde antes]. Os verbos frasais são uma característica marcante do inglês e dão à língua grande plasticidade semântica. Uma tradução mais literal seria (como quer Galvão) "retrocederia", mas leio no original uma intenção de indeterminação que minha versão procura preservar.

v. 78: *flag-stones* [pedras-de-piso]. A grafia com hífen é uma microturbulência por isso hifenei a tradução, que literalmente seria "laje", ou "lájea".

v. 86: *learning* [erudição]. O termo original pode significar "erudição" (como prefiro, por me parecer aludir a Papini) ou "aprendizagem" (como prefere Galvão).

v. 88: *Behind* [Nas costas]. Literalmente, "atrás", ou "por trás" (como quer Galvão), mas distorço em direção a uma literalidade espúria aqui para sugerir as transgressões semânticas com que Loy esculpe muitos dos seus poemas (vide v. 95: *laughing honey*).

vv. 91-2: *lifted/ Our eye-lids on Love* [nossos cílios/ Elevamos a Eros]. Este é outro caso de uma preposição abrindo várias possibilidades semânticas. A tradução acaba não mantendo a rica ambiguidade, mas preserva algo da aliteração. Mais literalmente, esta passagem seria "alçamos/ Nossas pálpebras ao Amor", como verte Galvão.

v. 95: *laughing honey* [gargalhando o mel]. Galvão traduz de perto por "mel risonho", mas penso que Loy poderia ter em mente que o mel ativamente, ainda que metaforicamente, risse, ou gargalhasse, e por isso usei a forma verbal, em vez da adjetival.

v. 96: *spermatazoa* [espermatazoides]. Outra microturbulência ortográfica na versão original, que a versão corrigida regulariza para *spermatozoa*.

v. 97: *At the core of Nothing* [No núcleo do Nada]. Mais literal seria algo como "No cerne de Nada", mas uso "do" por força da inicial maiúscula. Os artigos serem definidos ou não é uma manifestação das pequenas dormentes bombas semânticas características, a meu ver, da hipersensibilidade logopaica de Loy. Prefiro "núcleo" a "cerne", aqui, por aliterar.

v. 99: *Shuttle-cock and battle-door* [Petoca e rã-quente]. É um trocadilho sobre um jogo chamado *battledore and shuttlecock* ["raquete e peteca"], precursor do badminton moderno. A expressão resultante tem, penso, conotações sexuais, que de resto permeiam o poema. A intrusão de um hífen em *shuttle-cock* acentua isso (*shuttle* é "mover-se para lá e para cá", *cock* é "pênis") e *battle-door* também (*battle* é "dar combate"; *door*, pelo contexto, "hímen" talvez?). Disso tudo, trocadilhescamente, uso "petoca" por "peteca" (sugerindo sabe-se o quê) e "rã-quente" (sugerindo pererreca e a partir desta outra -eca) em vez de "raquete".

v. 100: *pink-love* [rosamor]. Se *pink* é, por tradição, uma alusão ao feminil, *pink-love*, seria amor (por? ou de?) mulheres. Contemporaneamente, *pink* é gíria, não muito comum, para "vagina", mas não (que se tenha registrado) quando Loy escrevia. Assim, uso "rosamor" para adensar a névoa semântica, mas de certa forma ainda mantendo-me neutro. Galvão verte por "amor-rosa" que, com fina logopeia, sugere, claro, "amorosa".

v. 102: *Dear one* [Caro mio]. Literalmente, "meu caro" ou "meu querido". Porém, a expressão italiana que uso carrega, penso, um certo sarcasmo que me parece existir também no original.

v. 105: *colorless* [sem côr]. Inconsistentemente, a versão original aqui usa a ortografia norte-americana. Marco a turbulência com um circunflexo obsoleto.

v. 110: *About* [Em tuas]. A palavra, aqui, tem um sentido que sugere uma nuvem, uma emanação, ao redor das mãos.

v. 113: *Solve* [Solvem]. Aqui, Loy pode ter visado a polissemia (entre "resolver" e "dissolver") que "solve", em português, também possui.

v. 117: *Is it* [Seria]. Loy, os leitores já terão percebido, não pontua; aqui, a sintaxe do inglês define uma interrogação que tento indicar com o especulativo em "Seria".

v. 118: *I have set you apart* [te escolhi]. Difícil de fixar o sentido ("te distingui"? "te privilegiei"?).

v. 121: *Taught me willingly to live to share* [Por querer me ensinou a viver a repartir]. Novamente, a sintaxe sutil deixa o sentido ambíguo. Galvão mantém a ambiguidade com "Me ensinou porque quis a viver a compartilhar" e a sigo aqui, mas prefiro traduzir o advérbio por uma forma infinitiva.

v. 127: *boom* [bumbo d'ar]. Um estrondo, mas, aqui também, expandi, para perturbar a semântica e visar uma quase onomatopeia. Marcar a elisão não é estranho a Loy (vide *spill't*). Galvão, aqui, usa "E estrondo de respiração liberta", que se mantém bastante próximo do sentido natural.

v. 135: *It is ambient* [Está em volta]. É uma forma incomum em inglês. Galvão traduz literalmente; preferi, nessa ocasião, domesticar o incomum de Loy.

v. 138: *very resonant* [ressoante demais]. Galvão traduz o sentido exato (i.e., "muito ressoante"). Traio-o porque me parece que a música agradece.

v. 146: *Disorb* [Destronar]. Há pelo menos dois sentidos: o de "remover da órbita (de influência)" e o de "remover a orbe (como símbolo de soberania)". Ambos parecem apropriados aqui, e preferi o segundo porque o poema se preocupa (como muito da produção de Loy nessa época) com questões de poder no contexto de relacionamentos íntimos.

v. 152: *Don't realise me* [Não vem dizer que me entende]. A sintaxe é obscura, e por isso o significado nos evade ainda mais. Possivelmente, um bate-boca.

v. 156: *terrific Nirvana* [terrível Nirvana]. O sentido é figurado, claro, mas não está claro se é o de estado idílico ou de plenitude, ou o de inércia ou de apatia. A palavra *terrific* tornou-se rara no sentido de algo que causa terror, espanto, medo, maravilha, mas ainda era corrente neste sentido quando o poema foi escrito e assim a interpretei. Galvão prefere "tremendo", o sentido corrente mais comum.

v. 159: *passing* [peregrina]. Galvão prefere "transiente", que rima com "aparente", enquanto meu "peregrina" alitera com "perpétua" (ao qual Galvão prefere "imortal"). Uma possível desvantagem da minha solução é forçar o gênero.

v. 162: A quebra de estrofe não ocorre na versão corrigida, mas sigo, sempre, a versão original.

v. 168: *dealt* [dava]. Esse verbo tem um amplo campo semântico. Entre outras possibilidades: "dispensou" (como medicamentos num boticário) e "deu" (como se dá cartas de baralho). Preferi esta última.

v. 174: *To love you most* [Para te amar mais que]. A tradução literal seria algo como "Para te amar mais do que quem quer que seja" ou "do que qualquer outro". Incapaz de ser ao mesmo tempo conciso e fiel a Loy, traí-a com um enigma-elipse que não está no original.

v. 177: *under the sea* [debaixo do mar]. Provavelmente, simplesmente "no fundo do mar" bastaria, mas aqui preferi inalar a preposição inglesa e, tomando-a literalmente, estrangeirar com isso o português.

vv. 181-2: *no more tongues/ To talk with* [não termos mais línguas/ Com que conversar]. Permanece ambíguo se "línguas" se refere aos órgãos ou aos idiomas.

v. 183: *to know better* [termos juízo algum]. Esta expressão verbal aproxima o significado de "ter juízo", "se comportar", "agir com responsabilidade". Uma de suas formas negativas é *to not know any better*.

v. 188: *If the shutters were not shut* [Se a cortina não o cortasse]. Uso esta solução para preservar a reiteração de *shut*. Uma tradução mais literal seria "Se as abas da janela não estivessem fechadas". Como no v. 162, a quebra de estrofe aqui só ocorre na versão original.

v. 189: *battle-field* [campo-de-batalha]. O hífen no original não é mais usado; insiro na tradução para ressaltar a microturbulência.

vv. 190-2: *counterpane/ Count counter/ I counted* [manta/ Conta tento/ Contei]. Loy metralha a raiz *count-* quatro vezes em seguida. *Counterpane* pode ser traduzido por "manta" (que prefiro), ou "coberta" (que Galvão usa engenhosamente ecoando em "cobre", que é como traduz *counter* no verso seguinte). *Count counter* é ambíguo sintaticamente: *count* pode ser o verbo "contar" como também o substantivo "conde" (com sarcasmo?); *counter* pode ser o substantivo "marcador" (por exemplo, uma pedrinha com que se marca pontos num jogo infantil) como também o substantivo "balcão" (como numa loja ou bar); *counted* pode ser "contei" (como o usamos em "contei-os todos", por exemplo) como também "ser importante", "merecer o devido valor". Minhas escolhas são por "manta" para *counterpane*, "conta" (um imperativo) para *count*, "tento" (no sentido de "marcador") para *counter* e "contei" (no sentido comum) para *counted*. Embora a repetição se perca há uma aliteração entre "manta" e "tento", que Galvão preserva.

v. 198: *Of hill from hill* [Desta colina àquela colina]. Outras preposições inquietantes, e de novo, dois versos adiante. Galvão traduz essa construção, e semelhantes, de maneira mais direta: "Entre colina e colina". Eu, por outro lado, suspeito que há aqui um quê de direção específica.

vv. 204-23: *conserving ... cleaving ... carving ... -giving ... smelling ... telling ... slaking ... Bouncing ... conjoining*. Numa estrofe quase inteira, mais as duas primeiras linhas e ainda mais duas da estrofe seguinte, a maioria das palavras finais terminam em *-ing*, indicando gerúndios ou particípios presentes. Galvão traduz este trecho muito habilmente enfatizando as formas em "-ante". Porém, o efeito colateral dessa opção é introduzir um efeito de monorrima que não existe no original porque, em inglês, o sufixo não tem, prosodicamente, existência como sílaba e por isso não induz à rima, enquanto o sufixo correspondente em português é dissilábico e torna paroxítona a palavra que resulta de sua aposição a uma raiz e, daí, inexoravelmente, induz à rima. Minha versão é mais modesta e não chega a reproduzir o efeito de reiteração no original tão bem quanto a de Galvão. Cinco anos depois de Loy, Eliot usaria a mesma estratégia: cinco dos seis primeiros versos de "The waste land" terminam em particípios presentes (*breeding ... mixing ... stirring ... covering ... feeding*). As cadências são diferentes, porém: a de Loy, crescente (i.e., a progressão tende a ser das átonas para a tônica); a de Eliot, decrescente (i.e., da tônica para as átonas). Caetano W. Galindo, o mais recente tradutor da obra poética de Eliot os traduz em "-ando/-indo" (*criando ... mesclando ... atiçando ... cobrindo ... nutrindo*) e, como na versão de Galvão para o poema de Loy, o sufixo dissílabo nos impele a ouvir assonâncias que no original são, quando muito, tão tênues e comuns que passam despercebidas.

v. 216: Outro caso de quebra de estrofe na versão original mas não na versão corrigida.

v. 232: *raylessness* [desraiar-se-o]. É difícil reproduzir aqui a sucessiva afixação, mas uso "desraiar-se-o" para, ainda que canhestramente, sugeri-la.

v. 234: *solace-winged* [consolo-alada]. Uso "consolo" para *solace* para, de longe, conotar um *fascinus* dos romanos, i.e., o falo, amiúde alado.

v. 235: *flutter* [Alvoroçar]. Tem como sentidos possíveis aqui algo como "flutuar", "tremer", "alvoroçar", mas pode conter um trocadilho com *flatter*, i.e., "lisonjear", "adular". Note que *flutter* pode, por extensão, significar "abanar".

v. 235: *To flutter whom she may concern* [Alvoroçar a quem interessar ela possa]. A tradução tenta registrar outra microturbulência, nesse caso sintática, aplicada aqui a um clichê do burocratês, num exemplo adicional de quanto, em Loy, o instinto logopaico é variegado.

v. 237: *shut-flower* [flor fechada]. A expressão original tem amplo campo semântico aqui: "fechada" (i.e., impedida ou incapaz de se abrir), "aprisionada", "enjaulada", "engaiolada".

v. 239: *noons* [tardes]. Literalmente, "meios-dias", que me parece vazar música.

v. 240: *Curled to the solitaire* [Enrolada ao solitário]. É possível que o adjetivo *curled* ("enrolada") se refira às tardes (como prefere Galvão) e não a ela (a voz sob o poema), como prefiro. O sentido de *solitaire* ("solitário") aqui parece ser o de uma única pedra engastada num anel ou joia.

v. 246: *Forager* [Forrageiro]. O termo que uso (e que Galvão também prefere) é questionável, mas não por todos os lexicógrafos, como adjetivo. Aqui (e em toda parte), note como o desvendar em inglês e em português difere, por força da ordem adjetivo-substantivo no inglês, vice-versa no português. Parte da arte de Loy consiste em desenhar desafios aos leitores com seus versos quase fios de neblina: qualquer movimento mais brusco da mente e os perdemos.

v. 250: *flummery* [frufrus]. No sentido literal, um pudim, um flã, mas aqui, provavelmente, o sentido é o figurado, o de "besteiras, bobices, coisa sem valor", e a minha versão tentar preservar a aliteração.

v. 252: *silly shoes* [sapatos parvos]. Tem aqui, penso, o sentido de "sapatos inadequados" (por exemplo, delicados demais para uma caminhada por montanhas). Minha solução é motivada pela aliteração. O antônimo, *sensible shoes*, se traduziria por "sapatos sensatos".

v. 273: *street-corner smile* [sorriso de canto-de-rua]. Literalmente, "sorriso de esquina". Minha solução é um pouco trocadilhesca, como é o original, penso. É talvez uma turbulência de *corner-mouth smile*, "sorriso de canto de boca".

v. 275: *little* [mindinha]. Aqui, o significado é "pequena", mas "mindinha" sugere, penso, o quê de sentimento que suspeito. Desde Homero, poetas referem-se à "aurora de dedos rosa". Aqui, rosa é a língua.

vv. 279-80: *We twiddle to it/ round and round* [Feito polegares/ a gente roda e roda]. O sentido do original pode estar se referindo àquele rodar binário dos polegares sem se tocarem que sinaliza impaciência ou tédio. Pode ser uma imagem do que aprisiona o casal. Em sua versão, Galvão prefere o sentido figurativo, o casal é que roda e roda mais e mais rápido. Acolho-a aqui.

v. 287: *bored* [perfurou]. Mais um fino exercício de logopeia, já que o verbo no original tem tanto o sentido de "perfurar" (por exemplo, um túnel) quanto o de "entediar". Preferi aquele, mas este é também apropriado. Talvez o leitor possa manter em mente a ideia de perfurar um balão, esvaziar, desinflar?

v. 293: *Shedding* [Descartando]. Este verbo é, aqui, semanticamente complexo. Por paronomásia, se o original fosse *Shielding*, i.e., "protegendo", "ocultando", talvez fizesse mais sentido semântico, mas, novamente, a intensa e constante intenção logopaica.

vv. 304-8: *The contents ... NOTHING* [O conteúdo ... NADA]. Esta passagem é outro campo minado de microturbulências gramaticais: Loy mais uma vez usa artigos e preposições (e as ausências daqueles e destas) como bisturis, dissecando, expondo.

vv. 314 e 317: *for ever/ Forever* [sempre/ Para sempre]. Ambos querem dizer "para sempre", mas forço um pouco para captar a dissimilaridade de formas na superfície.

v. 316: *last white* [último branco]. No original, como na tradução, talvez valha notar, permanece ligeiramente ambíguo se se expandiria em "último (degrau) branco", especificamente, ou, genericamente, "último (encontro com algo) branco".

v. 320: *Whiteness* [Brancura]. Talvez valha notar que, como fenômeno físico, é verdade que a cor "branca" funde, por assim dizer, todas as outras cores, i.e., um objeto que percebemos como branco, o é porque reflete toda luz visível: de todas as cores emerge, por síntese, a cor que chamamos de "branco".

v. 326: *words* [verbos]. O sentido é mais geral, o de "palavra", que é como Galvão traduz, mas, para manter a aliteração, recorro ao sentido menos usual de "verbo".

v. 326: *And wills and words all white* [E vontades e verbos todos brancos]. Aqui a aliteração se perdeu. Talvez pudesse mantê-la com "virgens", ou "alvos", mas a palavra *white* é repetida como um mantra nesta canção e, por isso, me parece menos correto substituí-la aqui.

v. 328: *monotone* [monotom]. Leio aqui um substantivo, que a lexicografia do português parece ignorar.

v. 331: *cymophonous* [opalescente]. Este termo é frequentemente regularizado (p.e., na versão corrigida) para *cymophanous*, que o Webster de 1864 define como "tendo uma luz ondulada, flutuante; opalino, opalescente".

v. 337: *Shuts down on me* [Se fecha para mim]. A tradução prefere o sentido em que a voz sobre o poema se vê exilada, impedida de tomar parte, na "branca aurora/ Do teu Novo Dia". Uma outra tradução seria "Desaba sobre mim" (como prefere Galvão), com uma semântica distinta.

v. 340: *fall foul of* [choque-se com]. Tomo esta canção, sintaticamente, como sendo uma sequência de imperativos, em que a voz sob o poema parece compor um mosaico peculiar do que é a evolução, por "seleção desnaturada", e suas consequências.

v. 342: *Prettily* [Singelamente]. Se tomado como idiomático, talvez "grosseiramente"; mas me parece irônico, por isso "singelamente".

v. 349: *brassily* [bronzinos]. O termo se refere ao modo como soam os metais numa banda ou orquestra, genericamente conhecidos em inglês como *brass*. O mesmo termo designa um tipo de "bronze", donde minha cunhagem, "bronzino".

v. 350: *carressive* [chamegante]. É uma forma não dicionarizada que, na versão corrigida, muda para *caressive*. Penso que pode ser uma palavra-valise *caressing* + *aggressive*, donde "chamegante", para "carícia" = "chamego" + "agressiva" = "fumegante".

v. 351: *homophonous hiccoughs* [soluçantes solilóquios]. Tem o sentido de "soluços", mas para o venerável Oxford English Dictionary é um erro de ortografia comum para *hiccup*. A expressão, assim, quer dizer "soluços homófonos", mas uso "solilóquios" e sacrifico "homófonos", pela aliteração.

v. 360: *blurr* [borrrão]. Três erres em "borrrão" para registrar a microturbulência de dois erres em *blurr*, que é mantida na versão corrigida.

v. 362: *Than* [Fora]. O sentido aqui é o de "exceto", "tudo, menos". Parece, no entanto, que o termo *then* caberia aqui também, o que me faz fantasiar um erro na tipografia. Fosse *then*, o sentido seria "e então", "depois", "em seguida".

v. 363: *To the one* [Àquele um]. Aqui também Loy manipula a minúcia de preposições, artigos, pronomes.

v. 367: *incognitoes* [nem sabem quem são]. O significado é de "incógnito". A grafia correta em inglês seria *incognitos*, mas Conover não regulariza a grafia para *incognitos* na versão corrigida por considerar possível que haja aqui uma alusão a um dos candidatos a Joannes, Giovanni Papini, o filósofo com quem Loy viveu por um tempo (ver o poema "The effectual marriage"). *Toes* são os dedos do pé, e num outro poema ("Giovanni Franchi") Loy satiriza Papini (sob o nome de "Giovani Bapini") com várias referências a quantos dedos o filósofo tem nos pés. O que, suponho, seja a forma que Loy prefere para ironizar a absorção de Papini em seu mundo interior e, quem sabe, o constante questionamento mesmo da mais prosaica e comum exterioridade.

v. 369: *For far further* [Para muito maior]. Perco a intensa aliteração. Galvão traduz por "Para posposta", que a preserva, mas obscurece o sentido.

v. 372: *Own-self* [seu-próprio]. Uma construção um pouco espinhenta no inglês corrente, donde o espinhento português.

v. 379: *architypal* [arquitípica]. Outra microturbulência orto-, ou tipo-, gráfica que a versão corrigida alisa e que tento registrar.

vv. 381-2: *Stringing emotions/ Looped aloft* [Enfilando emoções/ Enlaçadas ao alto ar]. É difícil captar a aliteração cheia de graça do original, assim apelei para um verbo imaginário ("enfilar") significando algo como formar um colar, ou bracelete de pedras, ou sementes, ou emoções.

v. 385: *green* [verde]. Aqui, pode ter o sentido de "imaturo", "inexperiente", e se for esse o caso é possivelmente irônico, ou sardônico.

vv. 387-90: *What guaranty ... ethics to* [Que fiança... souvenir]. Ainda outra passagem obscura, em que Loy parece aludir a conceitos darwinianos. A forma sintática dos vv. 387-90 parece interrogativa, mas, consistentemente, Loy se recusa a pontuar.

v. 393: *busy-body* [intro-metido]. Em inglês, normalmente não leva hífen. Para corresponder a essa microturbulência, usei um hífen não necessário na tradução. É possível que Loy, ao hifenar, tenha em mente uma conotação sexual (literalmente, "corpo-ocupado") e a tradução hifenada ajuda a manter essa possibilidade.

v. 404: *index* [indiciais]. Galvão lê *index* como verbo, e não adjetivo como eu.

v. 407: *is* [está]. Talvez "é", e não "está", como está. Como está, é difícil dizer.

v. 412: *Proto-plasm* [Proto-plasma]. Note que *proto-form* (v. 388) é uma forma não dicionarizada, o que talvez justifique o hífen, mas não é esse o caso aqui, assim o hífen em *proto-plasm* é peculiar, por isso o mantenho.

v. 414: *literateur* [literateur]. A ortografia em textos em inglês é instável. A versão corrigida usa *litterateur*. O significado é o de "literato", principalmente no sentido de escritor profissional. Mantive-o como galicismo porque me parece mais carregado de ironia do que se o traduzisse.

O CASAMENTO EFICAZ

O texto original é o de *The lost lunar Baedeker* (versão corrigida).

v. 79: *to-morrow* [a-manhã]. A forma hifenada já começava a ser rara quando o poema foi escrito, e hoje foi completamente superada. Por isso, tomei como uma microturbulência e hifenei na tradução.

DER BLINDE JUNGE

O texto original é o de *The lost lunar Baedeker* (versão corrigida).

v. 1: *dam* [loba]. Esta palavra denota a fêmea de uma espécie selvagem que deu à luz uma ninhada. Uso "loba", um termo mais específico, pela conotação romana.

v. 23: *upslanting* [inclícimo]. O termo original não é dicionarizado. *Slanting* quer dizer (entre outros sentidos) "inclinado". Assim, uso uma palavra-valise que combina "inclinado", "cimo" e um aroma de superlativo.

BAEDEKER DA LUA

O texto original é o de *The lost lunar Baedeker* (versão corrigida).

v. 17: *lead* [levam]. O termo pode ter, aqui, o sentido de "chumbo", o substantivo, em vez do verbo ("levar"), que preferi. Em tal caso, Loy poderia estar rimando semanticamente este substantivo com a etimologia de *mercurial* [volátil, instável], i.e., mercúrio, e de *phosphorous* [fosfóreo], ambos também elementos químicos.

vv. 21-3: *the eye-white sky-light/ white-light district/ of lunar lusts* [o bairro alvolho/ luceleste luzalvo/ de luxúrias lunares]. O original usa palavras compostas que rimam (*-ite/-ight*) e aliteram (em *l*), e, na tradução, tento reproduzir um pouco do efeito usando palavras-valise.

v. 24: *Stellectric* [Estelétricos]. O termo parece um neologismo de Loy, algo como "eletricostelar", que não uso por me parecer canhestro.

v. 29: *whirl* [redemunham]. Esta palavra quer dizer "giram", mas aceno a João Guimarães Rosa, no meio da lua.

v. 35: *Necropolis* [Necrópolis]. Normalmente, um substantivo comum, mas Loy parece querer aqui um nome próprio e por isso o mantenho como no original. O substantivo comum denota "cemitério".

v. 52: *waxes and wanes* [crescenta e míngua]. A expressão, referindo-se à Lua, se traduz por "cresce e míngua". Mas invento aqui um verbo cujo radical corresponde mais de perto ao adjetivo "crescente", paralelo ao verbo cujo radical corresponde de perto ao adjetivo "minguante".

O *Pássaro dourado* de Brancusi

O texto original é o de *The lost lunar Baedeker* (versão corrigida).

O *Ulisses* de Joyce

O texto original é o de *The lost lunar Baedeker* (versão corrigida).

v. 10: *loquent* [facunda]. O original é recôndito, assim também "facunda", i.e., que possui a capacidade de, e talvez habilidade no, falar.

v. 49: *hang* [penduram]. A recusa de pontuação que Loy aplica a todos os seus poemas torna a sintaxe ambígua e até, como aqui, indeterminada: é dúbio qual o sujeito de *hang*, no original.

v. 60: *flashes* [detona]. O sentido aqui parece ser o de apontar uma luz forte, mas tem um tom de desafio, donde meu "detona".

Gertrude Stein

O texto original é o de *The lost lunar Baedeker* (versão corrigida). Embora eu tenha chegado a esta versão independentemente, ela coincide, palavra por palavra, com a versão de Virna Teixeira (Loy, 2006).

Nancy Cunard

O texto original é o de *The lost lunar Baedeker* (versão corrigida).
v. 5: *airs* [ares]. Pode talvez ter sido usada com seu sentido musical, i.e., árias.
v. 11: *loaded* [lânguido]. O sentido literal é "carregado", mas tento preservar a aliteração.
v. 11: *sucrose* [mel]. O sentido literal é "sacarose".
vv. 11-2: *a sucrose dew/ of vigil carnival* [em orvalho mel,/ a véspera, é carnaval]. Loy manuseia com maestria a flexibilidade sintática do inglês e liga qualificações numa cadeia que, literalmente traduzida para o português, se transformaria numa canhestra repetição da partícula "de", p.e., A de B de C de D, etc. Evito-a, e pago o preço em ambiguidade.
v. 20: *spread silver silence* [sopram um silêncio selênio]. O sentido literal é "espalham um silêncio prateado", mas preservo a aliteração em *s*. Uso "selênio" porque vem do grego σελήνιον, que significa "resplendor da lua".

Apologia do gênio

O texto original é o de *The lost lunar Baedeker* (versão corrigida).

*"Uma coisa que toma forma/
Uma coisa com um nome novo"*:
um comentário a "Canções para Joannes"

I — Com sua subversiva mescla de erotismo, *nostalgie de la boue* e pieguice juvenil, esta canção frontal chocou muitos leitores de todos os matizes no espectro de liberal a conservador. A primeira estrofe é gráfica, quase pornográfica. A segunda parece a princípio uma pieguice, mas a palavra "saliva" perturba. A terceira estrofe fala de lugares suspeitos, na cabeça, mais do que no mundo. A quarta parece expressar o contraste entre um romantismo ingênuo, inocente, e a forja sobre o fogo da Experiência, talvez aludindo de longe à famosa dicotomia de William Blake.

II — Com o impacto de *skin-sack* [bolsa-baga] (pouco veladamente se referindo ao escroto), "dualidade devassa" (os testículos, nesta interpretação), esta canção parece se anunciar tão erótica quanto a canção I, mas Loy dá uma guinada. Para isso, lança mão de uma de suas ferramentas favoritas: o apelo a termos de origem latina que, por esta etimologia, se destacam como culturalmente distantes e eruditos, comparados às palavras de origem anglo-saxã, em geral relativamente curtas e cortantes, e primordiais na evolução da língua inglesa.

Assim, a bolsa-baga abriga a multidão de possíveis consequências dos impulsos sem frutos da voz sob o poema, que assumo ser a de Loy, neste comentário. Os versos finais dão ainda várias guinadas: para uma reflexão sobre o ser humano como mero mecanismo, para um momento de intimidade e carinho, para um sutil ataque à religiosidade banal. Pela primeira vez, a voz sob o poema alude mais claramente a Joannes na segunda pessoa do singular. Os dois versos finais talvez uma primeira menção sarcástica à arrogância dele.

III — Por paráfrase, aqui também a primeira estrofe é quase misticamente erótica: acoplamento, carne rachada, comunhão profana, lábios promíscuos. Vejo um quê de blasfêmia em aludir à eucaristia e em pervertê-la.

Como na canção II, a segunda estrofe contrapesa a primeira e demonstra que, quando o quer, Loy é mestra da fanopeia também, com a imagem de uma borboleta sendo parida cujas asas trazem as últimas notícias nelas impressas, em sangue. Neste ponto do poema, percebe-se com alguma clareza o quanto ele é ancorado numa visão realista e moderna de um relacionamento íntimo entre uma mulher e seu amante, ainda que toques de lirismo relampeiem por instantes na paisagem fundamentalmente fria.

IV — O pano de fundo erótico das três primeiras canções se dissipa. Esta canção é peculiarmente enigmática por força das elisões que rasgam rombos no contexto e dificultam a interpretação.

A família inimaginável pode ser a Sagrada Família, num presépio talvez. Na primeira estrofe, os cinco versos finais são de fina melopeia. Por exemplo, a saraivada de tônicas adjacentes que não anula a música, mas sim a adensa. Estes versos parecem-me aludir a uma encenação da Natividade.

A segunda estrofe, sob essa hipótese, se concentra nas figuras sabidas: a da moça-mãe, a do menino-deus, às asas artificiais de um anjo.

Sob essa hipótese ainda, a terceira alude ao estábulo e à manjedoura com um matiz de temor ou estranheza. Aqui, vale lembrar que é possível que a tradição católica parecesse estranha a Loy: seu pai era judeu (embora não religioso) e sua mãe vinha de família protestante.

Na menção a abajures (v. 45), noto que Loy, por algum tempo, viveu de criá-los e vendê-los. Noto também que *bore* (v. 47) é o passado simples de *bear*, no sentido de "dar à luz", e pode aludir ainda ao tédio (já que a algo ou alguém tedioso, diz-se que é um *bore*) da voz sob o poema.

V — Esta canção dá continuidade, penso, à anterior. Se aquela se refere mesmo a um presépio, a meia-noite que esvazia as ruas pode aludir à missa ou culto que tem lugar na véspera de Natal.

Se estamos em Florença, os três podem ser Joannes, Loy e o filho. Ou Loy e o compósito que é Joannes (por exemplo, Marinetti e Papini), a criança um estranho. Contudo, parece-me mais provável que se refira a Loy com os dois filhos (Joella e Giles) que tivera com Stephen Haweis. Um menino, talvez Giles vestido de anjo, toca campainhas e assim acorda quem dorme. Um asceta segue vagando de casa em casa. O uso de "asceta" talvez seja sarcástico, ou talvez se refira a um desabrigado, um mendigo.

A voz sob o poema vê-se perdida com as crianças porque Joannes os deixou e voltou para casa, para si mesmo, i.e., para sua introspecção egotista. Este, mais um sinal de um estranhamento entre ela e Joannes que os assomará mais tarde no poema.

VI — Esta é outra canção enigmática ao extremo. O "Manipulador", com inicial maiúscula, pode ser uma caracterização sarcástica do Macho. Os quatro últimos versos parecem um seco lamento: se Joannes quisesse poderia fazê-los voltar a um tempo feliz que hoje perderam, mas sua vaidade o faz mais atento a outras pessoas que à voz sob o poema.

VII — Esta canção me parece reatar o vínculo com as canções IV e V. Ao caminhar, ouvindo seus passos nas pedras da rua, vê nelas as pegadas de Joannes. Talvez tenha nevado; o vento impele flocos sujos da rua branca às suas narinas.[1]

Os três versos finais são outro exemplo de guinada lírica, e o primeiro exemplo do uso de travessões com valor simbólico, quase semântico. Talvez a potente imagem de pássaros na noite que, por um excesso de euforia, seguem voando sem nunca chegar, tenha um tom pessimista, de fracasso, mas (vide o poema "Apologia do Gênio" de Loy, nesta edição) pode também ser um estandarte de desafio à mediocridade comum e triste.

VIII — Nesta canção, estamos presentes pela primeira vez na domesticidade que circunscreve a ambos, Joannes e a voz sob o poema.

Como a leio, fala do ciúme de ir acumulando tantos tocos de vela enquanto ele, alheio a ela, lê, estuda, escreve (o que sugere Papini, escritor e filósofo, mais que Haweis, pintor e fotógrafo).

---

[1] Não me parece impossível que haja aqui uma alusão distante a drogas.

Leio o verso composto apenas de travessões como um silêncio cruel que persiste, monstruosamente sem resposta. Não me parece muito provável que a referência da voz sob o poema aos "olhos de Deus" tenha o significado que a superfície do texto sugere, i.e., uma referência à divindade judaica ou cristã. Na época em que o poema foi escrito, Loy dava poucos indícios de ser mística, no sentido convencional. É impossível ter certeza, mas me parece possível que Loy esteja, sarcasticamente, aludindo a Papini, por seu egocentrismo, e por ter passado a vida toda com Deus na cabeça, constantemente preocupado em pensar as religiões e sua filosofia. Por fim, talvez Loy tenha, aqui como em outras passagens, escrito "Deus" indefinidamente, ou seja, em vez desta palavra poderia ter igualmente escrito "(um) deus".

A ideia de que possam existir outras luzes que o atraíssem parece um sinal de ciúme.

IX — Esta canção e as cinco seguintes (X-XIV) retomam o erotismo e o ar de latente conflito das três primeiras canções, que, agora, está pronto para eclodir. A primeira estrofe é lírica. Fala, em minha leitura, da explosão de desejo quando ele (Joannes?) a vê, e ela a ele, sob o aspecto do amor ideal. Na estrofe seguinte, o amor físico. O mel, penso, a secreção feminina e, talvez, uma alusão ao paradisíaco; o leite da lua, o sêmen.

X — Esta *canzonetta* novamente ilustra como Loy contrapõe e contrapesa o brutal e o terno. O primeiro verso distorce o nome de um jogo cortês e social ("Battledore and shuttlecock") com paronomásias de conquista ("battle"), de batimentos ("door"), de aríete ("cock"). O segundo verso fala da cor das rosas. O terceiro, de penas que voam, mas é difícil dizer se figurativamente de flamingos ou mais prosaicamente de travesseiro e colchão.

XI — Esta canção parece-me uma crítica irônica a Joannes: talvez a uma sua frieza, ou desconforto, pudor antiquado de se despir que se revela em mãos trêmulas. A poesia de Loy é quase sempre, se não de sarcasmo, de fina ironia. Por outro lado, uma interpretação em termos, novamente, da introspecção filosófica de Joannes *qua* Papini é possível também. No v. 107, por exemplo, a imagem me parece aludir à introspecção analítica do Papini filósofo.

XII — O primeiro verso desta canção me parece acomodar o sentido literal (i.e., a rouquidão de dois amantes) e o figurativo (i.e., a incapacidade de falarem claro um ao outro, seja por conflito, seja por tensão). O segundo verso com suas quatro palavras de inicial maiúscula lembra um panorama de campo de batalha, cujos elementos se dissolvem, ou se resolvem, em sexo enquanto guerra.

Assim se dá na segunda estrofe: carne que vem da, que engendra, carne, a sensualidade física, nua. Na terceira estrofe, penso, a voz sob o poema questiona: se, entre tantos, Joannes é mesmo seu eleito; se ela, assim, se convenceu a partilhar/conceder sua individualidade. A quarta estrofe retruca que, para ela, talvez ele seja somente uma consequência daquela identidade individual, algo profundamente humano e íntimo. Os dois últimos versos, tensionados por aliterações, novamente contrapesam o abstrato e o contundente, primordialmente físico.

XIII — Esta é outra canção, entre as mais longas, onde poderíamos ler um tom de esperança (incomunicável, porém) que tal amor sobreviva e tenha um futuro. Isto se a voz sob o poema é mesmo sincera, aqui. Contudo, penso ser mais provável que Loy quisesse que a lêssemos como explicando o conflito que vem se adensando: um confronto de mentes, de individualidades.

Na primeira estrofe, o que está tomando forma poderia ser, num caso, o futuro comum e, no outro, para mim mais provável, a impossibilidade de o relacionamento perdurar, se para isso é preciso que a voz sob o poema renuncie ao que ela vê nascente em si e que quer explicar a Joannes, ainda que não o consiga.

Na segunda e terceira estrofes, Loy constrói um contraste entre olhos e ouvidos, entre ver e ouvir, entre o que é preciso não ver e o que é preciso não ouvir. Com isto, penso, Loy concisamente delineia a trágica incomunicabilidade de dois amantes quando o que os mantinha unidos se deteriora em conflito e dor, ainda que nem sempre mútua ou, se mútua, de distinta intensidade.

A quarta estrofe me parece sarcástica ao diagnosticar as morbidezes que acabam por perturbar dois egos antes impávidos e arrastá-los ao campo de batalha. Nos dois primeiros versos da quinta estrofe, vejo um sarcasmo dirigido a quem idealiza o casamento, as famílias. O terceiro verso é outro longo, terrível silêncio. E o resto da estrofe retrata o colapso, as acusações, as mentiras, os egoísmos.

XIV — Esta canção afirma, na primeira estrofe, um renascimento (donde virgindade) que a Joannes é imperceptível na mesmice de seus dias perenes e falsos peregrinos. A segunda estrofe, penso, desacopla a virgindade profunda da identidade recriada do caos dos corpos no momento sexual.

XV — A canção parece reconstruir algo da *via amorosa* da voz sob o poema, semelhante à de Loy.
Na primeira estrofe, ela reflete que dois ou três homens que imaginara deuses revelaram-se mínimos humanos. Na segunda, se dirige a Joannes: que ele lhe parecera sobre-humano (aqui, mais que a Haweis, a alusão me parece a Papini, ou Marinetti, no culto pré-fascista da força bruta e da violência pelo qual o Futurismo enveredava). Presa no redemoinho da vida, era fatal que viesse a amá-lo assim.

XVI — O tom reflexivo da canção anterior se tinge de nostalgia por um futuro agora inalcançável.
Na primeira estrofe, que é de uma delicadeza exímia e triste, assim como na segunda, predominam, no original, os monossílabos e, fora "Arno" (um topônimo), nenhuma palavra é de fonte latina, contradizendo, portanto, o que tanto e com razão comumente se associa à dicção de Loy. Parece-me, assim, outra forma magistral de contraste, de contrapeso, de surpresa.
A segunda estrofe pode também ser lida como terna ou como irônica. O meio florentino em que Loy e Joannes viviam era muito cosmopolita; a maioria das pessoas com quem conviviam era poliglota. Mas penso que, com "não termos mais línguas", a voz sob o poema alude ao gastar/exaurir de línguas como órgãos, a coisa física, uma após outra até se verem sem nenhuma, de tanto conversar. Quando conversar é algo que, no abismo de sua solidão lado a lado, ela e Joannes não fazem.

XVII — Leio esta canção como uma cotovelada que a voz sob o poema dá na domesticidade que a aprisiona, como aprisionava Loy.
Na primeira estrofe, o sol pelas janelas faz as sombras das pernas da mobília andarem. A voz sob o poema parece pensar consigo: "Aonde vão? Não sei. Danem-se. E o que ou quem olharia para mim se as janelas não estivessem fechadas?".

Na segunda estrofe, há uma manta (ou talvez uma toalha de mesa), nos joelhos, vermelha, como o campo de batalha em que ela e Joannes se veem. Por tédio infindável, a voz sob o poema conta as borlas emaranhadas. E deseja que o quadrado do quarto caia no vácuo que o seu respirar entediado apenas dilata.

Como um todo, esta canção exemplifica bem o modo modernista de exteriorizar uma experiência interior sem delineá-la, exceto pelo mínimo contexto cênico, delegando aos leitores a tarefa de costurar o sólido da experiência exterior àquilo que, na interior, jaz oculto. Inscrições no que nos circunda perceptivamente, e não descrições do que percebemos pelos sentidos.

XVIII — Esta pequena canção é, inteira, uma imagem, no sentido estrito que Pound vira e reimaginara nos pós-parto imediato do Imagismo.[2]

Penso que por "estática", aqui, Loy se refira ao fenômeno elétrico. A fenda, a ravina, entre ela e Joannes, colinas; o vazio entre duas estrelas,[3] talvez aludindo a vidas, ou tempos, que se imagina ideais; a eletricidade acumulando-se na calada da noite calma.

XIX — Esta é uma longa canção, e novamente, enigmática. Parte desta ambiguidade advém da sintaxe adotada por Loy: é difícil decidirmos se devemos ler as formas em -*ing* como formas verbais ou adjetivais (na nomenclatura inglesa, *present participles*) ou substantivas (na nomenclatura inglesa, *gerunds*).

A primeira estrofe, penso, pinta um momento de liberação de um ambiente sufocante. Quase um cutelo, o frescor esculpe em clareza o espaço, injeta ar nos pulmões com um aroma de pólen, e rejuvenesce.

O terceiro verso é um mistério. O que quer dizer *Q H U*? Que mistério tem Mina pra guardá-lo assim tão firme? Esse nó, Alexandre Mag-

---

[2] Para a definição de "imagem" no sentido que lhe deu Ezra Pound, ver nota a respeito, na apresentação de "Paris: um poema".

[3] A imagem de Loy parece antecipar a de Ungaretti (2003), que na transcriação de Haroldo de Campos (1998) se torna: "Daquela estrela à outra/ A noite se encarcera/ Em turbinosa vazia desmesura,// Daquela solidão de estrela/ Àquela solidão de estrela" in "Haroldo de Campos transcria Ungaretti". *Revista USP* (37): 186-191, mar.--maio 1998.

no algum até agora. Roger Conover, o editor e curador da obra de Loy, pensou primeiro que pudesse ser um *duchampisme* (descendente do L.H.O.O.Q. = "*Elle a chaud au cul*" = "Ela tem o rabo quente", de Marcel Duchamp), mas nenhuma decodificação convincente se sugeriu. Pensou também ser uma expressão no chamado Código Q, de uso militar, mas QHU não é uma forma válida naquele sistema. Dando loucas asas à imaginação, e voltando à hipótese de que é um *duchampisme*, talvez se possa ler *Q H U* como abreviando, foneticamente, *Cue! Hate you!*, o que por sua vez poderia resultar transcriado em "O V C", por "Odeio você", ou, também, "Odeio! Vê se!". Em vez de *cue*, poderíamos, mais indiretamente, ler *clue*. A diferença é que, em inglês, *clue* significa um item de evidência que contribui para a solução de um problema (talvez, no caso, para que Joannes entenda como ela está verdadeiramente se sentindo), enquanto *cue* significa uma característica ou propriedade que é indicativa da natureza de algo que se percebe, uma marca de identidade, que a revela como sendo isto e não aquilo outro. De todo modo, tudo isto é estratosfericamente especulativo, nada mais. *Jeux d'esprit, bien entendu*. Nas notas ao poema em (Loy, 1996), Conover oferece ainda outras conjecturas: uma é de que pode ser uma mensagem cifrada a Joannes (quem quer que seja(m)) na suposição que ele(s) o entenderia(m); outra é de que pode ser uma marca de censura a um termo obsceno que Loy usara; ainda outra é de que pode ser uma marca tipográfica indicando haver uma dúvida a ser esclarecida pela autora mais tarde, mas que nunca o foi, i.e., que "Q H U" é um ETAOIN SHRDLU, o nome dado a uma expressão sem sentido que os linotipistas inseriam numa linha de texto irremediavelmente errada indicando que devia ser retirada no processo de revisão, porque fazer isso era mais fácil e econômico do que voltar atrás e corrigir o erro. (Esta expressão, especificamente, era usada porque o linotipista podia produzi-la com um simples e rápido gesto no teclado, já que, verticalmente a ordem das teclas era E, T, A, etc., assim como, nos teclados atuais, a primeira linha horizontal de letras produz QWERTY UIOP). O *Nachlass* de Loy (depositado na Beinecke Library em Yale) foi digitalizado, mas, infelizmente, dele não consta nenhum hológrafo do poema. O enigma de "Q H U" persiste, esfinge à espera de Édipo. Note ainda que "Note" pode ser um substantivo governando "cool cleaving" enquanto expressão adjetival. Se for este o caso, a tradução dos vv. 205-6 seria algo como: "Como a cortante, fresca/ Nota do Q H U".

A segunda estrofe é paralela à primeira, do ar à água. Tomadas juntas, as duas primeiras estrofes são paradigmáticas da técnica modernista de delinear uma individualidade pelas sensações, geradas a partir de eventos e objetos no mundo físico, que mais instigam a mente no seu estado corrente, quase sempre emocional.

A terceira estrofe é outra imagem, no sentido técnico que Pound propôs. Talvez o que tem de positivo e alegre complemente e decorra da liberdade momentânea, possivelmente fugaz e fortuita, que as duas primeiras estrofes sugeriram.

Na quarta estrofe, o tom amargo é intenso: Joannes, antes, briluz; agora, pela chuva, encharcado de opacidade.

XX — Esta canção, um dístico quase aforístico, confirma que o momento de alívio passou. Resta um pessimismo, dada a renúncia ao consolo que a Alegria traz em suas asas e leva a quem ela quer bem. O último verso, quase trocadilhesco, exemplifica a gama de efeitos logopaicos que Loy extrai da língua.[4]

XXI — A sensação de uma prisão, feita de solidão a dois, insatisfação e monotonia, continua nesta canção. Nos dois primeiros versos, a menção a uma flor fechada e seus pesadelos alude, penso, à certeza da voz sob o poema de que a vida com Joannes a impede, flor, de desabrochar. Novamente a fria linha de travessões soa, dez vezes, "cale-se...". Nos quatro versos finais, o tédio das tardes, o cerne do sol solitário, o não passar do tempo.

XXII — A primeira estrofe desta canção parece aludir a um passeio em que Joannes, sempre cerebral, sai forrageando; colhendo comestíveis, folhas ou frutos, da floresta, por montanhas que se submetem ao seu vigor másculo. Os sapatos da voz sob o poema, impróprios para um passeio campestre, vão quebrando flores delicadas.

Na segunda estrofe, ela se separa dele, vagueia, desajeitada. Talvez uma insinuação inconsciente de que o relacionamento de ambos está por desmoronar.

---

[4] Veja as notas correspondentes no texto traduzido.

XXIII — Esta canção é das mais fragmentadas. Penso que os dois primeiros versos, sem sentenças completas, são, e sinalizam, um complexo estado emocional. O primeiro, um desconforto ocultado e íntimo; o segundo, o quanto até mesmo o mundo físico parece eletrizado. Os versos restantes falam de promessas juvenis que apodrecem a cada noite em que a lua recorrentemente nasce e perdem qualquer viço/cor, sujeitos a tanta dor maldosa.

A canção é assim um exemplo marcante da maneira modernista de, em vez de descrever ou sugerir um estado subjetivo, usar imagens, e a feroz novidade da linguagem que as grava em poema, para mais concisa e objetivamente incitar quem lê a desenhar para si própria a paisagem mental da qual tais pensamentos e emoções emergem.

No plano sintático e acústico, a maestria de Loy é bem ilustrada por esta canção. A sintaxe, tornada ainda mais cortante pela ausência da pontuação como andaime, é multifacetada, permitindo vários percursos simultâneos. No original, os cinco versos finais contêm dois predicados justapostos (*rot* ... e *bleach* ...) e o impulso é supor que tenham o mesmo sujeito (*irredeemable* ... *consummations*), mas esta justaposição é pouco comum e, não fosse a falta de flexão de pessoa, por um instante se poderia supor que o sujeito de *bleach* fosse *the recurrent moon*. Fica claro que temos que tatear ao ler; temos que avançar com atenção e cuidado.

Quanto à música, basta notar o quanto, no original, o verso de Loy é deliberado, apesar de irregular. Por exemplo, em evitar por completo o movimento iâmbico (i.e., átona-tônica) que os modernistas, liderados por Pound, abandonaram programaticamente. Em vez, o verso de Loy nessa canção é predominantemente anapéstico (i.e., átona-átona-tônica) ou datílico (i.e., tônica-átona-átona). Mesmo em tão poucos versos, conseguir sistematicamente excluir de um poema em inglês quase todo traço de iambos é um pequeno feito métrico.

E há a profusão de aliterações em *stars/stare*, *pledge/pubescent/pure/pain*, *consummations/recurrent*, *recurrent/rot*, *pubescent/bleach*, e o belíssimo enjambement *white/ Wickedness*, cheio de choque semântico.

XXIV — Esta canção é outra ilustração de como a linguagem de Loy é única na vastidão da poesia modernista. Assim como, ao contrário do que se repete *ad nauseam* sobre o seu domínio técnico, do modo cuidado, mas contido, com que harmoniza os recursos acústicos em seus poemas.

O aspecto mais comumente assinalado como sendo original e quase exclusivo de Loy é a sua dicção: o modo como seleciona e combina seu léxico em poemas. Como já ressaltado, Loy mescla com maestria palavras de raiz latina (nesta canção: *procreative*, *pestilent*, *lucidities*, *acerbity*) e anglo-saxã (*tear*, *drop*, *lust*, *lies*, *smile*).

Como o léxico do português não é marcadamente uma tão clara confluência de fontes lexicais tão distintas quanto o inglês, o efeito é difícil de captar em nossa língua.[5] Para quem tem o inglês como língua nativa, ler um poema de Loy é como andar numa rua em que as pedras sejam desiguais em altura e área: é preciso andar com cuidado, os movimentos não são fluidos como seriam se a superfície fosse plana, lisa, sem sobressaltos (i.e., como seria o caso, figurativamente, se claramente predominassem palavras de um único tronco).

XXV — Outra imagem, magistral, nos quatro primeiros versos desta canção. E, outra vez, o terrível silêncio no quinto verso, como se os travessões fossem os pontos de costura num talho. Os quatro últimos versos da primeira estrofe novamente traçam o extremo tédio que desumaniza os dois.

A segunda estrofe parece refletir que, à noite, em quartos mesquinhos, o desejo se entedia no calor intenso que restou do dia.

A terceira estrofe, novamente enigmática, me parece dizer que a voz sob o poema ascende à calma fresca das planícies, cortando com firmeza e frieza a corrente que a ata ao chão em chamas dessa vida em que os dois amantes digladiam em silêncio.

XXVI — Muitos poemas modernistas fazem, dos fragmentos, imagens; muitos outros fazem deles planos de um filme, como Loy faz aqui, ao meu ler.

---

[5] Claro, o português do Brasil também se beneficiou muito da confluência de termos de origem indígena, africana e árabe, para ficar entre as fontes reconhecidamente importantes, mas nenhuma dessas três forma com o português de origem europeia um par comparável, em termos de uma convivência poética milenar, como o que o latim forma com o inglês de origem anglo-saxã.

No primeiro dístico, eles se despem; os olhos quase fechados, por pudor convencional. No segundo, a natureza, para quem pudor é pura dor, se imiscui; eles se esgueiram; ela os une.

XXVII — Loy, nesta canção, fia enigmas ainda mais densos.
Os três primeiros versos podem refletir o torpor *post coitum*. Os três versos seguintes na primeira estrofe, expressos na mescla lexical característica de Loy, podem aludir (vide *plastic*) a um contraceptivo.

A segunda estrofe torna ainda mais extremo o clínico, frio olhar de Loy, parte rigorosamente mente, parte carne infernal. Os cinco primeiros versos nesta estrofe talvez superpensem o ato efêmero e infértil: que, ao se isolarem de terceiros alheios, os dois amantes apenas fluem como um rio à foz, à proximidade do nada, que remete ao primeiro verso da canção.

Os cinco versos seguintes são, penso, um corte de bisturi nas ilusões românticas: um homem e uma mulher bloqueiam a passagem (o fluir ao nada no quinto e sexto versos desta estrofe?) do ponto em que estão à conclusão de que o relacionamento entre eles é irreconciliável; as *petites morts* de todo dia, esfregadas nos olhos deles, em vão.

Loy prova outra vez o quanto a sua poesia é cortante em desbastar a nu os infernos de um relacionamento marcado pela hegemonia masculina, pela absurda e abjeta assimetria de poder que contém e detém a mulher confinada em domesticidade.

XXVIII — Esta canção é marcada pela cor/palavra *white/ness*, i.e., "branco/a/s/ura". É difícil dizer com certeza o que, se algo, Loy quis acentuar com esta deliberada reiteração.

Na estrofe final, a voz sob o poema olhando de longe a casa onde mora com Joannes parece expressar a surpresa de que dela ainda provenha, ainda que por um instante, algo branco. Se essa interpretação tem validade, o domínio que o conceito de brancura semanticamente exerce sobre a canção nos leva, penso, a lê-lo como simbólico, ou pelo menos correlato, à intenção da voz sob o poema de se livrar, se desnudar, de se limpar da sua vida com Joannes.

Os quatro primeiros versos falam de uma escada infinita de degraus brancos; que seu primeiro degrau é o último branco, para sempre (talvez expressando a ideia de que o que antes era possibilidade, depois do passo inicial de libertação, se torna concreta realidade).

Nos cinco versos seguintes, a voz sob o poema parece dizer que todas as nuances de argumentos e brigas, todas as cores das frustrações e das raivas e das reconciliações, se veem fundidas na brancura (na paz conquistada) que é o seu libertar-se de Joannes.

Os três versos seguintes afirmam que, livre de Joannes, a emergência da voz sob o poema é que a queima à brancura: a retirada, a extirpação, de Joannes é um momento crítico, uma transformação profunda de rumo e destino.

Os três últimos versos da primeira estrofe sugerem que a brancura que emerge de uma tal decisão permeia o monotom da vida de ambos.

A segunda estrofe, contudo, revela que Joannes está ali, presente: na toalha branca, na névoa do dia a dia que vem do suor de seu corpo cansado.

Nos três versos finais da penúltima estrofe, o branco despertar do dia de Joannes fecha-se em escuridão para ela.

De longe, a voz sob o poema acha impensável que o fio de fumaça que escapa venha da casa que a aprisiona a Joannes. Talvez porque a fuga do fio de fumaça enfatize por contraste o quanto ela se sente incapaz de também se libertar.

XXIX — Esta é a mais longa das canções. Se é para Joannes, não se dirige a ele. Em vez, é um *cri de cœur*; o basta de uma mente lépida e lúcida; uma mescla, típica de Loy, de razão e emoção cavalgando uma seta de sarcasmo em direção a um alvo que, em outras vozes, se estilhaçaria, se dispersaria em vastidão.

Nas suas seis estrofes, a canção metralha a ordem do dia. A primeira define o campo de batalha: a evolução não levou à igualdade sexual por ter errado, e muito, ao projetar semelhanças (físicas, e mais precisamente, fenotípicas, presumo).

A segunda estrofe revela que a voz sob o poema tem em mente não a evolução darwiniana (por seleção natural) e sim a que, por seleção antinatural (i.e., determinada e sancionada por sociedades e culturas), acaba por parir filhas e filhos que se veem incapazes de sequer entenderem o que uma ao outro fala quando tentam compartilhar suas vidas.

A terceira estrofe intensifica o sarcasmo, num *crescendo*: berram metálicos; carinhos que são murrinhos; risos que lembram soluços; lágrimas que não são flores nem doces, mas sim insuficiência de coragem vertebral.

Na quarta, encontros se tornam a obrigação de se tornar o oposto do que se é; a forma real, interior, de uma pessoa se dissolve em borrão; no prelúdio de sedução, em vez da alegria simples de ver o outro feliz, o que conta é conquista, subjugação, sujeição.

Na quinta, a voz sob o poema diz que a nudez, como o imperador, está nua: orgasmos sísmicos entre dois seres que não se revelam um à outra, e talvez sequer conheçam uma ao outro, ou mesmo a si mesmo.

Pela mão do sarcasmo, a última estrofe leva a um limite de negrume: os dois seres, mutuamente desconhecidos, em vez de observar o quanto mentem a si próprios, distorcendo a si próprios o que verdadeiramente são, preferem fugir, com desdém, do outro por pensar diferente de si.

XXX — Nesta canção, o amargor se adensa, e mais forte ainda bate a sarcástica chibata da voz sob o poema.

Na primeira estrofe, chama fetos de bufões, copiando os truques pelos quais a assimetria nas relações de poder se perpetua.[6] Longo silêncio.

Na segunda estrofe, a voz sob o poema parece dar como exemplos, ou consequências talvez, daquela assimetria emoções à solta, voando ar afora, numa pantomima arquetípica. Silêncio.

Na terceira, a voz sob o poema lembra-nos de que a natureza é cega ao nos olhar e que quase tudo na natureza é verde.[7] Longuíssimo silêncio.

Na última estrofe, enfim, ela se pergunta o que afiança a postura ética, uma bijuteria, que desajeitadamente passamos adiante aos que nascem de nós. Longo silêncio.

E ressalto os silêncios de seus severos travessões para sinalizar outra estratégia típica de Loy: a de muitos dos seus poemas aspirarem a uma performance, seja perante um interlocutor interno ao poema, ainda que fisicamente ausente como Joannes, seja perante nós, leitores, com quem ela debate, ou contra quem ela se debate.

---

[6] Um claro caso de licença poética na contramão do que diz a ciência, que era muito menos clara, no tempo do poema, sobre o que se pode biologicamente herdar.

[7] Penso que "verde", aqui, tem o sentido de "novo", "imaturo", "inexperiente", "que se pode aprimorar", embora esta interpretação novamente dependa de um posicionamento à revelia do saber pós-Darwin.

XXXI — Nesta canção, tendo terminado seu depoimento de defesa com o trovejante *j'accuse* da canção anterior, a voz sob o poema ouve a sentença em toda sua crueldade.

Na primeira estrofe, por se intrometer, interferir, não calar a boca diante da delicada intimidade do isolamento daquele com quem convive, crucifique-se.

Na segunda, por eclodir e perturbar o delicado equilíbrio da cariátide com que ele, com quem convive, sustenta uma ideia ambiciosamente filosófica, crucifique-se.

Na terceira, ei-la enfim crucificada: os braços quebrados, as pontas dos dedos no vácuo, e ainda assim continua a cair.

XXXII — As três canções finais têm um quê de exaustão, depois dos grandes voleios de verdade visceral, principalmente das cinco canções de XXVII-XXXI.

Esta levíssima canção, que me lembra uma (supostamente) de Safo,[8] é a única em que o nome de Joannes aparece.

O terceiro verso se dissolve, inconcluso, em silêncio.

XXXIII — Uma suma, penso, nesta canção: na primeira estofe, paixão contra intelecto; na segunda, o que, ou quem, quer que tenha dado origem a estes dois amantes era presa de loucura varrida.[9]

XXXIV — Por canção final, um aforismo de delicadíssima ironia.

A voz sob o poema termina de cantar e mina ironia: um verso livre a libera da prisão-em-vida da vida com Joannes e, libérrima, nos revela e devolve Mina Loy, poeta moderníssima.

---

[8] "A lua já se pôs, e as Plêiades;/ é meia-noite, o tempo escorre;/ e eu, deitada aqui, sozinha."

[9] E aqui talvez um eco, ou rima, com o poema "O casamento eficaz ou A insípida narrativa de Gina e Miovanni" (1915), traduzido também neste volume, cuja nota final da autora também questiona a saúde mental da protagonista.

Prosas de combate

Aforismos sobre Futurismo

(1914)

MORRA no Passado
Viva no Futuro.

A VELOCIDADE de velocidades chega ao se dar partida.

AO se pressionar o material para derivar sua essência, a matéria se deforma.

E FORMA se atirando contra si mesma é lançada além da sinopse da visão.

A LINHA reta e o círculo são os pais do desenho, formam a base da arte; não há limite para sua variabilidade coerente.

AME o medonho para encontrar o seu cerne sublime.

ABRA seus braços aos dilapidados; para reabilitá-los.

VOCÊ prefere observar o passado sobre o qual seus olhos já estão abertos.

MAS o Futuro somente é escuro por fora.
Mergulhe nele — e ele EXPLODE em *Luz*.

ESQUEÇA que você vive em casas, para que possa viver em você mesmo —

POIS as menores pessoas moram nas maiores casas.

MAS a menor pessoa, potencialmente, é tão grande quanto o Universo.

O QUE podem vocês saber de expansão, que se limitam a transigir?

ATÉ agora o grande homem conquistou grandeza mantendo as pessoas pequenas.

MAS no Futuro, ao inspirar as pessoas a se expandirem à sua capacidade plena, o grande homem proporcionalmente terá que ser tremendo — um Deus.

AMOR pelos outros é a apreciação de si mesmo.

QUE seu egotismo seja tão gigantesco que você abarque a humanidade com sua autossimpatia.

O FUTURO não tem limites — o passado um rastro de reações insidiosas.

A VIDA somente é limitada pelos nossos preconceitos. Destrua-os, e você deixa de estar à mercê de si mesmo.

O TEMPO é a dispersão da veemência.

O FUTURISTA pode viver mil anos em um poema.

ELE consegue comprimir todo princípio estético em um verso.

A MENTE é um mágico delimitado por assimilações; deixe-o à solta e a menor ideia concebida em liberdade bastará para negar a sabedoria de todos os antepassados.

OLHANDO o passado você chega ao "Sim", mas antes que você possa reagir a ele você já terá chegado ao "Não".

O FUTURISTA tem que saltar de afirmativa a afirmativa, ignorando as negações intermitentes — tem que pular de um pedra-a-pedra para a pedra da exploração criativa; sem deslizar de volta à túrbida torrente dos fatos aceitos.

NÃO há excrescências no absoluto, às quais uma pessoa possa aparafusar sua fé.

HOJE é a crise na consciência.

A CONSCIÊNCIA não pode espontaneamente aceitar ou rejeitar formas novas, como são ofertadas pelo gênio criativo; é a nova forma, não importa por quanto tempo permaneça como um mero elemento irritante—que molda a consciência à amplitude necessária para contê-la.

A CONSCIÊNCIA não tem clímax.

DEIXE o Universo fluir e penetrar sua consciência, não há limite à capacidade desta, nada que ela deixe de re-criar.

DESATARRACHE a sua capacidade de absorção e capte os elementos da Vida—*Inteira*.

A INFELICIDADE está na desintegração da Alegria;
Intelecto, na da Intuição;
Aceitação, na da Inspiração.

PARE de ampliar sua personalidade com os dejetos de mentes irrelevantes.

NÃO ser um zero no seu ambiente,
Mas colorir o seu ambiente com suas preferências.

NÃO aceitar experiência sem escrutínio.

MAS reajustar a atividade à peculiaridade de sua própria vontade.

ESTAS são as tentativas primais em direção à independência.

O HOMEM somente é escravo de sua própria letargia mental.

VOCÊ não tem como restringir a capacidade da mente.

PORTANTO você está não apenas numa abjeta servidão à sua consciência perceptiva —

MAS também às re-ações mecânicas do subconsciente, aquela pilha de lixo de raça-tradição —

E SE acreditando livre — sua concepção mais ínfima é tingida pelo pigmento de superstições retrógradas.

AQUI jazem os campos estéreis da espacialidade mental que o Futurismo eliminará —

ABRINDO espaço para o que quer que você seja corajoso o bastante, belo o bastante para extrair do eu tornado realidade.

PARA o seu rubor, gritamos obscenidades, berramos blasfêmias, que você, sendo fraco, vai sussurrar sozinho no escuro.

ESTÃO vazias exceto de sua vergonha.

E ASSIM estes sons se dissolverão de novo na, deles, inata falta de sentido.

ASSIM evoluirá a linguagem do Futuro.

ATRAVÉS da zombaria da Humanidade como nos surge —

PARA chegar ao respeito pelo homem como será —

ACEITE a vertiginosa verdade do Futurismo
Abandonando todas aquelas
                         — Quinquilharias. —

Manifesto Feminista

(1914)

O movimento feminista como instituído no presente é
<u>Inadequado</u>

<u>Mulheres</u> se quiserem se realizar—vocês estão na véspera de uma comoção psicológica devastadora—todas as suas ilusões mais queridas têm que ser desmascaradas—as mentiras de séculos têm que se mandar—vocês estão preparadas para o <u>Repelão</u> —? Não há meia-medida—NENHUM arranhar a superfície da pilha de lixo da tradição, vai tornar realidade a <u>Reforma</u>, o único método é
<u>Absoluta</u> <u>Demolição</u>

Parem de confiar em legislação econômica, cruzadas morais & educação uniforme—vocês estão preferindo ignorar a
<u>Realidade</u>.
Carreiras profissionais & comerciais estão se abrindo para vocês—
<u>É</u> <u>só</u> <u>isso</u> <u>que</u> <u>vocês</u> <u>querem</u> ?

E se vocês honestamente desejam descobrir seu nível sem preconceito—sejam <u>Corajosas</u> & neguem desde o início—aquela baboseira patética, o grito de guerra <u>A</u> <u>Mulher</u>
<u>é</u> <u>o</u> <u>igual</u> <u>do</u> <u>homem</u>—

      porque

Não é <u>NÃO</u> !

O homem que vive uma vida na qual suas atividades se submetem a um código social que age como um protetorado do elemento feminino — não mais é **masculino**

As mulheres que se adaptam a uma valoração teórica do seu sexo como uma **impessoalidade relativa**, ainda não são **Femininas**
Deixem para lá este se voltar aos homens para descobrir o que vocês **não** são — busquem dentro de vocês mesmas para descobrir o que vocês **são**
Nas condições que neste momento prevalecem — vocês podem escolher entre **Parasitismo**, & **Prostituição** — ou **Negação**

Homens & mulheres são inimigos, com a hostilidade do explorado pelo parasita, do parasita pelo explorado — no momento eles e elas estão à mercê da vantagem que cada possa derivar da dependência sexual dos outros e outras —. O único ponto onde os interesses dos sexos se combinam — é no abraço sexual.

A primeira ilusão que é de seu interesse demolir é a divisão das mulheres em duas classes **a amásia, & a mãe** toda mulher bem equilibrada & desenvolvida sabe que isso não é verdade, a Natureza dotou a mulher completa da faculdade de expressar por si mesma todas as suas funções — **não há restrições** à mulher que é tão incompletamente evoluída a ponto de não se revelar autoconsciente no sexo, provará ser uma influência restritiva na expansão do temperamento da próxima geração; a mulher que é uma pobre amásia será uma mãe incompetente — uma mentalidade inferior — & desfrutará uma apreensão inadequada da **Vida**.

Para obter resultados vocês têm que fazer sacrifícios & o primeiro & maior sacrifício que vocês têm que fazer é o de sua "virtude" O valor fictício de uma mulher ao ser identificado à sua pureza física — é fácil demais ficar de longe — ao retratá-la como letárgica na aquisição de méritos intrínsecos de caráter pelos quais ela pudesse conquistar um valor concreto—portanto, a primeira lei autoimposta para o sexo feminino, como proteção contra a balela, criada pelo homem, da virtude—que é o instrumento principal pelo qual ela é subjugada, seria a <u>destruição</u> <u>incondicional</u> <u>da</u> <u>virgindade</u> através de cirurgia para toda a população feminina quando da puberdade—.

O valor do homem é calculado inteiramente segundo sua utilidade ou interesse para a comunidade, o valor da mulher depende inteiramente do <u>acaso</u>, seu sucesso ou insucesso em manobrar um homem a assumir responsabilidade vitalícia por ela—As vantagens do casamento são tão ridiculamente vastas—comparadas com quaisquer outros ofícios—pois nas condições modernas uma mulher pode aceitar apoio absurdamente luxuoso de um homem (sem retorno de espécie alguma—nem mesmo filhos)—como uma oferenda de gratidão pela virgindade dela
A mulher que é malsucedida em selar esta vantajosa barganha—fica proibida de qualquer senão sub-reptícia reação aos estímulos da Vida— & **completamente** <u>barrada</u> <u>da</u> **maternidade**.
Toda mulher tem direito à maternidade—
Toda mulher de inteligência superior deveria se dar conta de sua responsabilidade racial, de produzir crianças na proporção adequada à dos membros incapazes ou degenerados do seu sexo—

Cada criança de uma mulher superior deveria ser o resultado de um período definido de desenvolvimento psíquico em sua vida—& não necessariamente de uma possivelmente maçante & desgastada continuidade de uma aliança—espontaneamente adaptada para criação vital no início, mas não necessariamente harmoniosamente equilibrada quando as partes nesta aliança—seguem suas linhas individuais de evolução pessoal—
Para a harmonia da raça, cada indivíduo deveria ser a expressão de uma fácil & ampla interpenetração dos temperamentos masculino & feminino—sem desgastes
A mulher tem que se tornar mais responsável pela criança do que o homem—
As mulheres têm que destruir em si mesmas o desejo de ser amadas—

O sentimento de que é um insulto pessoal quando um homem transfere sua atenção dela para outra mulher

O desejo de proteção confortável em vez de curiosidade & coragem inteligentes ao se deparar com & resistir à pressão da vida sexo ou, o assim chamado, amor tem que ser reduzido ao seu elemento inicial, honra, sofrimento, sentimentalismo, orgulho &, consequentemente, ciúme têm que ser desacoplados dele.

A mulher, para sua felicidade, tem que reter sua enganadora fragilidade de aparência, combinada com vontade indomável, coragem irredutível, & saúde abundante a decorrência de nervos sensatos—

Outra grande ilusão contra a qual a mulher tem que usar toda a sua clareza de visão introspectiva & sua bravura imparcial para destruir—pelo bem de sua <u>autoestima</u> é a impureza do sexo a constatação à revelia da superstição de que <u>não há nada impuro no sexo</u>—exceto na atitude mental em relação a ele—constituirá uma regeneração social incalculável & mais vasta do que é possível à nossa geração imaginar.

HOPE MIRRLEES

(1887-1978)

Hope Mirrlees em retrato de Ergy Landau, 1924 (detalhe).

Vida, poesia, poema

Vida[1]

Helen Hope Mirrlees nasce em 8 de abril de 1887 em Erpingham, Chislehurst, Kent, Inglaterra, a mais velha de seis filhos, dos quais, além de Hope, só dois sobrevivem à infância. O pai e a mãe são escoceses: ela, de uma família culta, de advogados em Edimburgo; ele, engenheiro e empresário, multiplica a fortuna herdada do pai. Como a família tinha interesses comerciais em Durban, na África do Sul, é lá que Mirrlees vive sua infância.[2] De volta à Escócia, estuda em St. Andrews. Começa a cursar a Royal Academy of Dramatic Art em Londres. Porém, um interesse por línguas predomina (aprendera zulu em Durban), e decide estudar grego.

Mirrlees ingressa no Newnham College em Cambridge em 1910. Lá, tem como tutora Jane Ellen Harrison (1850-1928), a lendária classicista, uma das pioneiras dos estudos modernos de mitologia e religião gregas na era arcaica, e primeira mulher a se estabelecer, ser reconhecida, e brilhar em uma carreira acadêmica (quando, antes, tais cátedras eram concedidas exclusivamente a homens).[3] Mirrlees torna-se próxi-

---

[1] Tomo como base *Mirrlees, (Helen) Hope (1887-1978)*, de Briggs (2004).

[2] Seus anos em Durban coincidem em parte com os de Fernando Pessoa, um ano mais novo, quando este crescia lá.

[3] Harrison fascinou suas contemporâneas. Virginia Woolf escreveu sobre ela em *A room of one's own*: "Tinha alguém numa rede, alguém, mas nesta luz eram aparições apenas, meio vistas, meio imaginadas, corriam na grama — ninguém para pará-la? — e então, no terraço, como se buscando o ar fresco, olhar o jardim, um vulto, veio, vergada, impressionante, mas modesta, sua testa extensa, seu vestido surrado — seria a famosa erudita J— H——, a própria? Tudo uma penumbra, ainda que intensa, como

ma, como muitas, de Harrison. Logo torna-se acólita, e logo *prima inter pares*. Mirrlees e Harrison (37 anos mais velha) se tornam amigas íntimas e inseparáveis. Durante o tempo que passa em Cambridge, Mirrlees revela grande aptidão para o aprendizado de línguas, aprimorando seu domínio do francês, latim e grego clássico, e, mais tarde, aprendendo espanhol, árabe, persa e islandês. Quando Mirrlees completa seus estudos e deixa Cambridge, Harrison e ela continuam a se corresponder numa linguagem privada em que assumem diferentes *personae*, usando apelidos íntimos, carinhosos, irônicos.[4]

No fim de 1913, Mirrlees visita Paris (e retornará em 1914, 1915 e 1919). Em 1918, encontra-se com Virginia e Leonard Woolf, que a convidaram para escrever para a Hogarth Press, que tinham fundado em 1917. Virginia a considera uma amiga, mas oscila em como a vê. Julia Briggs (2004) escreve: "quando jovem, Hope impressionava, o cabelo muito escuro, luminosos olhos azuis, e uma bela voz. Virginia Woolf disse dela [numa carta] que [Mirrlees é] 'sua própria heroína — imprevisível, exigente, requintada, muito erudita, veste-se com grande beleza'". Nos seus diários, por outro lado, Woolf assim descreve Hope: "uma mulher jovem, muito autoconsciente, voluntariosa, irritadiça, bonita & bem-vestida, de uma maneira assim um tanto conspícua, com uma visão própria sobre livros e sobre estilo, uma tendência às opiniões aristocráticas & conservadoras, &, correspondentemente, um gosto pelo belo & elaborado em literatura".

Em 1919, em Paris, Mirrlees estuda russo e, a julgar por "Paris: a poem", que ela conclui na primavera desse ano, está atenta aos eventos públicos e políticos que têm lugar na cidade do pós-Grande Guerra. Em 1920, em Londres, a Hogarth Press publica o poema.[5]

---

se a mantilha que o anoitecer deitara sobre o jardim tivesse sido rasgada por estrela ou espada — o lanho de uma realidade terrível lançava-se, assim ao seu jeito, vinha do coração da primavera. Pois a juventude —". As duas palestras que deram origem ao livro aconteceram em outubro de 1928; Harrison morrera em abril daquele ano, seis meses antes.

[4] Mirrlees assina o fim de "Paris: um poema" com um desses apelidos, em forma de ícone: o contorno da constelação da Ursa Maior, porque Jane assinava-se "a grande ursa" ao escrever para Hope.

[5] Anne Olivier Bell, a editora dos diários de Virginia Woolf, revela que a data no manuscrito do poema era "Spring 1919" [primavera de 1919] (o que é consistente

Seu primeiro romance, *Madeleine: one of love's Jansenists* [Madeleine: uma das jansenistas do amor] fora publicado em Londres em 1919. O romance se passa em Paris, no século XVII, e parece ser um *roman à clef* inspirado pelo *salon* lésbico que se formara em torno de Natalie Barney, a dramaturga, poetisa e romancista estadunidense, em Paris.[6]

Jane Harrison se aposenta em 1922. Mirrlees se muda com ela para Paris, onde o interesse de ambas pela língua e cultura russas as leva a procurar, e estabelecer contato com, a comunidade de exilados russos em Paris (e, mais tarde, em Londres). Vivendo juntas, juntas traduzem dois livros do russo, onde aquele interesse se expressa concretamente.

O segundo romance de Mirrlees, *The counterplot* [A contratrama] é publicado em 1924. Passado no presente, centra-se numa família (baseada, diz-se, na de Mirrlees). Estruturalmente inovador, contém, dentro de um dos capítulos finais, uma peça em três atos, inteira, onde, com toques de Freud (cujas obras a Hogarth Press, naquela época, começara a traduzir), as relações familiares são reencenadas simbolicamente num convento espanhol no século XIV. Harrison, na sua autobiografia (*Reminiscences of a student's life*, de 1925), referindo-se a essa estratégia de acoplar uma peça teatral num romance, diz que "minha talentosa amiga, Hope Mirrlees, escreveu um romance maravilhoso, *A contratrama*, no qual mostra que somente na, e através da, forma da arte, ou talvez da religião, que é uma forma de arte, conseguimos aprisionar e entender o emaranhado de experiências que chamamos de Vida".

O terceiro romance de Mirrlees, de fantasia, é *Lud-in-the-mist* [Lud-na-névoa], de 1926. Nele, a paz em Lud, uma cidade imaginada, conservadora e pacata, se vê ameaçada pelo consumo de uma fruta mágica que causa estranhos estados mentais. Os personagens centrais são da família Chanticleer, respeitada e influente, e da sua luta em definir, conter, conviver com a ameaça da fruta fantástica e dos que propõem seu consumo. Redescoberto em 1970, na esteira da renascença da lite-

---

com a data com que Mirrlees conclui o poema). A edição da Hogarth Press só foi dada a público na primavera de 1920, mas é datada "1919".

[6] E nem mesmo o único, já que *Ladies Almanack* (1928), de Djuna Barnes, é outro *roman à clef* inspirado pelo *salon* de Barney.

ratura de fantasia, era, até recentemente, a única obra de Mirrlees ainda em catálogo. É admirado e popular; muitos veem no romance alusões à filosofia de Platão e a questões filosóficas sobre o vínculo entre imaginação e realidade, o que leva alguns a considerarem-no um romance de ideias em forma de fantasia.

Em 1925, Mirrlees e Harrison são obrigadas a se mudar do lugar onde sempre moraram em Paris e resolvem voltar para Londres. Harrison morre em 1928. Mirrlees nunca se recupera dessa perda. Mais, há sinais de uma profunda crise que parece se resolver numa conversão ao catolicismo, não muito depois da morte de Harrison. Pelos próximos dezoito anos, Mirrlees mora com a mãe, em Londres, e trabalha em duas biografias que jamais completou, uma delas a de Jane Harrison. Com o silêncio, de raízes complexas, é quase esquecida.

Na década de 1920, Mirrlees e T. S. Eliot tinham se tornado amigos próximos e, durante a guerra, principalmente nos fins de semana, ele se hospeda na casa dela e da mãe, numa vila, Shamley Green, nos arredores de Guildford, em Surrey, na Inglaterra. Lá, Eliot escreve os dois últimos de seus *Quatro quartetos*.

Após a morte da mãe, em 1948, Mirrlees se muda para o Cabo da Boa Esperança, na África do Sul. Retorna à Inglaterra em 1963; mora em Headington, Oxford.

Sua conexão com Virginia Woolf leva a uma muito breve redescoberta, em 1973, quando uma *newsletter* dedicada a Woolf republica "Paris: a poem", no qual Mirrlees censura algumas passagens e as altera por considerá-las blasfemas. Em 1976, seus poemas posteriores a "Paris: a poem" são publicados sob o título *Moods and tensions* [Estados de espírito e tensões]. Morre em Thames Bank, Goring, Inglaterra, em 1º de agosto de 1978, aos 91 anos, em conforto, e imersa em mistério.

Poesia

A poesia de Hope Mirrlees, para o nosso tempo, é marcada pelo impacto do seu único poema-longo, seu único poema modernista, seu único grande, perene, poema.

A morte de Jane Harrison causou em Mirrlees um choque que a transformou profundamente, mas, mesmo depois de se converter ao catolicismo, no seu longo meio século de relativo silêncio, Mirrlees escreveu outros poemas. Estes foram coligidos em *Moods and tensions*. Restaram ainda alguns inéditos que Sandeep Parmar, a mais dedicada estudiosa da poesia de Mirrlees, traz à tona em *Collected poems* (Mirrlees, 2011).

Estes poemas tardios quase sempre tornam bastante evidentes a cultura e erudição de Mirrlees, que marcaram muitos que a conheceram nas duas primeiras décadas do século XX. Porém, ainda que, em muitos casos, densos e sofisticados, não há em nenhum deles qualquer traço do radicalismo de "Paris: a poem". Pelo contrário, a prosódia[7] é convencional, a dicção[8] é contida, polida (em ambos os sentidos), sem surpresas. Quase sem exceção, os poemas tardios são competentes, mas tradicionais, tendendo às vezes à meditação, ou à écfrase (e nisto, para mim, inferiores às equivalentes de Loy).

Leio alguns traços comuns na poesia tardia de Mirrlees: uma tendência dos poemas a se estruturarem como um microensaio montaigniano sobre temas cultos e eruditos, com muitas alusões a artistas e escritores; e, como se Mirrlees não conseguisse em sua *vita nuova* deixar que o passado passasse, uma tendência à coexistência, nos poemas, de aspectos, temas e sentimentos em que cintilam tanto o cristianismo da Mirrlees pós-Harrison quanto o paganismo em torno do qual Harrison construiu sua carreira acadêmica.

Sandeep Parmar não propõe uma hipótese que explique por que "Paris: um poema" é tão excepcional no conjunto da poesia de Mirrlees, e mesmo Julia Briggs, que o estudou em detalhe, evita fazê-lo. Embora Parmar, em suas notas aos poemas em *Moods and tensions*, e aos inéditos que inclui em sua edição, perceba em alguns deles traços fugidios de *affaires*, provavelmente frustrados, ou platônicos, de Mirrlees nas décadas seguintes à morte de Harrison, penso que, em sua poesia

---

[7] Uso o termo "prosódia" no sentido técnico que tem nos estudos de poética, i.e., a forma com que as especificidades de fonemas, sílabas, pausas e palavras são organizadas em verso para efeitos de assonância, aliteração, acentuação, duração, entoação etc.

[8] Uso o termo "dicção", novamente, no sentido técnico em poética, i.e., a forma com que palavras e frases são preferidas e escolhidas para uso num poema, particularmente por sua relação com outras palavras e frases, i.e., em sua colocação no poema.

tardia, Mirrlees acabou enlaçada, por um lado, pela sua estrita fé católica e, pelo outro, pela fidelidade e débito ao paganismo que a aproximou de Harrison em primeiro lugar. Assim, o contraste entre a radicalidade de "Paris: um poema" e o tradicionalismo claro do corpo de poemas pós-1930 poderia, penso, ser explicado pela hipótese (por impossível que seja de provar) de que, depois da morte de Harrison (seja por mimese consciente e deliberada, seja por inconsciente incorporação), Mirrlees passou a escrever poemas como Harrison teria escrito poemas: a voz narrativa da maioria dos poemas em *Moods and tensions* é muito diferente daquela em "Paris: um poema" e se aproxima, em vez, bem mais da voz de Harrison nos seus escritos não-acadêmicos (como na sua curta autobiografia).

Hope Mirrlees morreu praticamente esquecida. Sua obra poética foi coligida recentemente num volume que contém ainda alguns de seus ensaios (Mirrlees, 2011). Com exceção de *Lud-in-the-mist*, seus romances não estão em catálogo. Não há, até agora, nenhuma biografia, nenhuma monografia sobre o poema ou a poeta, e mesmo artigos acadêmicos, sobre ambos, continuam chocantemente escassos.

Poema[9]

"Paris: um poema" é um vórtice de fina, irônica, sardônica percepção, imerso numa paisagem humana e moral de estilhaços e conflitos. É um poema de corajosa, curiosa, amorosa, implacável e, ao mesmo tempo, fria e rubra dissecação de uma cidade central à experiência modernista.[10]

---

[9] "Paris: a poem" foi publicado pela primeira vez na primavera de 1920 pela Hogarth Press de Virginia e Leonard Woolf e este é o texto adotado aqui. Foi republicado uma vez com revisões em 1973 no *Virginia Woolf Quarterly*. O texto original foi republicado em *Gender in Modernism: new geographies, complex interactions* (Scott, 2007), editado e comentado por Julia Briggs, e em *Collected poems* (Mirrlees, 2011) e *Paris: a poem* (Mirrlees, 2020a). Uma edição digital do poema existe em <https://www.paris-a-poem.com>.

[10] Walter Benjamin, famosamente, chamou Paris de "a capital do século XIX" e Eric Hobsbawm, não menos famosamente, via o século XIX como tendo durado 125 anos, de 1789 a 1914. Mirrlees, assim, disseca o que, à sensibilidade modernista, mais

Paris, a cidade, é um poema de muitos maios: em maio de 1789, o princípio do fim do *ancien régime* com a abertura dos Estados Gerais; em maio de 1848, a aceleração da contrarrevolução derrota a insurreição socialista; em maio de 1870, a Comuna é massacrada na Semana Sangrenta; em maio de 1968, sob os paralelepípedos, pinta a praia.

Nesta imaginária cadeia de maios, o de 1919 é o da paz fugaz, maquinada em Versalhes, que fechará com chave de barro a Grande Guerra e abrirá a porta para a ainda mais devastadora grande guerra por vir. Assim, penso que o poema de Mirrlees pode ser visto como o intenso raio de um farol cujo período de rotação demora décadas, mas sempre invade Paris de luz e descortina pontadas na história humana.

"Paris: um poema" foi composto à mão, em tipografia, por Virginia Woolf, numa edição de 160 exemplares apenas.[11] Julia Briggs diz dele que "somente a edição limitada pode explicar o subsequente abandono deste poema extraordinariamente audaz e brilhante, que foi, pode-se argumentar, a máxima conquista [de Mirrlees]. Um poema modernista [de aproximadamente 430 linhas, que] descreve a cidade ainda mal recuperada da Primeira Guerra Mundial, assombrada por seus mortos. Ao mesmo tempo, a cidade desabrocha de volta à vida ao receber o Presidente Wilson [dos EUA] e demais delegados à conferência de paz. [...] Altamente alusivo e tipograficamente original, o poema pode ser visto como um elo entre a poesia de vanguarda francesa e 'The waste land' de Eliot" (Briggs, 2004).

Como "Canções para Joannes" de Loy, "Paris: um poema" exibe todas as características (de cunho essencialmente linguístico) que usei para tipificar os poemas-longos modernistas. É também polifônico e orquestra múltiplas vozes, ainda que sem dar a elas um definido contorno de personagem. É não-linear, por exemplo, na mistura de tempos históricos que o poema dramatiza numa contemporaneidade fantasmagórica. Esplendidamente inovador, o poema usa versos radicalmente livres, de variada extensão, sincopados, entremeados com pequenas ilhas de prosa. No seu fluir de *fleuve* vai acolhendo signos da modernidade com que se erigir: anúncios, vultos, locais, jornais etc. Em

---

pareciam excrescências na história e na cultura que o século nascente herdava do século moribundo e que era mister trazer agora à luz sobre a Cidade Luz.

[11] *Paris: a poem* (Mirrlees, 1920). Parmar afirma que a edição foi de 175 exemplares. A discrepância provou-se impossível de resolver.

certas passagens, a realidade da cidade acaba por se insinuar no texto impresso.[12]

No princípio deste século, "Paris: a poem" foi redescoberto por Julia Briggs. Alguns anos mais tarde, aparece nos poemas coligidos de Mirrlees que Sandeep Parmar editou. Mais recentemente ainda, "Paris: a poem" foi republicado comemorando o centenário de sua primeira publicação em 2020.

A recepção à redescoberta do poema parece ter se concentrado em alguns rótulos que me parecem pouco fundamentados. Com o intuito benigno de advogar a causa de Mirrlees e porque o poema antecede por três anos o de Eliot, o principal destes rótulos propõe o poema como um precursor de "The waste land" e implicitamente vê nele uma pedra também fundamental no desenvolvimento do Modernismo em língua inglesa. Penso, contudo, como Briggs, que o radicalismo do poema de Mirrlees tem fontes diferentes do de Eliot e é precursor ou contemporâneo de poemas modernistas posteriores distintos da vertente eliotiana.

Quanto às fontes e influências, novamente concordo com Briggs. Parece-me que elas estão em Paris, não em Londres, na virada do século XX. Matthew Hollis nota que mesmo um dos resenhistas do poema, em 1920, o leu como "alinhado ao 'idioma dos jovens poetas franceses' em seu engenho, erudição, artesania e concretização".[13]

Mirrlees menciona especificamente o Cocteau de *Le cap de Bonne Espérance*.[14] Penso também tanto nas inovações gráficas e nos *poème-conversations*[15] do Apollinaire de *Calligrammes* (e assim, em última análise, no Mallarmé daquele lance de dados) quanto nos poemas mais

---

[12] Por exemplo, as miniestrofes de Mirrlees reproduzem diagramaticamente as ilhas-canteiros num jardim, o que representa um passo adiante às inovações de Apollinaire nos seus *Calligrammes* (que vieram a público em 1918) e às perturbações tipográficas de Cocteau em *Le cap de Bonne-Espérance* (1919).

[13] *The waste land: a biography of a poem* (Hollis, 2022, p. 181).

[14] Uma tradução integral inglesa, de Jean Hugo, à qual Cocteau fez muitas críticas, foi publicada no chamado "Brancusi number" de *The Little Review*, outono de 1921, pp. 43-96.

[15] A característica marcante dos *poème-conversations* é serem uma colagem de trechos de conversa ouvidos a esmo. Um exemplo é "Lundi Rue Christine", em *Calligrammes*.

experimentais de Cendrars, com as técnicas de montagem e colagem nos "Dix-neuf poèmes élastiques".[16] Além destas fontes literárias, é possível associar o colapso de tempos e épocas no poema ao simultaneísmo de Sonia e Robert Delaunay, enquanto o aspecto onírico de certas passagens do poema nos remete aos primeiros rumores e tremores do surrealismo. Note-se, porém, que enquanto Apollinaire e Cendrars tendem à retórica do poeta como vate-xamã, cujas raízes remontam a Rimbaud e a Lautréamont, Mirrlees é mais anglicanamente contida.[17]

Embora seja possível discernir em "The waste land" ecos de algumas dessas várias vertentes da vanguarda francesa, tais influências são bem mais indiretas e subjacentes do que em "Paris: a poem". Ao meu ler, o poema de Mirrlees é muito diferente em concepção e construção do de Eliot. Por exemplo, o poema de Mirrlees me parece quase brutalmente antilírico:[18] nele, qualquer emoção é bem mais ignorada do que relembrada, em tranquilidade ou não;[19] nem existem claros correlatos objetivos expressando emoções com os quais, para Eliot, um poema se constrói, pelo menos em parte. Por um outro exemplo, enquanto o poema de Eliot veio a ser louvado por inserir aquilo a que alude no ímpeto lírico-narrativo do poema, o de Mirrlees é mais uma coreogra-

---

[16] Entre os "dezenove poemas elásticos" de Cendrars se encontra "Dernière heure", talvez o primeiro *found poem*, como se diz hoje, que o poeta anota assim: "*Télégramme-poéme copié dans* Paris-Midi".

[17] Em Paris, Mirrlees frequentou o *salon* de Gertrude Stein e estudou russo, em parceria com Jane Harrison. Sandeep Parmar conjectura que a radicalidade de Stein tenha incitado uma resposta igualmente radical, ainda que diversa, em Mirrlees. Se existe, a influência de Stein me parece ter sido mais de atitude do que de forma ou de conteúdo.

[18] Mais especulativamente ainda, Parmar também sugere que Mirrlees e Harrison podem ter lido os futuristas russos, Maiakóvski principalmente, e, deste, sobretudo "A nuvem de calças", de 1915. Novamente, penso que qualquer influência, se existe, é tênue, já que os poemas desta fase na poesia de Maiakóvski são intensamente líricos, o que o poema de Mirrlees não me parece ser.

[19] Wordsworth, no seu prefácio à edição de 1802 de *Lyrical Ballads*, escreve que "Poesia é o transbordamento espontâneo de emoções poderosas: tem origem na emoção relembrada em tranquilidade". Julia Briggs ressalta que a mescla de gestos públicos e privados é característica de Mirrlees e que "[sua] obra permanece extremamente ponderada e impessoal, mesmo quando amplamente se baseia em sua experiência e conhecimento pessoais".

fia de citações, de sinais, slogans, anúncios, vozes, sons, muito mais próxima do que Picasso e Braque tinham feito, plasticamente, na primeira década do século na mesma Paris. Para mim, ainda que "The waste land" seja fragmentado, "Paris: a poem" o é de modo bem mais radical e antecipa as técnicas de cine-montagem de Serguei Eisenstein e Dziga Viértov, lembrando-me, e a outros, a experiência perceptual dos filmes destes na década seguinte.[20]

Mas, aqui, é necessário notar que em múltiplas passagens o poema de Mirrlees, sem diretamente almejar tornar ficção aquilo que vê, resulta de uma assimilação pela mente do que os sentidos captam. Assim, em vez do cine-verdade [*kino-pravda*] de Viértov, talvez se possa falar de cine-mente, onde o que se vê e ouve no espaço físico que o poema delineia, detona pensamentos e memórias com os quais o poema progride, por cola-/montagem, em sucessão paratática. Note-se também que muitas passagens do poema de Mirrlees, ainda que sem chegarem a ser sintetizadas holisticamente numa *imagem*, captam o que Pound e outros tinham proposto como características daquele conceito poético, enquanto pedra fundamental do Imagismo,[21] na década anterior. E, no caso de "Paris: um poema", um complexo intelectual e emocional não apenas num instante no tempo, mas num ponto no espaço também.

Ainda outros preferem ver o poema de Mirrlees como tendo antecipado, por décadas, o que os Letristas e Situacionistas dos anos 1950-60 viriam a chamar de *psicogeografia*, e, mais estritamente, como descrevendo uma *dérive*.[22] Porém, como já sugerido, muito nesta *dérive*

---

[20] Lembro também que, atentos e fortes, Augusto de Campos e Décio Pignatari sacaram logo os aspectos corte/fusão, remontando a Eisenstein, e a-câmera-é-olho-à--solta-no-mundo, que Viértov inventara, no Gil "Domingo no Parque" e no Caetano "Alegria Alegria", sem ligá-los, claro, ao poema de Mirrlees, que ainda não renascera. Era 1967, um ano antes de mais um maio.

[21] Em "A few don'ts by an imagiste" (1913), Pound escreve que "Uma 'Imagem' é aquilo que exibe um complexo intelectual e emocional num instante no tempo. [...] É a exibição instantânea de tal 'complexo' que dá aquela sensação de liberação súbita; aquela sensação de liberdade de limites no tempo e limites no espaço; aquela sensação de crescimento súbito, que é a nossa experiência na presença das obras de arte maiores. [...] É melhor criar uma única Imagem ao longo de uma vida inteira do que produzir obras volumosas".

[22] Parafraseando George Robertson, em seu artigo "The Situationist International: its penetration in British culture" (1996), digamos, *dérive*, um vagar sem alvo, um

se dá mentalmente, i.e., na memória e na imaginação, e não apenas, de modo claro e preciso, na geografia concreta da cidade. Mesmo sem tanto se mover fisicamente, a voz sob o poema registra o que lembra daquilo que vê e ouve e o que tais impressões e lembranças sugerem e suscitam.

Quanto aos desenvolvimentos da poesia modernista de língua inglesa que o poema antecipa, ou confirma e reforça, penso que o mais saliente é a guinada radical da sintaxe à parataxe com que Pound, principalmente nos *Cantos*, cada vez mais se distanciará de Eliot. Por este ângulo, o poema de Mirrlees me parece mais próximo da obra de Pound do que costumam salientar os críticos que o têm lido recentemente.[23] Vale também a pena notar que "Paris: um poema" é contemporâneo, ou precursor, de dois quase-gêneros da *avant-garde* da época. Por um lado, ao transcorrer num único dia, ainda que antecipado por "Zone" (1913), de Apollinaire, antecipa tanto *Ulisses* de Joyce (1922) quanto *Mrs Dalloway* (1925) de Woolf. Por outro lado, pode ser lido como um exemplar em prosa do que, no cinema, então apenas nascente, veio a se chamar de *sinfonia urbana*.[24]

A voz sob o poema faz-se centrífuga, no sair a buscar, e centrípeta, no congregar tempos e lugares à Paris de maio de 1919. Assim, o poema orquestra o aqui/agora com o lá/então. Também justapõe e, em certos casos, mescla e merge outras dicotomias importantes na literatura

---

percurso transiente por múltiplos ambientes urbanos guiado apenas pelo ímã imaginado dos espaços em sua arquitetura, e, *psicogeografia*, o escrutínio e correlação de *dérives* com o objetivo de construir paisagens e mapas emocionais de uma cidade que venham assim a ser embriões de novos, utópicos ambientes humanos.

[23] Embora Briggs argumente que Eliot o terá lido, Mirrlees, numa entrevista muitos anos depois, disse (talvez por recato e modéstia) que não sabia se Eliot o lera, embora tenha sido sua amiga por muitos anos. Em *The waste land: a biography of a poem*, Hollis (2022, pp. 181-2) é cauteloso e evita afirmar que Eliot lera o poema.

[24] Os exemplos mais famosos deste quase-gênero cinematográfico talvez sejam *Manhatta* (1921), de Paul Strand e Charles Sheeler, e *Berlim: sinfonia de uma cidade* (1927), de Walter Ruttman. No Brasil, tivemos *Sinfonia de Cataguases* (1928), de Humberto Mauro, e *São Paulo: a symphonia da metrópole* (1929), de Rudolpho Lustig e Adalberto Kemeny. Entre 1925 e 1929, Paris inspirou várias sinfonias urbanas que em maior ou menor grau se assemelham cinematograficamente ao que literariamente "Paris: um poema" antecipara. Christa Blümlinger cita nada menos que treze destas em seu artigo "Minor Paris city symphonies" (2019).

modernista: verso e prosa, língua nativa e língua estrangeira, exterioridade e interioridade, alta cultura e cultura popular.

Enfim, como todo gesto de audácia, "Paris: um poema" é um vórtice em torno do qual, e em cuja direção, várias vozes voam. Assim, não importa qual destas vozes se prefira, resta, para o sem fim do futuro, uma

>   *Experiência*
> que
>   *Muito lentamente*
>   *Vai tomando a forma*
>   *De algo belo — terrível — gigante*
> que
>   *O que quer que aconteça, um dia vai parecer bonita.*

Para mim, esse dia é hoje e, com esperança, o saúdo.

Paris: um poema

Paris: a poem
(1920)

>   A
> NOTRE DAME DE PARIS
> EN RECONNAISSANCE
> DES GRACES ACCORDEES

Paris: um poema
(1920)

> A
> NOTRE DAME DE PARIS
> EN RECONNAISSANCE
> DES GRACES ACCORDEES[1]

I want a holophrase   1

       NORD-SUD

       ZIG-ZAG
       LION NOIR
       CACAO BLOOKER   5

Black-figured vases in Etruscan tombs
    RUE DU BAC (DUBONNET)
    SOLFERINO (DUBONNET)
    CHAMBRE DES DEPUTES
Brekekekek coax coax we are passing under the Seine   10
      DUBONNET

The Scarlet Woman shouting BYRRH and deafening
St. John at Patmos

     Vous descendez Madame?
    QUI SOUVENT SE PESE BIEN SE CONNAIT   15
    QUI BIEN SE CONNAIT BIEN SE PORTE

      CONCORDE

      I can't
      I must go slowly

Quero uma holófrase²   1

    NORD-SUD³

    ZIG-ZAG
    LION NOIR
    CACAO BLOOKER⁴   5

Vasos de negras figuras em túmulos etruscos
    RUE DU BAC (DUBONNET)
    SOLFERINO (DUBONNET)
    CHAMBRE DES DEPUTES⁵
Brekekekek coaxa coaxa⁶ vamos passando sob o Sena   10
    DUBONNET

A Mulher Escarlate⁷ gritando BYRRH e ensurdecendo
S. João em Patmos

    *Vous descendez Madame?*⁸
    QUI SOUVENT SE PESE BIEN SE CONNAIT   15
    QUI BIEN SE CONNAIT BIEN SE PORTE⁹

    CONCORDE¹⁰

    Não posso
    Tenho que ir devagar

The   Tuileries   are   in   a   trance

because   the   painters   have

stared   at   them   so   long

Little boys in black overalls whose hands, sticky with
play, are like the newly furled leaves of the horse-chest-
nuts ride round and round on wooden horses till their
heads turn.

        Pigeons perch on statues
        And are turned to stone.

    Le départ pour Cythère.

        These nymphs are harmless,
        Fear not their soft mouths—
    Some Pasteur made the Gauls immune
    Against the bite of Nymphs . . . look

        Gambetta
A red stud in the button-hole of his frock-coat
      The obscene conjugal *tutoiment*,
        Mais c'est logique.

    The Esprit Français is leaning over him,
        Whispering
          Secrets
    exquisite   significant
      fade   plastic

   Of the XIIIth Duchess of Alba
    Long long as the Eiffel Tower
     Fathoms deep in haschich
  With languid compelling finger
    Pointing invisible Magi
  To a little white Maltese:

As   Tulherias   entram   num   transe 20

porque   os   pintores   ficaram

encarando-as   por   tanto   tanto   tempo

Menininhos em macacões pretos cujas mãos, grudentas
de brincar, parecem as folhas novas ainda enroladas das
castanheiras, rindo, rodam° e rodam nos cavalinhos de 25
pau até ficarem com a cabeça tonta.[11]

        Pombos se empoleiram em estátuas
        E viram pedra.[12]

Le départ pour Cythère.[13]

        Essas ninfas são inofensivas, 30
        Medo não tenha° de suas bocas macias—
Um Pasteur qualquer tornou os Gauleses imunes[14]
À mordida de Ninfas . . . olhe

        Gambetta[15]
Uma roseta vermelha[16] na lapela do casaco 35
O *tutoiement*[17] conjugal obsceno
        Mais c'est logique.[18]

O Esprit Français[19] se curva sobre ele,
        Sussurrando
          Segredos[20] 40
    esquisitos   significativos
     fadados   plásticos°

Da 13ª Duquesa de Alba
    Longa longa° como a Torre Eiffel
    Sob tantas braças de haxixe 45
Com longo convincente dedo
    Mostrando Magos invisíveis
A um maltesinho branco:[21]

> The back-ground gray and olive-green
> Like le Midi, the Louvre, la Seine. . . .   50

Of ivory paper-knives, a lion carved on the handle,
Lysistrata had one, but the workmanship of these is
Empire. . . .

> Of . . .

>> I see the Arc de Triomphe,   55
> Square and shadowy like Julius Caesar's dreams:
>> Scorn the laws of solid geometry,
Step boldly into the wall of the Salle Caillebotte

>> And on and on . . .

>> I hate the Etoile   60
>> The Bois bores me:
>> Tortoises with gem-encrusted carapace

> A Roman boy picking a thorn out of his foot

>> A flock of discalceated Madame Récamiers
>> Moaning for the Chateaubriand *de nos jours*.   65

>> And yet . . . quite near

> Saunters the ancient rue Saint-Honoré
Shabby and indifferent, as a Grand Seigneur from
                                      [Brittany

An Auvergnat, all the mountains of Auvergne in
every chestnut that he sells. . . .   70

> Paris is a huge home-sick peasant,
> He carries a thousand villages in his heart.

>> Hidden courts
> With fauns in very low-relief piping among lotuses
>> And creepers grown on trellises   75
> Are secret valleys where little gods are born.

O fundo cinza e verde-oliva
Como o Midi, o Louvre, o Sena[22]. . . .

De[23] espátulas de marfim, um leão[24] esculpido no punho,
Lisístrata[25] tinha uma, mas a artesania dessas é
Império. . . .

De[26] . . .

Vejo o Arco do Triunfo[27]
Sóbrio° e sombrio como os sonhos de Júlio César:
Desdenhe as leis da geometria sólida,
Penetre a parede da Salle Caillebotte[28]

Adiante adiante[29] . . .

Odeio a Etoile[30]
O Bois me aborrece:
Cágados com a carapaça crivada de gemas[31]

Um menino romano tirando um espinho do pé[32]

Uma revoada de Madames Récamiers descalçadas,[33]
Lastimando, onde o Chateaubriand *de nos jours*.[34]

E no entanto . . . ali bem perto

Vagueia a vetusta rue Saint-Honoré[35]
Maltrapilha e indiferente, como um Grand Seigneur da
[Bretanha[36]

Um auvérnio,[37] todas as montanhas de Auvérnia em
cada castanha que ele vende. . . .

Paris é um imenso camponês saudoso de casa,
Leva mil vilarejos no seu coração.[38]

Pátios ocultos
Com faunos em baixíssimo-relevo silvando entre lótus
E trepadeiras que galgam treliças
São vales secretos onde pequenos deuses nascem.[39]

One often hears a cock
Do do do miii

He cannot sing of towns—
Old Hesiod's ghost with leisure to be
                            [melancholy   80
Amid the timeless idleness of Acheron
Yearning for 'Works and Days' . . . hark!

The lovely Spirit of the Year
    Is stiff and stark
Laid out in acres of brown fields,   85

The crisp, straight lines of his archaic drapery
Well chiselled by the plough . . .

And there are pretty things—
Children hung with amulets
Playing at *Pigeon vole*,   90
    Red roofs,
    Blue smocks,
And jolly saints . . .

      AU
    BON MARCHE   95
  ACTUELLEMENT
     TOILETTES
   PRINTANIERES

The jeunesse dorée of the sycamores.

In the Churches during Lent Christ and the Saints   100
are shrouded in mauve veils.

    Far away in gardens
      Crocuses,
Chionodoxa, the Princess in a Serbian fairy-tale,
      Then   105
The goldsmith's chef d'œuvre—lily of the valley,
      Soon
        >

Quase toda hora se ouve um galo[40]
Do do do miii[41]

Ele não pode cantar as cidades —
O fantasma do velho Hesíodo com sobra de tempo p'ra
                                      [melancolia   80
    Na ociosidade eterna do Aqueronte
    Querendo 'Trabalhos e Dias'... ouça![42]

    O encantador Espírito do Ano[43]
        Jaz duro e desolado
    Espalhado por acres de terra gasta,[44]   85

As nítidas linhas retas de seu panejamento arcaico,
    Perfeitamente cinzelada pelo arado...

    E tem coisas bonitas —
    Crianças com amuletos no pescoço
    Brincando de *Pigeon vole*,[45]   90
        Telhados vermelhos,
        Batas azuis,
    E santos gaiatos...

        AU
        BON MARCHE   95
        ACTUELLEMENT
        TOILETTES
        PRINTANIERES[46]

    A jeunesse dorée[47] dos sicômoros.

Nas Igrejas, no período da Quaresma, o Cristo e seus Santos   100
vestem véus cor de malva.[48]

        Lá longe, nos jardins,
            Açafrão,
    Glória-da-neve,[49] a Princesa num conto de fadas sérvio,[50]
            Depois   105
  A chef d'oeuvre[51] do ourives — lírio-do-vale,[52]
            Logo
              >

        Dog-roses will stare at gypsies, wanes, and pilgrimages
                All the time
            Scentless Lyons' roses,
                  Icy,
                Plastic,
        Named after wives of Mayors. . . .

Did Ingres paint a portrait of Madame Jacquemart
André?

              In the Louvre
          The Pietà of Avignon,
              L'Olympe,
                Giles,
        Mantegna's Seven Deadly Sins,
            The Chardins;

They arise, serene and unetiolated, one by one from
their subterranean sleep of five long years.
            Like Duncan they slept well.

President Wilson grins like a dog and runs about the
city, sniffing with innocent enjoyment the diluvial
urine of Gargantua.

        The poplar buds are golden chrysalids;
          The Ballet of green Butterflies
              Will soon begin.

      During the cyclic Grand Guignol of Catholicism
            Shrieks,
              Lacerations,
            Bloody sweat—
        Le petit Jésus fait pipi.

                Lilac

SPRING IS SOLOMON'S LITTLE SISTER; SHE HAS NO
BREASTS.

Rosas-caninas⁵³ vão encarar ciganos, carroças,⁵⁴ peregrinações
        O tempo todo
           Inodoras rosas de Lyons   110
             Gélidas,
             Plásticas,
Seu nome uma homenagem às mulheres de Prefeitos⁵⁵. . . .

Ingres pintou um retrato de Madame Jacquemart
André?⁵⁶   115

          No Louvre
        A Pietà de Avignon,
         L'Olympe,
           Giles,
    Os Sete Pecados Capitais de Mantegna   120
        Os Chardins;⁵⁷

Se alçam, serenos e vívidos,⁵⁸ um atrás do outro, dos
seus cinco longos anos de sono subterrâneo.

        Como Duncan, dormiram bem.⁵⁹

O Presidente Wilson⁶⁰ sorri feito um cão e corre   125
cidade afora, focinhando com um prazer inocente
a urina diluviana de Gargântua.

      Os botões nos álamos são crisálidas⁶¹ douradas;
       O Balé de Borboletas verdes
         Está prestes a começar.   130

    Durante o cíclico Grand Guignol do Catolicismo⁶²
       Guinchos,
         Lacerações,
       Suor sangrado—
    Le petit Jésus fait pipi.⁶³   135

      Lilás⁶⁴

A PRIMAVERA É A IRMÃZINHA DE SALOMÃO; ELA NÃO TEM
SEIOS.⁶⁵

<pre>
         LAIT SUPERIEUR
            DE LA   140
        FERME DE RAMBOUILLET
</pre>

ICI ON CONSULTE
LE BOTTIN

<pre>
          CHARCUTERIE
       COMESTIBLES DE Ire CHOIX   145

            APERITIFS

       ALIMENTS DIABETIQUES
         DEUIL EN 24 HEURES
</pre>

Messieursetdames

    Little temples of Mercury;   150
The circumference of their *templum*
    A nice sense of scale,
    A golden drop of Harpagon's blood,
      Preserve from impious widening.

Great bunches of lilac among syphons, vermouth,   155
Bocks, tobacco.

    Messieursetdames

    NE FERMEZ PAS LA PORTE
        S. V. P.
    LE PRIMUS S'EN CHARGERA   160

At marble tables sit ouvriers in blue linen suits
                              [discussing:
    La journée de huit heures,
    Whether Landru is a Sadist,
    The learned seal at the Nouveau Cirque;
        Cottin. . . .   165

Echoes of Bossuet chanting dead queens.

LAIT SUPERIEUR
DE LA
FERME DE RAMBOUILLET[66]   140

ICI ON CONSULTE
LE BOTTIN[67]

CHARCUTERIE
COMESTIBLES DE Ire CHOIX[68]   145

APERITIFS[69]

ALIMENTS DIABETIQUES[70]
DEUIL EN 24 HEURES[71]

Messieursetdames[72]

Pequenos templos de Mercúrio;[73]   150
A circunferência do seu *templum*
    Um belo senso de escala,
    Uma gota dourada do sangue de Harpagão,[74]
    Preserve-a de ímpia ampliação.

Grandes buquês de lilases entre sifões, vermute,   155
Bocks, tabaco.[75]

Messieursetdames

NE FERMEZ PAS LA PORTE
S. V. P.
LE PRIMUS S'EN CHARGERA[76]   160

Em mesas de mármore, ouvriers[77] em linho azul sentam-se
                            [discutindo:
    La journée de huit heures,[78]
    Se Landru[79] era um sádico,
    A foca amestrada° no Nouveau Cirque;[80]
        Cottin[81]. . . .   165

Ecos de Bossuet louvando rainhas mortas.[82]

Paris: um poema

>   *méticuleux*
>   *bélligerants*
>   *hebdomadaire*
>   *immonde*

>   The Roman Legions
>   Wingèd
>   Invisible
>   Fight their last fight in Gaul.

>   The ghost of Père Lachaise
>   Is walking the streets,
> He is draped in a black curtain embroidered with the
>   [letter H,
>   He is hung with paper wreaths,
> He is beautiful and horrible and the close friend of
>   Rousseau, the official of the Douane.

>   The unities are smashed,
>   The stage is thick with corpses....

>   Kind clever *gaillards*
> Their *eidola* in hideous frames inset with the brass
> motto

>   MORT AU CHAMP D'HONNEUR;

>   And little widows moaning
>   *Le pauvre grand!*
>   *Le pauvre grand!*

And petites bourgeoises with tight lips and strident
voices are counting out the change and saying
Messieursetdames and their hearts are the ruined province
of Picardie....

They are not like us, who, ghoul-like, bury our friends
a score of times before they're dead but—

>   Never never again will the Marne
>   Flow between happy banks.

        méticuleux
        bélligerants
        hebdomadaire
        *immonde*⁸³   170

   As Legiões Romanas
   Aladas°
   Invisíveis
   Lutam sua luta final na Gália.⁸⁴

   O fantasma de Père Lachaise⁸⁵   175
      Vai andando pelas ruas,
Vai envolto numa cortina negra bordada com a
                           [letra H,⁸⁶
   Nele, dependuradas, coroas fúnebres de papel,
É belo e horrível e amigo próximo de
         Rousseau, o funcionário da Alfândega.⁸⁷   180

      As unidades jazem destroçadas,
      O palco entulhado de cadáveres⁸⁸. . . .

      Espertos, gentis *gaillards*⁸⁹
Seus *eidola*⁹⁰ em molduras hediondas e, em bronze, gravado,
o motto   185
            MORT AU CHAMP D'HONNEUR;⁹¹

      E viuvinhas se lamentando
         *Le pauvre grand!*⁹²
         Le pauvre grand!

E petites bourgeoises de lábios cerrados e vozes   190
estridentes vão contando o troco e dizendo
Messieursetdames e seus corações são a província arruinada
da Picardia⁹³. . . .

Eles não são como nós, que, feito vampiros,⁹⁴ enterramos
nossos amigos vinte vezes antes mesmo que morram mas—   195

      Nunca nunca mais o Marne vai
      Fluir por margens felizes.⁹⁵

   It is pleasant to sit on the Grand Boulevards—
     They smell of
       Cloacae   200
     Hot indiarubber
       Poudre de riz
      Algerian tobacco

Monsieur Jourdain in the blue and red of the Zouaves
   Is premier danseur in the Ballet Turque   205
    'Ya bon!
     Mamamouchi

YANKEES—"and say besides that in Aleppo once . . ."
Many a *Mardi Gras* and *Carême Prenant* of the
Peace Carnival;   210

    Crape veils,
Mouths pursed up with lip-salve as if they had
             [just said:
    Cho - co - lat . . .
  "Elles se balancent sur les hanches."
     Lizard-eyes,   215
     Assyrian beards,
     Boots with cloth tops—

The tart little race, whose brain, the Arabs said, was one
of the three perches of the Spirit of God.

Ouiouioui, c'est passionnant—*on en a pour son argent.* 220
  Le fromage n'est pas un plat logique.

A a a a a oui c'est un délicieux garçon
Il me semble que toute femme sincère doit se retrouver
en Anna Karénine.

    Never the catalepsy of the Teuton   225
     What time
     Subaqueous
      >

  É bom sentar nos Grand Boulevards[96] —
   Têm cheiro de
    Cloacas
    borracha d'Índia quente
    Poudre de riz
   Tabaco argelino[97]

Monsieur Jourdain no rubro-azul dos Zuavos
  É premier danseur no Ballet Turque
   'Ya bon!°
   Mamamouchi[98]

YANKEES — "e diga ainda que em Aleppo um dia . . ."[99]

Muitos *Mardi Gras* e *Carême Prenant*[100] do
Carnaval da Paz;

   Véus de crepe,[101]
Bocas em biquinhos ao protetor labial como se tivessem
        [acabado de dizer:
    Cho - co - lat . . .
  "*Elles se balancent sur les hanches.*"[102]

   Olhos de lagarto,
   Barbas assírias,[103]
   Botas com topo de pano —

A raça, tão pequena quanto audaz,° cujo cérebro, disseram
os Árabes, era um dos três cumes° do Espírito de Deus.

Ouiouioui, c'est passionnant — on en a pour son argent.
  Le fromage n'est pas un plat logique.[104]

A a a a a oui c'est un délicieux garçon
Il me semble que toute femme sincère doit se retrouver
en Anna Karénine.[105]

   Nunca a catalepsia do Teutônico[106]
    Que tempo
    Subaquoso
     >

    Cell on cell
    Experience
    Very slowly   230
    Is forming up
  Into something beautiful—awful—huge
     The coming to . . . . . .
 Thick halting speech—the curse of vastness.

      The first of May   235
        T
        h
        e
        r
        e   240
        i
        s
        n
        o
        l   245
        i
        l
        y
        o
        f   250
        t
        h
        e
        v
        a   255
        l
        l
        e
        y

          Célula sobre célula
          Experiência
          Muito lentamente 230
          Vai tomando a forma
     De algo belo—terrível—gigante

          O se dar conta . . . . . .
     Fala rouca aos trancos—a maldição do que é vasto.

               O primeiro de maio 235
                    N
                    ã
                    o

                    s
                    e 240

                    v
                    ê

                    n
                    e
                    n 245
                    h
                    u
                    m

                    l
                    í 250
                    r
                    i
                    o

                    d
                    o 255

                    v
                    a
                    l
                    e

There was a ritual fight for her sweet body 260
    Between two virgins—Mary and the moon

  The wicked April moon.

    The silence of *la grève*

      Rain

    The Louvre is melting into mist 265

  It will soon be transparent
And through it will glimmer the mysterious island
gardens of the Place du Carrousel.

The Seine, old egotist, meanders imperturbably
                              [towards the sea,
  Ruminating on weeds and rain . . . 270
    If through his sluggish watery sleep come dreams
      They are the blue ghosts of king-fishers,

    The Eiffel Tower is two dimensional,
    Etched on thick white paper.

Poilus in wedgwood blue with bundles *Terre de Sienne* 275
are camping round the gray sphinx of the Tuileries.
They look as if a war-artist were making a sketch of
them in chalks, to be 'edited' in the Rue des Pyramides
at 10 francs a copy.

          Désoeuvrement, 280
          Apprehension;
        Vronsky and Anna
    Starting up in separate beds in a cold sweat
        Reading calamity in the same dream
        Of a gigantic sinister mujik. . . . 285

Whatever happens, some day it will look beautiful:
    Clio is a great French painter,
              >

  Houve uma luta ritualística pelo seu doce corpo   260
   Entre duas virgens — Maria e a lua[107]

  A malévola° lua de abril

   O silêncio de *la grève*[108]

    Chuva

   O Louvre se desnovela° na névoa   265

    Logo vai ficar transparente
E trespassando-o vão cintilar as misteriosas ajardinadas
ilhas[109] da Place du Carrousel.

O Sena, velho egotista, serpenteia imperturbavelmente
             [em direção ao mar,
  Ruminando sobre ervas daninhas e chuva . . .[110]   270
   Se pelo seu sono lerdo e líquido surgem sonhos
    São os fantasmas azuis de martins-pescadores,[111]

   A Torre Eiffel é bi dimensional,°
   Gravada em papel grosso, branco.

Poilus[112] num azul cerâmico[113] com trouxas *Terre de Sienne*[114]   275
estão acampando ao redor da cinza esfinge das Tulherias.
Parecem assim um esboço em giz que um artista-de-guerra
faria, para ser 'editado' na Rue des Pyramides
a 10 francos a folha.[115]

    Désoeuvrement,   280
    Apreensão;
   Vronsky e Anna
  Sobressaltando-se em camas separadas num suor frio
    Lendo calamidade no mesmo sonho
   De um mujique gigantesco e sinistro[116]. . . .   285

O que quer que aconteça, um dia vai parecer bonita:
    Clio[117] é uma grande pintora francesa,
     >

>   She walks upon the waters and they are still.
Shadrach, Meshach, and Abednego stand motionless
>   [and plastic mid the flames.

>   Manet's *Massacres des Jours de Juin*,
>   David's *Prise de la Bastille*,
>   Poussin's *Fronde*,

>   Hang in a quiet gallery.

>   All this time the Virgin has not been idle;
The windows of les Galeries Lafayette, le Bon Marché,
>   [la Samaritaine,
>   Hold holy bait,
Waxen Pandoras in white veils and ties of her own
>   [decking;
>   Catéchisme de Persévérance,
The decrees of the Seven Œcumenical Councils reduced
to the *format* of the *Bibliothèque Rose*,
>   Première Communion,
>   (Prometheus has swallowed the bait)
>   Petits Lycéens,
>   Por-no-gra-phie,
>   Charming pigmy brides,
>   Little Saint Hugh avenged—

THE CHILDREN EAT THE JEW.

PHOTO MIDGET

>   Heigh ho!
>   I wade knee-deep in dreams—

>   Heavy sweet going
>   As through a field of hay in Périgord.

The Louvre, the Ritz, the Palais-Royale, the Hôtel de Ville
>   Are light and frail
>   Plaster pavilions of pleasure
>   Set up to serve the ten days junketing
>   Of citizens in masks and dominoes
>   >

>Caminha sobre as águas e permanecem paradas.
Sidrac, Misac, e Abdênago, de pé, imóveis e plásticos,
>[em meio às chamas.¹¹⁸

>*Massacres des Jours de Juin*, de Manet,   290
>*Prise de la Bastille*, de David,
>>*Fronde*, de Poussin,

>Pendurados numa sala calma.¹¹⁹

>Esse tempo todo, a Virgem não tem estado parada;
As vitrines das Galeries Lafayette, do Bon Marché,
>>[da Samaritaine,¹²⁰   295
>>Piscam° iscas santas,
Pandoras de cera em véus brancos e laços que ela mesmo
>>[decorou;¹²¹
>>Catéchisme de Persévérance,
Os decretos dos Sete Concílios Ecumênicos reduzidos
ao *format* da *Bibliothèque Rose*,¹²²   300
>>Première Communion,
>>(Prometeu engoliu a isca)¹²³
>>Petits Lycéens,¹²⁴
>>Por-no-gra-phie,¹²⁵
>>Encantadoras noivinhas pigmeias,¹²⁶   305
>>São Huguinho vingado—

>AS CRIANÇAS COMEM O JUDEU.¹²⁷

>FOTO ANÃO¹²⁸

>>Eu vou!°
>Caminho imersa até os joelhos em sonhos—   310

>>Progresso duro doce
Assim, se atravessando um campo de trigo em Périgord.¹²⁹

O Louvre, o Ritz, o Palais-Royale, o Hôtel de Ville¹³⁰
>>Leves e frágeis
>>Pavilhões de prazer, de palha°   315
>>Palco disposto a dez dias de folias
>>De cidadãos com suas máscaras e dominós¹³¹
>>>>>
187   Paris: um poema

A l'occasion du marriage de Monseigneur le Dauphin.

From the top floor of an old Hôtel,
Tranced,
I gaze down at the narrow rue de Beaune.
Hawkers chant their wares liturgically:
Hatless women in black shawls
Carry long loaves—Triptolemos in swaddling clothes:
Workmen in pale blue:
Barrows of vegetables:
Busy dogs:
They come and go.
They are very small.

Stories. . . .

The lost romance
Penned by some Ovid, an unwilling thrall
In Fairyland,
No one knows its name;
It was the guild-secret of the Italian painters.
They spent their lives in illustrating it. . . .

The Chinese village in a genius's mind. . . .

Little funny things ceaselessly happening.

In the Ile Saint-Louis, in the rue Saint Antoine, in
the Place des Vosges
The Seventeenth Century lies exquisitely dying. . . .

Husssh

A l'occasion du marriage de Monseigneur le Dauphin.[132]

   Do último andar de um velho Hôtel,
    Em transe,   320
Vejo lá embaixo, estreita, a rue de Beaune.[133]
Camelôs° solfejam liturgicamente[134] seus bagulhos:
  Mulheres sem chapéu sob xales negros
Vão com longos pães — Triptólemos que os cueiros embrulham:[135]
   Operários em pálido azul:[136]   325
    Carrinhos de mão de verduras:
     Cães ocupados:
     Vêm e vão.
    São pequenininhos.

    Estórias....   330

   A romança° perdida
Composta por algum Ovídio, um relutante escravo
    No País das Fadas,[137]
   Ninguém sabe seu nome;
Era o segredo-chave[138] dos pintores italianos. 335
Passaram a vida inteira ilustrando-a....

A aldeia chinesa na mente de um gênio....

Cômicas coisinhas acontecendo sem parar.

Na Ile Saint-Louis, na rue Saint Antoine, na
Place des Vosges[139]   340
O século XVII jaz morrendo, requintadamente....

   Ssssh[140]

dim - - in - - u - en - do. ppp   345

In the parish of Saint Thomas d'Aquin there is
an alley called l'impasse des Deux Anges.

    Houses with rows of impassive windows;

        They are like blind dogs
    The only things that they can see are ghosts.   350

        Hark to the small dry voice
    As of an old nun chanting Masses
For the soul of a brother killed at Sebastopol. . . .

        MOLIERE
            EST MORT   355
        DANS CETTE MAISON
        LE 17 FEVRIER 1673

        VOLTAIRE
            EST MORT
        DANS CETTE MAISON   360
        LE 30 MAI 1778

        CHATEAUBRIAND
            EST MORT
        DANS CETTE MAISON
        LE 4 JUILLET 1848   365

        That is not all,
    Paradise cannot hold for long the famous dead
                                  [of Paris. . . .

    There are les Champs Elysées!

Sainte-Beuve, a tight bouquet in his hand for Madame
                                        [Victor-Hugo,
Passes on the Pont-Neuf the duc de la Rochefoucauld   370
        With a superbly leisuerly gait
        Making for the *salon d'automne*
        Of Madame de Lafayette;

Na paróquia de Saint Thomas d'Aquin tem
um beco chamado l'impasse des Deux Anges.[141]

    Casas com fileiras de janelas impassíveis;

      São como cachorros cegos
Tudo que conseguem ver são fantasmas.   350

       Ouça a voz pequenina e seca,
  Se de uma velha monja cantando Missas
Pela alma de um irmão morto em Sebastopol[142]. . . .

          MOLIERE
            EST MORT   355
        DANS CETTE MAISON
        LE 17 FEVRIER 1673[143]

          VOLTAIRE
            EST MORT
        DANS CETTE MAISON   360
        LE 30 MAI 1778[144]

        CHATEAUBRIAND
            EST MORT
        DANS CETTE MAISON
        LE 4 JUILLET 1848[145]   365

      Isso não é tudo,
O paraíso[146] não consegue conter por muito os mortos
                            [famosos de Paris. . . .

    Tem os Champs Elysées![147]
Sainte-Beuve, um buquê bem atado na mão para Madame
                           [Victor-Hugo,
Passa na Pont-Neuf pelo duc de la Rochefoucauld[148]   370
      Com um andar esplendidamente° depreocupado,°
      Em direção ao *salon d'automne*[149]
      De Madame de Lafayette;

      They cannot see each other.

           Il fait lourd,
      The dreams have reached my waist.

We went to Benediction in Notre-Dame-des-Champs,
         Droning. . . droning. . . droning.
       The Virgin sits in her garden;
She wears the blue habit and the wingèd linen headdress
of the nuns of Saint Vincent de Paul.
      The Holy Ghost coos in his dove-cot.
    The Seven Stages of the Cross are cut in box,
       Lilies bloom, blue, green, and pink,
         The bulbs were votive offerings
           From a converted Jap.
           An angelic troubadour
             Sings her songs
         Of little venial sins.
Upon the wall of sunset-sky wasps never fret
        The plums of Paradise.

       La Liberté La Presse!
       La Liberté La Presse!

  The sun is sinking behind le Petit-Palais.

  In the Algerian desert they are shouting the Koran.

      La Liberté La Presse!

      The sky is apricot;
      Against it there pass
      Across the Pont Solférino
    Fiacres and little people all black,

    Flies nibbling the celestial apricot—
That one with broad-brimmed hat and tippeted pelisse
                              [must be a priest.

Um não consegue° ver o outro.

Il fait lourd,¹⁵⁰
Os sonhos chegaram à minha cintura.

Fomos à Bênção do Santíssimo em Notre-Dame-des-Champs,¹⁵¹
Zum be° zum... be zum be... zum be zum.
A Virgem sentada° em seu jardim;
Veste o hábito azul e o véu de linho alado
das freiras de São Vicente de Paula.°
O Espírito Santo arrulha em seu pombal.¹⁵²
As Sete Estações da Cruz gravadas em buxo¹⁵³
Florescem lírios, azul, verde, e rosa,
Os bulbos foram ex-votos
De um japa convertido.¹⁵⁴
Um trovador¹⁵⁵ angélico
Canta-lhe canções
De pecadilhos veniais.
No muro do pôr-do-céu° vespas nunca roem
As nêsperas° do Paraíso.

*La Libertè La Presse!*¹⁵⁶
La Liberté La Presse!

O sol naufraga atrás do Petit-Palais.¹⁵⁷

No deserto da Argélia entoam o Alcorão.

La Libertè La Presse!

O sol é damasco;¹⁵⁸
Contra ele passam
Pela Pont Solférino¹⁵⁹
Fiacres e miniaturas de gente, todas negras,

Mosquitos mordiscando o damasco celestial—
Aquele com chapéu de abas largas e peliça°
　　　　　　　　　　[tem que ser um padre.

They are black and two-dimensional and look like
silhouettes of Louis-Philippe citizens.

All down the Quais the bouquinistes shut their 405
green boxes.

  From the VIIme arrondissement
  Night like a vampire
  Sucks all colour, all sound.

  The winds are sleeping in their Hyperbórean cave; 410

 The narrow streets bend proudly to the stars;

 From time to time a taxi hoots like an owl.

 But behind the ramparts of the Louvre

Freud has dredged the river and, grinning horribly,
waves his garbage in a glare of electricity. 415

   Taxis,
   Taxis,
   Taxis,

  They moan and yell and squeak
  Like a thousand tom-cats in rut. 420

The whores like lions are seeking their meat from God:

 An English padre tilts with the Moulin Rouge:

Crotchets and quavers have the heads of niggers and
they writhe in obscene syncopation:

Toutes les cartes marchent avec une allumette! 425

A hundred lenses refracting the Masque of the Seven
Deadly Sins for American astigmatism:

"I dont like the gurls of the night-club — they love
women."

Toutes des cartes marchent avec une allumette! 430

São negros e bidimensionais e parecem
silhuetas de cidadãos de Louis-Philippe.¹⁶⁰

Nos Quais os buquinistas fecham suas
caixas verdes.¹⁶¹

   Vinda do VIIme arrondissement¹⁶²
   A noite como um vampiro
   Suga toda cor, todo som.

  Os ventos estão dormindo em sua caverna hiperborea;°

  As ruas estreitas se curvam orgulhosas às estrelas;

De tempos em tempos um táxi buzina° feito uma coruja.

Mas atrás dos taludes do Louvre¹⁶³
Freud dragou o rio e, sorrindo horrivelmente,
acena seu lixo num lampejo de eletricidade.

    Táxis,
    Táxis,
    Táxis,

   Eles gemem e gritam e guincham
   Feito mil gatos no cio.

As prostitutas° feito leões vão procurando sua carne° em Deus:

  Um capelão¹⁶⁴ inglês vai tombando com o Moulin Rouge:

Semínimas e colcheias têm cabeças de negro° e
se contorcem em síncope obscena:¹⁶⁵

*Toutes les cartes marchent avec une allumette!*¹⁶⁶

Cem lentes refratam a Mascarada dos Sete
Pecados Capitais para o astigmatismo americano:¹⁶⁷

"*Num gósto das minina da boate — elas gosta de
mulheres.*"°

Toutes les cartes marchent avec une allumette!

DAWN

    Verlaine's bed-time . . . Alchemy

        Absynthe,
        Algerian tobacco,
        Talk, talk, talk,   435
  Manuring the white violets of the moon.

The President of the Republic lies in bed beside his wife, and it may be at this very moment . . .

In the Abbaye of Port-Royal babies are being born,

Perhaps someone who cannot sleep is reading *le*   440
                    Crime et le Châtiment.

        The sun is rising,
      Soon les Halles will open,
The sky is saffron behind the two towers of Nôtre-Dame.

    JE VOUS SALUE PARIS PLEIN DE GRACE.   445

            *
      *   *
              *   *
                  * *

                3 Rue de Beaune
                      Paris
                Spring   1919

AURORA[168]

Hora de Verlaine ir para cama . . . Alquimia[169]

    Absynto,[170]
    Tabaco argelino,[171]
    Fala, fala, fala,   435
Adubando as brancas violetas da lua.

O Presidente da República[172] está deitado na cama ao lado de sua esposa, e pode ser que nesse exato momento . . .

Na Abbaye de Port-Royal[173] nasçam novos nenês,°

Talvez alguém que não consegue dormir esteja lendo *le*   440
                Crime et le Châtiment.[174]

    O sol vai nascendo,
    Logo les Halles[175] vão abrir,
O céu é de açafrão entre as duas torres de Nôtre-Dame.

    JE VOUS SALUE PARIS PLEIN DE GRACE.[176]   445

*
*   *
    *   *

    *   * 177

                3 Rue de Beaune
                      Paris
              primavera   1919[178]

Notes

v. 2: Nord-Sud, one of the underground railways of Paris. *Dubonnet, Zig-zag, Lion Noir, Cacao Blooker* are posters. *Rue du Bac*, etc. are names of stations.

v. 198: "It is pleasant to sit on the Grands Boulevards" to v. 234 "the curse of vastness" is a description of the Grands Boulevards.

v. 235-59: "The first of May, there is no lily of the valley." On May 1, the *Mois de Marie*, lily of the valley is normally sold in all the streets of Paris; but on May 1, 1919, the day of the general strike, no lily of the valley was offered for sale.

v. 262: The April moon, *la lune rousse*, is supposed to have a malign influence on vegetation.

v. 295: "The windows of *les Galeries Lafayette*, etc." During Lent life-size wax dolls, dressed like candidates for Première Communion, are exposed in the windows of the big shops.

v. 439: The Abbaye de Port-Royal is now a maternity hospital.

Notas [da autora]

v. 2: Nord-Sud, uma das linhas do metrô de Paris. *Dubonnet, Zig-zag, Lion Noir, Cacao Blooker* são pôsteres. *Rue du Bac*, etc. são nomes de estações.

v. 198: "É bom sentar-se nos Grands Boulevards" até v. 234 "a maldição do que é vasto" é uma descrição dos Grands Boulevards.

v. 235-59: "O primeiro de maio, não se vê nenhum lírio do vale." No Primeiro de Maio, o *Mois de Marie* [Mês de Maria], se vendem lírios do vale em todas as ruas de Paris; mas no primeiro de maio de 1919, o dia da greve geral, nenhum lírio do vale foi visto à venda.

v. 262: A lua de abril, *la lune rousse* [a lua vermelha], se acredita ter uma influência maligna sobre a vegetação,

v. 295: "Nas vitrines das *Galeries Lafayette*, etc." Durante a Quaresma, se vestem bonecas de cera, em tamanho natural, como candidatas à Première Communion, e se as exibem nas vitrines das grandes lojas.

v. 439: A Abbaye de Port-Royal agora é um hospital-maternidade.

Sobre a versão de 1973 de "Paris: a poem"

Quando Hope Mirrlees (1973) autorizou a republicação de "Paris: a poem", exigiu que o texto fosse modificado. Sandeep Parmar assim descreve as alterações:

Os vv. 131-5, 294-7 e 302-7 foram omitidos totalmente.

Os seguintes versos sofreram alterações substantivas:

v. 352: "Masses" [Missas] foi substituído por "dirges" [cantos fúnebres].

vv. 379-91: Em lugar dos treze versos, começando com "A Virgem ..." e terminando com "... do Paraíso", Mirrlees usou os seguintes quatorze versos:

> The Virgin sits in her garden;
> She wears the blue habit and the
> white head-dress of the nuns of
>   Saint Vincent de Paul.
> The fourteen stations of the Cross are
> carved in box;
> Lilies bloom, blue, green and pink,
> The bulbs were votive offerings
> From a converted Japanese. An angelic troubadour
> Sings her songs of her Son's courtly love.
> Upon the wall of sunset sky wasps never fret
> The plums of Paradise.

Upon the wall of sunset-sky wasps never fret
    The plums of Paradise.

A Virgem sentada em seu jardim;
Traja o hábito azul e o
véu branco das freiras de
    São Vicente de Paula.
As quatorze estações da cruz estão
gravadas em buxo;
Lírios florescem, azuis, verdes e rosa,
Os bulbos foram ex-votos
De um japonês convertido. Um trovador angélico
Canta-lhe canções do amor cortês de seu Filho.
No muro do pôr do céu vespas nunca roem
As nêsperas do Paraíso.

No muro do pôr-do-céu vespas nunca roem
    As nêsperas do Paraíso.

v. 423: Mirrlees trocou "niggers" por "Negroes", um termo menos ofensivo.

Notas ao poema

¹ "A Nossa Senhora de Paris em reconhecimento de graças concedidas." A grafia certa seria *grâces accordées*. Há, como estes, vários outros deslizes de ortografia francesa no original, mas, a partir de agora, não os anoto: preservo-os sem comentário adicional.

² v. 1: *I want a holophrase* [Quero uma holófrase]. Julia Briggs lembra que *want* conota não só "quero" como "preciso de", e que *holophrase* pode ser lido como um trocadilho com *hollow phrase* ["frase vazia", "frase inútil"].

³ v. 2: *NORD-SUD*. Uma linha do Métro, de Montparnasse a Montmartre, hoje a Linha 12.

⁴ vv. 3-5: *ZIG-ZAG ... BLOOKER*. A voz sob o poema nota pôsteres de propaganda nas estações do Métro. Briggs os identifica: *Zig-Zag* era um tipo de papel de cigarro, cuja propaganda mostrava a cabeça de um zuavo, i.e., um soldado de infantaria ligeira no exército franco-argelino; *Lion Noir* [leão negro] era uma marca de graxa de sapato; e *Cacao Blooker* era uma marca holandesa de chocolate em pó.

⁵ vv. 7-9: *RUE ... DEPUTES*. Na linha *Nord-Sud*, no sentido sul-norte, as estações *Rue du Bac*, *Solférino* e *Chambre des Députés* são as três últimas antes se cruzar da margem esquerda (a *rive gauche*) do Sena para a direita (a *rive droite*). Quando escrevia o poema, Mirrlees morava na *rue de Beaune*, um pouco a leste da *rue du Bac*. *Solférino* comemora uma sangrenta vitória francesa contra a Áustria na Itália em junho de 1859. Em 1919 (e até 1940), a câmara baixa do parlamento francês era chamada de *Chambre des Députés*, e *Assemblée Nationale* era o nome dado à reunião daquela e da câmara superior, o *Sénat*. Em 1946, com a libertação da França, a câmara baixa passou a se chamar *Assemblée Nationale*, e o nome da estação de metrô mudou. *Dubonnet* é uma marca de vinho fortificado, até hoje à venda.

⁶ v. 10: *coax* [coaxa]. Em inglês, o termo significa "persuadir", "adular", mas aqui predomina o aspecto onomatopaico pois é uma alusão tanto a um coro no mundo dos mortos que ocorre na comédia *As Rãs* (405 a.C.) de Aris-

tófanes, quanto ao barulho que resulta do sacudir dos vagões no metrô. Rãs eram associadas ao mundo subterrâneo, pantanoso. O mundo subterrâneo e pântanos, se verá, são temas subjacentes à superfície do poema. Briggs nota que não era incomum as pessoas no Reino Unido (incluindo Mirrlees e Harrison, em sua correspondência privada) se referirem preconceituosamente aos franceses por *frogs* (segundo a crença popular, porque rãs são uma iguaria na França e, como comida, asquerosas aos ingleses, embora outras etimologias sejam igualmente possíveis).

[7] v. 12: *The Scarlet Woman* [A Mulher Escarlate]. Na Bíblia (Apocalipse, 17.3-6), "a mulher escarlate" aparece a São João na ilha grega de Patmos. A alusão é provocada pelo pôster do *tonique hygienique* chamado *Byrrh* (ainda hoje à venda, depois de um período de esquecimento), que mostra uma mulher num vestido de vivíssimo vermelho, tocando um tambor e anunciando a bebida. Briggs nota que, na edição original (e até pouco única), Virginia Woolf teve que corrigir à mão cada um dos 160 exemplares impressos, inserindo *St* antes de *John* neste verso.

[8] v. 14: *Vous descendez Madame?* O trem se aproxima da estação onde um passageiro, atrás da voz sob o poema, quer saltar e lhe pergunta: "Vai saltar aqui, senhora?".

[9] vv. 15-6: *QUI ... PORTE* [Quem se pesa sempre, se conhece bem./ Quem se conhece bem, permanece saudável]. Estes versos reproduzem uma mensagem comum em balanças públicas na época. O significado da última expressão é sutil. Do ponto de vista de saúde pública, significaria "permanece saudável", ou "está indo bem". Mas poderia também, mais insidiosamente, significar "se comporta", "age como deve", o que sugere uma forma subliminar de controle social, talvez.

[10] v. 17: CONCORDE. A estação sob a *place de la Concorde*, na *rive droite* do Sena.

[11] vv. 25-6: *till their heads turn* [até ficarem com a cabeça tonta]. Para Briggs, as crianças no carrossel (que estivera fora de uso durante a guerra) lembram, com suas mãos enlameadas, zonzos com um movimento que não conseguem controlar, os soldados nas trincheiras, perdidos na confusão das batalhas (antecipando os vv. 89-92, 275-6).

[12] v. 28: *are turned to stone* [viram pedra]. Os pombos viram pedra não porque fiquem imóveis como pedra mas porque, sendo sua cor indistinguível da cor da pedra das estátuas, desaparecem contra ela.

[13] v. 29: *Le départ pour Cythère* [A partida para Citera]. Quase com certeza a alusão é a *Le Pèlerinage à l'île de Cythère* (1717), uma pintura de Jean-

-Antoine Watteau (1684-1721), no Louvre. Citera é a ilha de Vênus, e, assim, do amor.

[14] vv. 32-3: *Some Pasteur ... look* [Um Pasteur qualquer ... olhe]. No Jardim das Tulherias, há uma escultura chamada *Nymphe* (1866), de Louis-Auguste Lévêque (1814-1875). O "Pasteur qualquer" é, claro, Louis Pasteur (1822-1895), que dá nome a uma das estações na linha *Nord-Sud*. "Gauleses" refere-se não tanto aos habitantes da Gália conquistada por Júlio César, mas aos franceses modernos, enquanto combatentes.

[15] v. 34: *Gambetta*. Léon Gambetta (1828-1882) transformou-se num herói nacional ao se tornar um dos líderes da resistência na Guerra Franco-Prussiana (1870-1871) e uma força moderadora entre os opositores da monarquia, influente na proclamação da Terceira República. Morreu relativamente jovem. Um monumento em sua homenagem foi inaugurado em 1888 no *cour Napoléon*, no complexo do Louvre. Na base de um pilar piramidal, estava a estátua de Gambetta. Atrás dele, a figura alada do Espírito da França olhava-o fixamente. No topo do pilar, a Glória da Democracia, uma alegoria em bronze, montada sobre um leão alado. Em 1941, tudo que era de bronze foi fundido pelo governo de Vichy. Em 1954, o monumento deixou de existir no *cour Napoléon*. Em 1982, no centenário da morte de Gambetta, a estátua foi reinstalada na *square Édouard-Vaillant*.

[16] v. 35: *red stud* [roseta vermelha]. Porque *stud* é "garanhão", com o mesmo significado, em gíria, que na gíria brasileira, e *red* [vermelho] tem o sentido figurativo de "radical", a expressão pode bem ser uma alusão trocadilhesca a Gambetta, devido ao fato de que ele se tornara um símbolo de homem heroico, maior que a vida, e tinha um passado notório de radical. Para Briggs, Mirrlees pode ter usado *button-hole* (em francês, *boutonnière* é gíria para ânus) para significar que o olhar íntimo entre Gambetta e o Espírito da França tem cunho homossexual.

[17] v. 36: *tutoiement* O termo francês se refere ao tratamento muitíssimo íntimo usando *tu* em vez do *vous* formal.

[18] v. 37: *Mais c'est logique*. Na acepção de "Mas faz sentido".

[19] v. 38: *Esprit Français* [Espírito Francês], i.e., a figura atrás de Gambetta, no monumento comemorativo deste.

[20] v. 40: *Secrets* [Segredos]. Para Briggs, os "segredos" são qualificados pelos quatro adjetivos na sequência, compostos num quadrado/quarteto, e se aplicam, mais ou menos respectivamente, aos v. 43, v. 51 e v. 54.

[21] vv. 43-8: *Of the XIIIth Duchess of Alba... white Maltese* [Da 13ª Duquesa de Alba ... maltesinho branco]. Goya pintou dois retratos da 13ª Du-

quesa de Alba, um em 1795, outro em 1797. O poema se refere ao primeiro. Briggs chama a atenção para as quatro peças vermelhas na pintura e as associa, no poema, à roseta de Gambetta: a faixa na cintura da duquesa rima, para cima, com o seu colar e com o laço no seu cabelo, e, para baixo, com o laço na perna do *bichon* maltês a seus pés, para o qual seu dedo aponta. Para Briggs, a duquesa parece drogada, e sua forma, alta e piramidal, lembra a Torre Eiffel.

[22] v. 50: *Midi*: uma forma coloquial de se referir ao sul da França. *Louvre*: o grande, histórico, palácio no coração de Paris, há muito, e hoje ainda, um dos maiores e mais importantes museus de artes plásticas da cultura ocidental. *Seine* [Sena]: indissociável de Paris, o rio Sena nasce no nordeste da França e, quase oitocentos quilômetros depois, deságua no Canal da Mancha, em Le Havre, na Normandia.

[23] v. 51: *Of* [De]. Esta partícula conecta o verso com o adjetivo "plásticos" (v. 42), que aparece outras duas vezes no poema (v. 112, v. 289) com este sentido de "moldável", "maleável".

[24] v. 51: *lion* [leão]. O termo pode se referir à figura (Glória da Democracia) montada sobre um leão alado no topo do monumento a Gambetta (v. 34). O nome de batismo de Gambetta era "Léon".

[25] v. 52: *Lysistrata* [Lisístrata]. A protagonista da peça epônima de Aristófanes (411 a.C.).

[26] v. 54: *Of* [De]. Esta partícula conecta o verso com "fadados" (v. 42) mas o verso é principalmente a elipse do complemento.

[27] vv. 55-6: *Arc de Triomphe ... Caesar's dreams* [Arco do Triunfo ... sonhos de Júlio César]. Da *place du Carrousel*, o Arco do Triunfo é visível ao longe, no fim da *avenue du Champs-Elysées*. Mas, há um outro Arco do Triunfo, menos imponente, menos icônico, na própria *place du Carrousel*. Há uma estátua de César nas Tulherias. Na peça de Shakespeare, é Calpúrnia, a mulher de Júlio César, quem tem sonhos terríveis sobre a morte do marido e por isso teme pela vida deste. Porém, César, fatalista, tenta acalmá-la dizendo que o que os sonhos profetizam se aplica a todos, e não a César apenas.

[28] v. 58: *Salle Caillebotte*. Gustave Caillebotte (1849-1894) era pintor e colecionador. Ao morrer, doou parte de sua coleção à nação. A Salle Caillebotte, no Musée du Luxembourg, foi aberta em 1897 e expunha parte daquela doação.

[29] v. 59: *And on and on* [Adiante adiante]. O percurso por Paris continua.

[30] vv. 60-1: *the Etoile ... The Bois* [A Etoile ... o Bois]. A Étoile, que se

traduz por "A Estrela", é assim chamada por ser o ponto para onde convergem doze avenidas. O bosque, penso, é o Bois de Boulogne, um parque público a oeste do centro de Paris.

[31] v. 62: *Tortoises with gem-encrusted carapace* [Cágados com a carapaça crivada de gemas]. Em *À Rebours* (1884, cap. 4), o famoso romance decadentista de Joris-Karl Huysmans (1848-1907), o personagem principal, des Esseintes, manda encrustar o casco de um cágado, vivo, com pedras preciosas. Por implausível que soe, o episódio se baseia em fato: o conde Robert de Montesquiou-Fezensac, um esteta e excêntrico que se tornou o principal modelo do barão Charlus em *Em busca do tempo perdido*, de Proust, fez, na realidade, o que Huysmans atribui a des Esseintes no romance.

[32] v. 63: *A Roman boy picking a thorn out of his foot* [Um menino romano tirando um espinho do pé]. Uma estátua romana em bronze (séc. I a.C.) mostra um menino tirando um espinho do pé e é, por isso, conhecida como *Spinario*. A que se supõe a mais antiga entre muitas cópias, inclusive em mármore, está nos Museus Capitolinos, em Roma. O Louvre possui uma cópia renascentista, em bronze, doada por François I.

[33] v. 64: *discalceated ... Récamiers* [Récamiers descalças]. Juliette Récamier (1777-1849) foi uma *salonnière* belíssima e famosa, amiga, entre muitos, de Germaine de Staël, Benjamin Constant, e, intensa e intimamente, de François-René, visconde de Chateaubriand (1768-1848), o escritor, tradutor e diplomata (v. 362). No seu retrato (1800) no Louvre, pintado por Jacques-Louis David (ver v. 291), Mme Récamier está descalça, recostada num sofá aberto, cujo tipo/formato/estilo veio a ser conhecido pelo seu nome.

[34] v. 65: *de nos jours* [do nosso tempo].

[35] v. 67: *rue Saint-Honoré*. É uma rua bastante antiga, disposta no sentido leste-oeste, corre mais ou menos paralela à, e ao norte da, *rue de Rivoli* que, por sua vez, delimita, ao norte destes, o complexo do Louvre, o Jardim das Tulherias e acaba por desembocar na *place de la Concorde*.

[36] v. 68: *Grand Seigneur from Brittany* [grão-senhor da Bretanha]. A Bretanha é a região mais a oeste da França, cuja aparição aqui, Briggs observa, marca a primeira menção a províncias francesas, que, no poema, formarão assim como se um colar para Paris.

[37] vv. 69-70: *Auvergnat ... chestnut ... sells* [Um auvérnio ... castanha ... vende]. O vendedor de castanhas vem da Auvérnia, a área montanhosa da França Central. Briggs nota que, com a Bretanha tendo origem celta, e a Auvérnia, origem gaulesa, os nativos dessas regiões formam as cepas mais antigas da nacionalidade francesa.

³⁸ vv. 71-2: *Paris ... heart* [Paris ... coração]. Como toda metrópole no rastro da grande revolução industrial dos sécs. XVIII e XIX, Paris era um ímã, atraindo a população rural e criando enclaves de camponeses provenientes de variadas regiões da França. Briggs nota que os surrealistas às vezes viam os bairros de Paris como vilarejos provincianos, p.e., em 1926, Louis Aragon com *Le paysan de Paris* [O camponês de Paris].

³⁹ vv. 73-6: *Hidden courts ... born* [Pátios ocultos ... nascem]. Uma característica da arquitetura residencial em Paris é o terem muitas casas portões grandes, altos, que deixam entrever um núcleo construído ao redor de pátios internos. Sendo predominantemente baseada na iconografia clássica, a decoração inclui *putti*, os meninos nus, geralmente gordinhos e representados frequentemente com asas (embora, para Briggs, os "pequenos deuses" possam também ser os artistas, músicos e escritores da cidade).

⁴⁰ v. 77: *cock* [galo]. O galo gaulês é um símbolo da França enquanto nação. Não fica claro se Mirrlees se refere, como parece mais provável, a galos mesmo, nos quintais e prados e terrenos baldios de Paris, ou se usa uma metonímia para o burburinho de vozes francesas nas ruas.

⁴¹ v. 78: *Do do do miii*. Parece-me discutível que o cocoricar de um galo se transcreva *dó-dó-dó-mi* (dó-dórré-dóó é mais crível), mas, na cidade-útero das vanguardas, talvez Mirrlees tenha ouvido um galo modernista.

⁴² vv. 80-2: *Hesiod ... Acheron ... "Works and Days"* [Hesíodo ... Aqueronte ... "Trabalhos e Dias"]. Hesíodo é um poeta grego da era arcaica. No seu poema *Os trabalhos e os dias*, ele descreve e exalta a vida rural. O Aqueronte é um dos cinco (ou seis) rios (o dos lamentos e das misérias) do Hades (ou Tártaro), o reino subterrâneo dos mortos.

⁴³ v. 83: *Spirit of the Year*: a ideia de um "Espírito do Ano" se tornou popular no início do séc. XX entre um grupo de acadêmicos do qual Jane Harrison fazia parte. Em *The Golden Bough* (1890-1915), James George Frazer (1854-1941) postulou a ideia de um "Espírito do Ano" cujo nascimento e morte correspondem à mudança das estações. Seu intuito era, com isso, sintetizar o modo como várias tradições religiosas e mitológicas projetam o ciclo natural de morte, luto e ressurreição para impor sentido a símbolos aparentemente desconexos. A ideia se tornou influente no círculo de classicistas a que Harrison pertencia (dedicado ao estudo das raízes da religião na Grécia), e, através de Harrison, influenciou Mirrlees. A influência dessa obra de Frazer também está presente em "The waste land" de T. S. Eliot (ver, também, nota ao v. 272).

⁴⁴ v. 85: *acres of brown fields* [acres de terra gasta]. O fim da Grande Guerra era ainda recente; o Espírito do Ano ainda jazia sobre os campos des-

nudos, escuros, duros de neve e geadas, os sulcos no chão, não já de arados, mas de trincheiras ainda. É a terra vasta, devastada, em que, três anos mais tarde, Eliot, no seu grande poema, "The waste land", iria desancorar-se numa outra deriva, no seu caso por uma Londres tornada irreal pela Grande Guerra.

⁴⁵ v. 90: *Pigeon vole ... Blue smocks* [Pigeon vole ... Batas azuis]. O sentido literal, em francês, de *Pigeon vole* é "pombo voa". A expressão dá nome a um jogo para crianças pequenas. A ideia é que a criança concorde ou não que uma frase do tipo "pombo voa" é verdade e "porco voa" não é. O jogo pode ser generalizado para vários tipos de frase da qual se possa dizer, quando instanciadas, que são verdadeiras ou falsas. Briggs observa que a menção a pombos provavelmente alude ao uso generalizado destes animais para transportar informação militar durante a Grande Guerra, e que as batas azuis (v. 92) sugerem os uniformes dos soldados franceses.

⁴⁶ vv. 94-8: *AU BON MARCHE ... PRINTANIERES* [No Bon Marché, Moda de Primavera Já à Venda]. *Le Bon Marché* fica na confluência da *rue de Babylone* com a *rue de Sévres*. Fundado em 1838, foi uma das primeiras lojas de departamentos. Uma parte da loja deliberadamente imitava uma galeria do Louvre.

⁴⁷ v. 99: *jeunesse dorée* [juventude dourada]. Uma referência aos jovens em flor (talvez especificamente aos ricos, privilegiados), talvez por vê-los passeando sob os sicômoros (*Acer pseudoplatanus*), talvez porque estes floresçam em maio.

⁴⁸ v. 101: *mauve veils* [véus cor de malva]. Malva, ou púrpura, é a cor onipresente nos rituais da Quaresma.

⁴⁹ vv. 103-4: *Crocuses* [açafrão]. *Crocus vernus*. *Crocus* são flores do despertar da primavera, frequentemente cor-de-malva. *Chionodoxa* [Glória-da--neve]. *Scilla sect. Chionodoxa*. Flores, também, do despertar da primavera, quase sempre azuis ou brancas.

⁵⁰ v. 104: *the Princess in a Serbian fairy-tale* [a Princesa num conto de fadas sérvio]. Briggs assinala: "glória-da-neve é um nome que uma princesa de conto de fadas bem merece". "Sérvia" alude ao assassinato do Arquiduque Franz Ferdinand, em Sarajevo, em 28 de junho de 1914, o empurrão que faltava para que a Grande Guerra eclodisse, em agosto do mesmo ano.

⁵¹ v. 106: *chef d'oeuvre* [obra-prima].

⁵² v. 106: *lily of the valley* [lírio-do-vale]. Em francês, "muguet", ou "muguet de mai", i.e., *Convallaria majalis*, que floresce em maio. É provável que, aqui, Mirrlees esteja aludindo a *Le chef-d'œuvre inconnu* e *Le lys dans la val-*

lée, o primeiro um conto, o segundo um romance (que, em inglês, é conhecido por *Lily of the valley*) de Balzac. Em português, são conhecidos por *A obra-prima ignorada* e *O lírio do vale*.

[53] v. 108: *Dog-roses* [Rosas-caninas]. *Rosa canina*, ou rosa-mosqueta. O desfile floral que começara com os sicômoros e açafrões de abril e passara pelos lírios-do-vale de maio, termina aqui com as rosas-caninas no começo do verão.

[54] v. 108: *wanes* [carroças]. Segundo Briggs, é uma forma obsoleta de *wains*, "carroças".

[55] vv. 110-3: *Scentless ... Mayors* [Inodoras ... Prefeitos]. Lyons/Lyon, a sudeste de Paris, é uma grande cidade da França que se tornara, desde a terceira década do séc. XIX, um importante centro de cultivo de rosas.

[56] vv. 114-5: *Did ... André?* [Ingres ... André?]. A resposta à pergunta que a voz sob o poema se faz neste verso parece ser: não, não consta que Jean-Auguste-Dominique Ingres (1780-1867) tenha retratado Mme Nélie Jacquemart-André (1841-1912), ela também, retratista e colecionadora de arte. Sua casa é hoje o Museu Jacquemart-André, 158 *bd Haussmann*.

[57] vv. 116-21: *In the Louvre ... The Chardins* [No Louvre ... Os Chardins]. Durante a Grande Guerra, parte do acervo do Louvre foi armazenada em subterrâneos para sua proteção. Em fevereiro de 1919, as pinturas que passaram a guerra sob o solo (este, um tema que perpassa o poema) foram trazidas de volta à luz e reexibidas. As que o poema menciona são a *Pietà* (séc. XV) de Villeneuve-les-Avignon; *Olympia* (1863), o escandaloso nu (ver, também, v. 290) de Édouard Manet (1832-1883), somente exibido pela primeira vez em 1907 depois de uma campanha de Georges Clemenceau, então no seu primeiro termo como primeiro-ministro; *Gilles* (com ll), o pierrô de Watteau, de quem o poema já mencionara uma obra (v. 29); *Sete Pecados Capitais* (na verdade, *Minerva Expulsando os Vícios do Jardim da Virtude*, *c*. 1502) de Andrea Mantegna (*c*. 1431-1506); vários de Jean-Baptiste-Siméon Chardin (1699-1779), cujo olhar preferia, nos cômodos das casas, ver os servos, as pessoas simples, as naturezas-mortas.

[58] v. 122: *unetiolated* [vívidos]. Os quadros estão vívidos, i.e., não descorados, por terem sido guardados num lugar escuro, subterrâneo durante a Grande Guerra.

[59] v. 124: *slept well* [dormiram bem]. Em *Macbeth* (1606?), de Shakespeare, Duncan ocupa o trono do Escócia, mas, enquanto dorme, Macbeth o assassina e mais tarde diz dele: "Duncan jaz em seu túmulo/ Findo o febril espasmo da vida, dorme em paz" (III.11.22-3).

[60] vv. 125-7: *President Wilson ... Gargantua*. Woodrow Wilson (1856-1924) foi presidente dos EUA de 1913 a 1921. Gargântua é o gigantesco, dionisíaco personagem que dá nome à grande obra de François Rabelais (1494?-1553) e cuja urina era, de fato, "diluviana", i.e., torrencial (Briggs nota que, em francês, uma chuva forte é dita *diluvienne*).

[61] v. 128: *chrysalids* [crisálidas]. São os casulos, ou *pupae*, de onde saem as borboletas quando formadas e, analogamente, as folhas formadas dentro dos botões que hibernaram nos galhos todo o inverno.

[62] vv. 131-4: *Grand Guignol*. Se quisermos postular uma data em que o poema se passa, é interessante notar que a Sexta-Feira Santa, em 1919, caiu no dia 18 de abril. *Grand Guignol* era um tipo de melodrama violento e contundente encenado no teatro epônimo em Montmartre (ver vv. 181-2). O nome é ligado a Guignol, um personagem no teatro de fantoches de Lyon, que, longe de ser um agente de destruição, representa, com sua vitória na trama, o triunfo do bem contra o mal. *Shrieks ... sweat* [Guinchos ... sangrado]. O complexo de rituais da Semana Santa às vezes envolve autoflagelação.

[63] v. 135: *Le petit Jésus fait pipi* [O Menino Jesus faz xixi]. Segundo Briggs, *le petit jésus*, "menininho bonito", também é gíria para um menino/moço prostituído.

[64] v. 136: *Lilac* [lilás]. No fim da Quaresma, a cor dos panos nas igrejas ainda é a dos lilases.

[65] vv. 137-8: *SPRING ... BREASTS* [A PRIMAVERA ... SEIOS]. Uma alusão ao Cântico dos Cânticos (2.11-12). A passagem saúda o (iminente) retorno da primavera. A alusão é mais direta a (8.8): "Temos uma irmã pequenina que não tem ainda os seus seios formados. Que faremos nós de nossa irmã no dia em que for pedida em casamento?".

[66] vv. 139-41: *LAIT ... RAMBOUILLET* [Leite de qualidade da Fazenda Rambouillet].

[67] vv. 142-3: *ICI ... BOTTIN* [O catálogo telefônico pode ser consultado aqui].

[68] vv. 144-5: *CHARCUTERIE ... CHOIX* [Charcutaria, comestíveis de primeira].

[69] v. 146: *APERITIFS* [Aperitivos].

[70] v. 147: *ALIMENTS DIABETIQUES* [Alimentos para diabéticos].

[71] v. 148: *DEUIL ... HEURES*. Literalmente, "Luto em 24 horas", mas tem o sentido de "Tingimos suas roupas de preto em 24 horas". Briggs nota que quase metade das mulheres vestiam luto em Paris em maio de 1919.

[72] v. 149: *Messieursetdames* [Senhoresesenhoras]. Escrito assim para re-

fletir a pronúncia atropelada dos garçons na rua (repetido nos versos 157 e 191-2).

[73] vv. 150-1: *Mercury ... templum* [Mercúrio ... templum]. Mercúrio é o deus romano do comércio, da eloquência, da comunicação, da divinação, dos viajantes, das fronteiras, da sorte, da artimanha, e dos ladrões. Era também o guia das almas no mundo subterrâneo dos mortos. O campo semântico de *Templum* em Latim é ancorado no conceito de um espaço sagrado, não apenas um santuário ou um prédio dedicado ao culto e a sacrifícios.

[74] v. 153: *Harpagon* [Harpagão]. É o avarento na peça *L'avare* [*O avarento*] (1668), de Molière (1622-1673).

[75] v. 156: *Bocks*. Um *bock* é um copo de servir cerveja e, por extensão, um copo de cerveja.

[76] vv. 158-60: *NE FERMEZ ... CHARGERA* [Por favor não feche a porta, o Primus o fará]. Primus era um mecanismo de ar comprimido.

[77] v. 161: *ouvriers* [trabalhadores].

[78] v. 162: *La journée de huit heures* [a jornada de oito horas]. Por muito tempo reivindicada pelos trabalhadores, foi aprovada pelo governo francês no fim de abril de 1919, mas implementá-la provou-se difícil e a consequente insatisfação foi uma das causas da greve geral do Primeiro de Maio.

[79] v. 163: *Landru*. Henri Landru (1869-1922) foi um assassino em série. Foi preso em 12 de abril, mas as investigações só viriam a ser concluídas dois anos depois. Morreu na guilhotina em 30 novembro de 1921. Não se sabe quantas foram suas vítimas. Foi condenado pelo assassinato de dez mulheres e um adolescente, filho de uma delas.

[80] v. 164: *Nouveau Cirque*. Briggs descobriu que "segundo um programa para 2 de maio de 1919, a foca amestrada chamava-se Bichette e seu treinador era o Capitão Juge; o *Nouveau Cirque* ficava no 251 *rue Saint-Honoré*".

[81] v. 165: *Cottin*. Émile Cottin (1896-1936) foi um militante anarquista que tentou assassinar Georges Clemenceau, presidente da Conferência de Paz, em 19 de fevereiro de 1919. Dos vários tiros, um apenas atingiu Clemenceau, sem feri-lo de morte (embora os médicos tenham temido extrair a bala, que permaneceu no corpo de Clemenceau até o fim natural de sua vida). Cottin foi condenado à morte em março, mas teve a pena comutada para dez anos, dos quais serviu cinco. Em julho de 1936, foi lutar na Guerra Civil Espanhola. Alistou-se como metralhador na ala internacional da Coluna Durruti e morreu em combate em outubro, no front de Aragão.

[82] v. 166: *Bossuet*. Jacques-Bénigne Bossuet (1640-1704) foi bispo e pregador. Sua fama se ancora nos seus sermões funerários, particularmente o de

Henriqueta Maria de França, a rainha de Carlos I da Inglaterra (donde "louvando rainhas mortas").

[83] vv. 167-70: *méticuleux ... immonde*. Os termos traduzem-se assim: *méticuleux* é meticuloso, escrupuloso; *belligérant* é agressivo, provocador, beligerante; *hebdomadaire* é semanal; *immonde* é imundo, vil, imoral. Briggs especula que os quatro adjetivos se refiram a elementos nos versos que imediatamente os antecedem: Cottin, meticuloso; os alemães (mas, penso, talvez as rainhas mortas), beligerantes; a jornada de trabalho, semanal; e Landru, vil.

[84] vv. 171-4: *The Roman Legions ... Gaul* [As Legiões Romanas ... Gália]. O símbolo de uma legião romana era uma águia esculpida em prata e ouro (mais tarde, em ouro apenas) protegida com fervor semirreligioso pelos legionários. Daí dizer-se a legião alada.

[85] v. 175: *Père Lachaise*. Père Lachaise (1624-1709) foi um padre jesuíta e confessor de Luís XIV. Em 1804, na propriedade em que ele morava, Napoleão criou um cemitério, hoje o mais famoso de Paris, que tem seu nome.

[86] v. 177: *the letter H* [a letra H]. Veja, aqui, o comentário ao poema.

[87] v. 180: *Rousseau ... Douane*. Henri Rousseau (1844-1910), a quem, por causa de sua profissão, muitos chamavam de *Le Douanier* [o Aduaneiro], foi um pintor *naïf* francês, cujas pinturas (segundo Briggs, "ao mesmo tempo belas e horríveis") eram admiradas pela vanguarda de pintores.

[88] v. 182: *The stage is thick with corpses* [O palco entulhado de cadáveres]. Veja, aqui, o comentário ao poema.

[89] v. 183: *gaillards*. Pessoas altas e fortes.

[90] v. 184: *eidola*. O termo grego pode-se traduzir, aqui, por fantasmas, espíritos, imagens.

[91] v. 186: *MORT AU CHAMP D'HONNEUR* [Morto em ação]. Literalmente, "morto no campo de honra".

[92] vv. 188-9: *Le pauvre grand!* [Pobre sujeito!].

[93] vv. 190-3: *petites bourgeoises* [pequenas burguesas]. Estão coletando doações para as vítimas de guerra. Picardia é uma província no norte da França, especialmente afetada pelos confrontos da Grande Guerra, inclusive as duas batalhas do Somme (1916, 1918). A de 1916 foi uma das mais mortíferas batalhas da história: envolveu três milhões de soldados e resultou em quase um milhão de mortes.

[94] v. 194: *ghoul* [vampiros]. Um *ghoul:* (pronuncia-se "gul", a palavra é de origem árabe) é um monstro mítico que rouba túmulos e devora cadáveres, mas, em inglês, é às vezes usado, desleixadamente, como sinônimo de "vampiro".

⁹⁵ vv. 196-7: *Never ... banks* [Nunca ... felizes]. Como no Somme, houve duas batalhas do Marne (1914, 1918). A de 1914 foi, para a França, a que resultou em maiores perdas em toda a guerra. As "margens felizes" se devem ao fato de que no rio Marne, que se junta ao Sena perto de Paris, havia muitas *guinguettes*, pequenos bares/restaurantes informais onde, nos fins de semana, a classe operária ia comer, beber e dançar num seu paraíso ao ar livre.

⁹⁶ v. 198: *Grand Boulevards*. Grandes Bulevares é o nome dado a uma sequência de largas avenidas, com muitos locais de entretenimento, que forma um semicírculo ao norte da *rue de Rivoli* e da *rue Saint-Honoré*.

⁹⁷ vv. 200-3: *Cloacae ... tobacco* [Cloacae ... argelino]. *Cloacae* é o termo em latim para "esgotos". *India rubber* é um termo, agora antiquado, para a borracha natural, i.e., o látex. Uso a apóstrofe para corresponder à estranha aglutinação (*indiarubber*) no original. Por "borracha d'Índia quente", Mirrlees se refere, parece, aos pneus de automóveis, cujo número atingiu dezenas de milhares no fim da década. *Poudre de riz* é pó de arroz. "Tabaco argelino" era um dos fumos mais baratos na época.

⁹⁸ vv. 204-7: *Monsieur Jordan ... Mamamouchi*. M. Jourdain é o nome do burguês fidalgo na peça epônima (1670) de Molière. M. Jourdain se fantasia e toma parte numa dança turca com a intenção de se tornar um *Mamamouchi*. Na peça, Covielle, o criado de M. Jourdain, assim explica o termo para o seu patrão, dando asas às aspirações do burguês de se tornar fidalgo: "na nossa língua, [Mamamouchi] quer dizer paladino. Paladino, na antiguidade, era ... ora, paladino. Não há nada de mais nobre no mundo, e vós vos igualareis aos maiores grão-senhores da terra". *Blue and red* [rubro-azul] era a cor do uniforme dos zuavos. *Premier danseur* é "primeiro bailarino". *Ballet Turque* é "balé turco". Para "'*Ya bon!*", veja o comentário ao poema.

⁹⁹ v. 208: *YANKEES ... once* [YANKEES ... um dia]. Muitos norte-americanos ou estavam em Paris para a Conferência de Paz, ou tinham permanecido na cidade depois da guerra. "*and say besides . . .*" ["e diga ainda que em Aleppo um dia . . ."], o trecho entre aspas é uma citação do *Otelo* (1603?) de Shakespeare.

¹⁰⁰ v. 209: *Mardi Gras e Carême Prenant*. Mardi Gras é a Terça-Feira Gorda, último dia de Carnaval, cujos três dias gordos são chamados, coletivamente, de *Carême Prenant*, os últimos dias antes da Quaresma.

¹⁰¹ v. 211: *crape* [crepe]. *Crêpe*s são panquecas (e panquecas são uma comida popular no período que antecede a Quaresma) e *crêpe* é também um tipo de tecido fino (*crape* em inglês), aqui de cor negra, véus de luto.

¹⁰² v. 214: "*Elles se balancent sur les hanches*" [Elas sacodem o quadril

para a frente e para trás]. Uma voz no ar, entreouvida? Neste verso e no anterior, leio mais estereótipos de gênero (e, talvez) etnia, a que Mirrlees, na época pelo menos, não estava tão atenta como hoje estamos.

[103] v. 216: *Assyrian beards* [Barbas assírias]. Os assírios antigos usavam barbas longas, aneladas, cortadas em ângulos retos na base, como se vê, entre outras, em esculturas que retratam Gilgamesh, ou Sedu (a divindade representada por uma figura com cabeça humana, corpo de touro, ou leão, e asas de pássaro).

[104] vv. 220-1: *Ouiouioui ... logique* [Simsimsim, não é interessante? — vale a pena por esse preço./ Queijo não é um prato que faça sentido] (ver v. 37).

[105] vv. 222-4: *A a a a a oui ... Karénine* [A-a-a-a-ah sim, é um garoto encantador./ Acho que toda mulher honesta deve se reconhecer/ em Anna Kariênina]. No romance epônimo (1877) de Tolstói, Anna abandona o marido e o filho para viver com seu amante (ver v. 282).

[106] v. 225: *catalepsy* [catalepsia]. É uma perturbação psicomotriz caracterizada por imobilidade e inércia de todo o corpo, levando a que a pessoa permaneça na posição em que foi colocada. Outros momentos que aludem a, por assim dizer, transe ocorrem nos vv. 20 e 320. *Teuton* [Teutônico] Briggs vê aqui um contraste do silêncio (contrito, derrotado) dos alemães com o ruído de fundo incessante dos parisienses em seus cafés.

[107] vv. 260-2: *There was a ritual fight ... April moon* [Houve uma luta ritualística ... lua de abril]. Briggs lê estes versos como uma variação no confronto entre o caos da vida e a estrutura da arte delineado nos vv. 226-32.

[108] v. 263: *The silence of* la grève [O silêncio de *la grève*]. Para Briggs, Mirrlees faz um trocadilho aqui com a expressão inglesa *the silence of the grave* [o silêncio do túmulo], onde, claro, *la grève* é a greve em curso no Primeiro de Maio de 1919. Briggs nota ainda que *La Grève* é especificamente uma forma de se referir à antiga *place de Grève* (agora, *place de l'Hôtel de Ville*), entre a *rue de Rivoli* e o Sena, onde, na Idade Média, os desempregados convergiam (daí o significado moderno da palavra "greve").

[109] vv. 267-8: *island gardens* [ajardinadas ilhas]. Possivelmente as áreas formadas por canteiros formalmente ajardinados no complexo formado pela *place du Carrousel* e o Jardim das Tulherias.

[110] vv. 269-70: *The Seine ... rain* [O Sena ... chuva]. A partir de Paris, o Sena se torna particularmente sinuoso até sua foz em Le Havre, no Canal da Mancha. Mirrlees parece usar "ruminando" porque, depois de Paris, o Sena atravessa a Normandia, cuja famosa indústria pecuária e de laticínios se as-

senta sobre as terras que o Sena, no seu caminhar para o mar, fertiliza. A preposição *on* [sobre], contudo, induz o sentido de que o Sena pensa, reflete, sobre as ervas daninhas que carrega e a chuva que cai sobre ele.

[111] v. 272: *king-fishers* [martins-pescadores], i.e., *Alcedinidae*. Pequenos pássaros, mergulhadores, azul-brilhantes. A grafia mais comum não usa o hífen. Em parte por isso, penso ser possível que Mirrlees esteja aludindo aqui à figura do Fisher King [Rei Pescador], um personagem no legendário arturiano que Jessie L. Weston viria, no ano seguinte à publicação do poema, associar ao Espírito do Ano (v. 83), o que influenciou profundamente a estrutura e o simbolismo de "The waste land" de T. S. Eliot, conforme ele mesmo relatou.

[112] v. 275: *Poilus* (literalmente, peludos) era o apelido dado aos soldados franceses na Grande Guerra.

[113] v. 275: *wedgwood blue* [azul cerâmico]. A expressão se refere a um azul pastel usado em cerâmica fosca (i.e., *eggshell* [casca de ovo].) que foi popularizada pela firma Josiah Wedgwood and Sons Ltd. na Inglaterra, nas últimas décadas do séc. XVIII. A cor azul aparece em vários pontos do poema: nos operários (v. 161 e v. 325), em Monsieur Jourdain e nos Zuavos (v. 204), nos martins-pescadores (v. 272), nos soldados (v. 275), na Virgem (v. 380) e nos lírios (v. 384). É difícil, porém, concluir que essa recorrência tem um claro intuito simbólico.

[114] v. 275: *bundles Terre de Sienne* [trouxas *Terre de Sienne*]. Terra de Siena é um pigmento marrom, e marrons, de sujas, são as trouxas que os soldados levam consigo.

[115] vv. 278-9: *Rue des Pyramides*. Esta rua era famosa pelo comércio de souvenirs.

[116] vv. 280-5: *Désoeuvrement ... mujik* [*Désoeuvrement* ... mujique]. O termo *désoeuvrement* significa "ociosidade, falta de ocupação", sofrida pelos soldados desmobilizados. Por isso o termo sugere Vronsky, assim como "apreensão" sugere Anna, *les amants fous* no romance *Anna Kariênina*, de Tolstói. Na Parte IV do romance, ambos sonham, ao mesmo tempo, com um mujique (i.e., um camponês russo).

[117] v. 287: *Clio*. A musa grega da história se torna uma pintora francesa que acalma e estanca a tempestade de eventos.

[118] v. 289: *Shadrach, Meshach, and Abednego* [Sidrac, Misac, e Abdênago]. Na Bíblia (Daniel, 3.12-30), Sidrac, Misac e Abdênago, três judeus que se recusaram a cultuar a estátua de ouro que Nabucodonosor erigira, foram, a mando deste, atirados numa fornalha sete vezes mais quente do que o de cos-

tume, mas os três saem dela ilesos e, na arte, se tornam "imóveis e plásticos" (aqui, Mirrlees pode ter tido em mente uma gravura [c. 1570], de Adriaen Thomasz Key, no Louvre, que retrata este episódio).

[119] vv. 290-3: *Manet ... gallery* [*Massacres ... calma*]. A cada um de três pintores famosos (Manet, David e Poussin), a voz sob o poema atribui uma tela imaginária retratando um episódio violento da história da França, e imagina as três, no presente do poema, belas na bela calma de uma sala de museu. Na realidade, Manet não pintou os massacres das *journées de Juin* (i.e., a revolução de 1848), mas, sim, em duas litografias, o massacre da Comuna em 1871. Jacques-Louis David (1748-1825) não retratou a tomada da Bastilha (14 de julho de 1789, nos primeiros dias da Revolução Francesa) nem Nicolas Poussin (1594-1665) as guerras civis conhecidas coletivamente como Frondas (1649-1652).

[120] v. 295: *les Galeries Lafayette, le Bon Marché, la Samaritaine*. Eram, e ainda são, três grandes lojas de departamentos em Paris.

[121] v. 297: *Waxen ... veils* [*Pandoras ... brancos*]. Nas suas notas ao poema, Mirrlees observa que, durante a Quaresma, as vitrines das lojas de departamentos exibiam manequins de cera anunciando trajes para a Primeira Comunhão. Nestes versos, a voz sob o poema vê as belas roupas, os véus brancos e os laços, como "isca", para encorajar as meninas a comprá-las e tomar parte na cerimônia.

[122] vv. 298-300: *Catéchisme ... Rose*. É o título de uma obra, em oito tomos, de Jean-Joseph Gaume (1802-1879) dirigida às crianças e jovens numa tentativa de contar a história universal expurgando-a do paganismo. Os decretos dos *Seven Œcumenical Councils* [Sete Concílios Ecumênicos] (que vão do primeiro, o Concílio de Niceia I em 325 d.C., ao sétimo, o Concílio de Niceia II em 787 d.C.) deram forma definitiva às doutrinas centrais do Cristianismo; *format*, aqui, parece querer dizer "tamanho", no sentido de uma redução, uma vulgarização. *Bibliothèque Rose*: criada pela Hachette em 1856, e dirigida a crianças de seis a doze anos, existe ainda e continua a crescer.

[123] vv. 301-2: *Première Communion ... bait* [Primeira Comunhão ... isca]. Ver nota ao v. 297.

[124] v. 303: *Petits Lycéens*. São crianças na idade de frequentar uma escola de ensino médio.

[125] v. 304: *Por-no-gra-phie*. Sílaba a sílaba, talvez porque pronunciado para crianças, numa aula, talvez com veemência, como se numa repreensão.

[126] v. 305: *pigmy brides* [noivinhas pigmeias]. São as novas comungantes, vistas como noivas de Cristo. Briggs nota que "pigmeu", em grego, também

denota uma medida equivalente à distância do cotovelo às juntas dos dedos, antecipando a imagística canibalesca que se segue (*teknophagiai*, o devorar de crianças, é discutido em *Themis: A study of the social origins of Greek religion* [Harrison, 1912, pp. 248-9]).

[127] vv. 306-7: *Little ... JEW* [São Huguinho ... JUDEU]. Existe um São Hugo de Lincoln, mas "São Huguinho" (de Lincoln) é apenas uma expressão de afeto e compaixão: o menino a que se refere não foi canonizado. A voz sob o poema sugere que, ao comer o corpo de Cristo (um judeu) na primeira comunhão, as crianças "vingam" o "assassinato" de "São Huguinho".

[128] v. 308: *PHOTO MIDGET* [FOTO ANÃO]. Não é muito claro a que o verso alude. Briggs especula, talvez seja o nome de um estúdio fotográfico em Paris, ou um espetáculo (erótico?) visto através de um buraco numa parede ou cortina.

[129] v. 312: *Périgord*. É uma região rural no sudoeste da França, parte da viagem pelas províncias que o poema faz.

[130] v. 313: *Louvre ... Ville*. O Ritz é um hotel situado na *place Vendôme*; o Palais-Royal fica defronte ao Louvre; o Hôtel de Ville é a *Mairie* [Prefeitura] de Paris, e fica a leste do Louvre na *rue de Rivoli* (ver nota ao v. 263).

[131] vv. 316-7: *junketing ... dominoes* [folias ... dominós]. O termo *junketing* significa "festança", "festividade", "comemoração" (às vezes com uma conotação negativa, p.e., de exploração de dinheiro público). Máscaras e dominós são vestimentas de carnaval (o dominó é uma túnica com capuz e mangas para disfarce, que se vestia mascarado, p.e., no carnaval de Veneza).

[132] v. 318: *A l'occasion du marriage de Monseigneur le Dauphin* [Por ocasião do casamento do Senhor Delfim]. Este delfim viria a ser o rei Luís XVI, seu casamento foi com Maria Antonieta. Briggs nota que "durante essas comemorações (30-31 de maio de 1770), fogos de artifício provocaram um pânico em massa em que centenas de pessoas foram ou esmagadas ou empurradas para dentro do Sena".

[133] vv. 319-21: *From the top floor ... Beaune* [Do último andar ... Beaune]. Mirrlees morava no Hôtel de l'Elysée na *rue de Beaune* quando escreveu o poema. Briggs observa que o Hôtel de l'Elysée era um hotel tanto no sentido moderno quanto no antigo (i.e., o de uma mansão urbana pertencente a uma família da aristocracia rural) e pertenceu à famosa *salonnière* Madame du Deffand (1696-1780).

[134] v. 322: *liturgically* [liturgicamente]. Este advérbio talvez por seus anúncios serem enunciados repetitivamente como um cantochão.

[135] v. 324: *Triptolemos* [Triptólemo]. Numa das versões do mito, Celeu,

rei de Elêusis, recebeu Deméter, deusa da agricultura e das colheitas, quando ela vagava à procura de Perséfone, sua filha, que tinha sido raptada por Hades, o deus do mundo subterrâneo. Grata a Celeu, Deméter aceitou cuidar de seus dois filhos, Triptólemo e Demofoonte. Ao ver que Triptólemo estava fraco e doente, a deusa o amamentou, ao que o bebê não só se curou e recuperou seu vigor, mas se tornou instantaneamente adulto. Deméter ensinou a arte da agricultura a Triptólemo e lhe deu uma carruagem de dragões alados com a qual ele espalhou as sementes do trigo pela Grécia. A baguette parisiense mal embrulhada em um pedaço de papel que as "mulheres sem chapéu sob xales negros" carregam (v. 323) lembra à voz sob o poema o Triptólemo bebê envolto em "cueiros" nos braços de Deméter.

[136] vv. 325-6: *Workmen ... vegetables* [Operários ... verduras]. "Operários em pálido azul" porque vestem macacões de denim. Os "carrinhos de mão" pertencem aos vendedores de rua, exibindo suas mercadorias.

[137] vv. 331-3: *The lost romance ... Ovid ... Fairyland* [A romança perdida ... Ovídio ... País das Fadas]. Ovídio (43 a.C.-17 d.C.), o poeta latino, foi exilado para Tômis (hoje Constança, na Romênia, às margens do Mar Negro) por Otaviano Augusto (63 a.C.-14 d.C.), o primeiro imperador. A "romança perdida" é imaginada pelo poema como tendo inspirado pintores italianos. Durante a Idade Média, havia uma crença popular de que Ovídio era um mago capaz de façanhas sobre-humanas, donde, talvez, País das Fadas.

[138] v. 335: *guild-secret* [segredo-chave]. É difícil transplantar a expressão sem destruir a música. *Guild* alude às antigas corporações de artesãos e profissionais que controlavam a afiliação aos candidatos a praticar certo ofício (p.e., pintura, ourivesaria, etc.). *Guild-secret* se refere ao conhecimento compartilhado pelos membros da corporação, mas ocultos a quem não pertence a ela. Donde "segredo-chave", para incluir o sentido de senha no de um conhecimento exclusivo e excludente.

[139] vv. 339-41: *Ile Saint-Louis ... dying* [Ile Saint-Louis ... morrendo, requintadamente]. Os três lugares citados nestes versos são famosos pontos de referência na Paris do séc. XVII, a norte e a leste, que, em 1919, estavam num estado de relativo abandono, donde "morrendo, requintadamente".

[140] v. 342: *Husssh* [Ssssh]. Um pedido que todos se calem. O fragmento musical é da ária "Lascia ch'io pianga", da ópera *Rinaldo* (1711) de G. F. Händel (1685-1759): "Deixa-me chorar pelo meu destino cruel, deixa-me suspirar por minha liberdade", talvez fechando a referência a Ovídio com uma alusão à sua infelicidade no exílio.

[141] vv. 346-7: *In the parish ... Deux Anges* [Na paróquia ... Anges]. A

Igreja de Santo Tomás de Aquino (iniciada em 1688, terminada em 1755) fica na *place Saint-Thomas-d'Aquin*, entre a *rue du Bac* e o *bd Saint-Germain*, e, portanto, perto do extremo sul da *rue de Beaune*. O *impasse des Deux Anges* [literalmente, "beco-sem-saída dos Dois Anjos"] fica perto da igreja.

[142] v. 353: *Sebastopol*. É um porto no Mar Negro. Na Guerra da Crimeia, foi sitiado e, em 1856, tomado dos russos pela aliança anglo-francesa, com uma participação importante dos zuavos (v. 3, v. 204).

[143] vv. 354-7: *MOLIERE ... 1673*. A placa fica no *40 rue de Richelieu*, na *rive droite*, ao norte do Louvre (ver v. 153, v. 204).

[144] vv. 358-61: *VOLTAIRE ... 1778*. Voltaire (1694-1778) morreu num prédio que faz esquina com a *rue de Beaune* e é, de certo modo, adjacente àquele em que Mirrlees morava. A placa fica no *27 quai Voltaire* (desde 1644 a rua tinha tido o nome de *quai des Théatins*, mas em 1798, treze anos depois da morte de Voltaire, ganhou em homenagem o nome deste).

[145] vv. 362-5: *CHATEAUBRIAND ... 1848*. A placa fica no *120 rue du Bac*. Mme Récamier (ver vv. 64-5), já cega, velando-o.

[146] v. 367: *paradise* [paraíso]. Briggs vê em *Paradise*, no original, um quase-anagrama (talvez uma palavra-valise?) amalgamando *Paris* e *dies* ["Paris" e "morre"].

[147] v. 368: *Champs Elysées*. É o nome da famosa avenida, mas, justaposta a "paraíso", é mais literalmente uma referência aos "Campos Elísios" que, na literatura clássica, era a parte do mundo subterrâneo dos mortos que correspondia a um paraíso, por contraste com o Tártaro, que correspondia ao inferno. A ideia é a de que, se os mortos famosos transbordam os cemitérios de Paris, os Campos Elísios estão prontos para acolhê-los.

[148] vv. 369-73: *Sainte-Beuve ... Victor-Hugo ... Pont-Neuf ... duc de la Rochefoucauld ... Madame de Lafayette*. Charles Sainte-Beuve (1804-1869) foi talvez o mais influente crítico francês do séc. XIX. Victor Hugo (1802-1885) foi o gigante literário de sua época. Sainte-Beuve foi por muitos anos amante de Adèle (1803-1968), mulher de Hugo. A *Pont Neuf* ("Ponte Nova"), completada em 1604, é hoje a ponte mais antiga sobre o Sena. O duc de la Rochefoucauld (1613-1690) é o autor das *Máximas* (1664) e foi amigo íntimo de Madame de Lafayette (1634-1693), a autora de *La Princesse de Cléves* (1678) e anfitriã de um *salon* literário importante.

[149] v. 372: *salon d'automne*. O *salon* literário de Mme de Lafayette parece induzir uma alusão anacrônica, já que o *salon d'automne* foi criado, em 1903, por um grupo de artistas (entre eles os pós-impressionistas do grupo conhecido como *Les Nabis*, do qual eram membros, entre outros, Félix Vallot-

ton, Pierre Bonnard e Édouard Vuillard) e existe até hoje. Foi uma reação ao conservadorismo do *Salon (de Paris)*, o oficial, que existia desde 1667, aberto ao público no verão. Desde o início, o *salon d'automne* teve imenso apoio da ponta de lança da pintura francesa, tendo sido importante em trazer a público movimentos como o fauvismo e o cubismo.

[150] v. 375: *Il fait lourd* [Está quente, úmido]. Literalmente, "pesado", "opressivo"; cf., "Progresso duro doce", ver v. 311).

[151] v. 377: *Benediction ... Notre-Dame-des-Champs* [Bênção ... Notre-Dame-des-Champs]. A Bênção do Santíssimo é uma cerimônia católica. *Notre-Dame-des-Champs* ("Nossa Senhora dos Campos") é uma das igrejas mais antigas de Paris; originalmente situada nos campos de Montparnasse, foi reconstruída em 1876. A estação do metrô com este nome fica ao sul da *rue du Bac* na linha *Nord-Sud*, entre Port-Royal (ver v. 439) e o jardim das freiras, i.e., as Irmãs de Caridade de São Vicente de Paula, na *rue de Babylone*, atualmente o *Jardin Catherine-Labouré*.

[152] v. 382: *Holy Ghost* [Espírito Santo]. É tradicionalmente representado por uma pomba na iconografia cristã. Briggs nota uma alusão a (Cocteau, 1967), p. 41, onde se lê *Dieu roucoule ao sommet des arbres* [Deus arrulha no alto das árvores]. O poema menciona quatro espíritos: o da França (v. 38), do Ano (v. 83), de Deus (v. 219) e o Santo, cristão, aqui.

[153] v. 383: *Seven ... box* [Sete Estações da Cruz ... buxo]. O verso refere-se a uma metade das quatorze estações rituais da Sexta-Feira da Paixão. Na verdade, as imagens em Notre-Dame-des-Champs não são gravadas como sugere Mirrlees (nem esculpidas, como afirma na reescrita destes versos para a republicação do poema em 1973). São, na realidade, *grisailles* sobre cobre esmaltado. *Grisailles* são pinturas monocromáticas, em geral em tons de cinza, muito usadas para induzir uma ideia de relevo apesar da superfície bidimensional em que a imagem é pintada. Briggs nota que ramos de buxo decoram as igrejas durante a semana da Páscoa.

[154] v. 386: *Jap* [japa]. O japonês convertido é o pintor Tsuguharu Foujita (1886-1968). Na verdade, Foujita só se converteu ao catolicismo formalmente décadas depois, mas sua inclinação religiosa é bem atestada desde os seus primeiros tempos em Paris.

[155] vv. 387-9: *troubadour .. sins* [trovador ... veniais]. A poesia provençal é marcada pelo que veio a se chamar de "amor cortês", i.e., um culto obsessivo e submisso a uma dama, uma amada, impossivelmente ideal. É comum ver no amor cortês a versão profana do culto à Virgem Maria. A palavra "venial" quer dizer "digno e suscetível de perdão". Por isso, no catecismo católico, "pe-

cados veniais", sendo perdoáveis, são menos sérios que os pecados capitais (ver v. 120, vv. 426-7).

[156] vv. 392-3: *La Liberté La Presse!* [literalmente, *A Liberdade A Imprensa*!]. Ambos eram jornais vespertinos da época. Os jornaleiros na rua anunciam as novas edições.

[157] v. 394: *Petit-Palais*. É um pavilhão construído para a Exposição Mundial de 1900 que hoje abriga o Museu de Belas-Artes da Cidade de Paris. Fica perto, a oeste, da *place de la Concorde*. Do alto do prédio onde Mirrlees morava na *rue de Beaune* talvez fosse possível vê-lo à distância.

[158] vv. 397-400: *The sky ... black* [O sol ... negras]. Fiacres eram carruagens de aluguel, leves, com quatro rodas, e puxadas por cavalos. Ao observar a fruta-cor do sol, esta passagem ecoa os vv. 390-1.

[159] v. 399: *Pont Solférino*. A *pont de* (ou *passerelle*) *Solférino* foi inaugurada em 1861. Em 1961 foi demolida e substituída. Esta segunda construção, por sua vez, foi demolida em 1992. A estrutura hoje existente foi construída entre 1997 e 1999 e renomeada *passerelle Léopold-Sédar-Senghor* em 2006. Como no caso do Petit Palais (v. 394), talvez fosse possível para Mirrlees ver as figuras na velha *pont de Solférino*, em silhueta, parecendo mosquitos na contraluz do entardecer.

[160] v. 404: *Louis-Philippe*. Foi o monarca francês desde o fim da Restauração Bourbon em 1830 até ser deposto na revolução de 1848. Segundo Briggs, foi "uma época em que retratos em silhueta, cortados em papel negro, estavam na moda".

[161] vv. 405-6: *All down ... boxes* [Nos Quais ... verdes]. Coletivamente, "Quais" é o nome dado às ruas que seguem o curso do Sena, marginando-o. Desde (legalmente) 1859, buquinistas podem manter fixas as caixas pintadas de verde (onde guardam, expõem e vendem livros usados) que, à noite, trancam com cadeados. Os buquinistas ocupam três quilômetros de extensão ao longo do Sena, e o conjunto é oficialmente tombado como patrimônio cultural da humanidade.

[162] v. 407: *VIIme arrondissement*. Paris tem vinte *arrondissements* (i.e., distritos administrativos). O *VIIème* fica ao sul do rio Sena e inclui a *rue de Beaune*. O *Faubourg Saint-Germain*, desde o séc. XVIII a região preferida pela aristocracia francesa para construir suas mansões urbanas, está contido no *VIIème*.

[163] v. 413: *ramparts of the Louvre* [taludes do Louvre]. Taludes, no caso, eram monturos construídos para fins de defesa. Foi Philippe II, conhecido por Philippe Auguste (1165-1223), quem construiu o primeiro Louvre, como uma

fortaleza. Ao longo do tempo, foi perdendo sua função defensiva e se transformando na residência dos reis da França, oficialmente desde Francisco I, no séc. XVI.

[164] v. 422: *an English padre ... Moulin Rouge* [Um capelão inglês ... Moulin Rouge]. Em inglês, a palavra "padre" tem o significado genérico de "sacerdote católico" (e não alude, mais especificamente, a nenhum dos seus diferentes tipos). O Moulin Rouge [Moinho Vermelho] é (e era) um cabaré famoso de Paris no *boulevard de Clichy*, em Montmartre.

[165] vv. 423-4: *Crotchets .... syncopation* [Semínimas ... obscena]. A voz sob o poema vê as notas na partitura musical sob o estereótipo redutor de negros dançando em contorções sincopadas ("síncope" é a aceleração ou retardamento expressivos do compasso musical regular, como praticado no jazz).

[166] v. 425: *Toutes ... allumette*. "Todas as cartas (ou mapas?) trabalham com (ou andam com, ou saem com?) um palito de fósforo", mas o que está por trás deste verso (repetido mais adiante) é obscuro (ver o comentário ao poema).

[167] vv. 426-7: *A hundred ... Masque of the Seven Deadly Sins ... astigmatism* [Cem lentes ... americano]. Cinquenta pessoas que usam óculos para correção do "astigmatismo" (um defeito de visão que impede o foco). Mirrlees pode estar criticando o choque cultural dos americanos em Montmartre. *A Mascarada dos Sete Pecados Capitais* (ver v. 120), mesclando religiosidade e profanidade, pode ser o que provoca um tal choque.

[168] v. 431: *DAWN* [AURORA]. A palavra age como um marco temporal, anunciando que o poema começa a terminar com o raiar do dia.

[169] v. 432: *Verlaine ... Alchemy* [Verlaine ... Alquimia]. Num assomo de paixão lendária, Paul Verlaine (1844-1896) se apaixonou por Arthur Rimbaud (1854-1891), cujo longo poema em prosa, "Uma temporada no inferno" (1873), tem uma seção intitulada "Alquimia do Verbo". Segundo Briggs, alquimia, a transformação de metais inferiores em ouro, é também uma imagem para o nascer da manhã.

[170] v. 433: *Absynthe* [Absynto]. É uma bebida destilada, verde, muito poderosa, feita da losna, da qual Verlaine era dependente. (O *y*, na tradução, é inusitado no original também.)

[171] v. 434: *Algerian tobacco* [Tabaco argelino]. Era usado para enrolar cigarros e baseados baratos (v. 3, v. 203).

[172] v. 437: *President of the Republic* [Presidente da República]. O presidente da França entre 1913 e 1920 foi Raymond Poincaré.

[173] v. 439: *Abbaye of Port-Royal*. Esta abadia em Paris foi fundada na

segunda metade do séc. XVI, ao sul do Sena. Desde 1814, uma maternidade tem estado ativa nos seus prédios.

[174] vv. 440-1: *le Crime et le Châtiment* [O Crime e o Castigo]. À primeira vista a alusão parece ser inequivocamente ao romance de Dostoiévski, mas Briggs tem dúvidas que assim expressa: "O verso sugere a pintura *Le Crime et le Châtiment* (c. 1909) de Duncan Grant, especialmente porque o romance de Dostoiévski era comumente traduzido *Crime e Châtiment* [sem os artigos definidos que Mirrlees usa]. Hope Mirrlees conhecia Grant e poderia saber que a pintura mostrava Marjorie Strachey lendo aquele romance".

[175] v. 443: *les Halles*. Era o principal mercado de alimentos em Paris. Em 1919 ainda tinha a extensão e aparência de sua reconstrução em vidro e ferro batido levada a cabo em 1866. Inspirou o título e serviu de cenário ao romance *O ventre de Paris* (1873), de Émile Zola. As atividades do mercado foram transferidas para fora do centro de Paris e os prédios foram demolidos em 1971.

[176] v. 445: *JE VOUS ... GRACE* [Ave, Paris, cheia de graça]. Um eco, e trocadilho, com a abertura da *Ave Maria*, que na versão francesa é "*Je vous salue Marie, pleine de grâce*" (ver a dedicatória do poema [Cocteau, 1967, p. 144]: "*Je vous salue pleine de grace ... O sainte mére*").

[177] O poema termina com uma arte ASCII *avant la lettre*: a constelação da Ursa Maior. ASCII (pronunciado "asque") é o acrônimo do nome, em inglês, do código padrão usado para intercâmbio de dados pela maioria dos computadores até a década de 1990: o American Standard Code for Information Interchange). Arte ASCII é uma forma de expressão artística que constrói imagens usando apenas os caracteres disponíveis naquele padrão. Artistas nesta vertente técnica muitas vezes constrangem mais ainda os meios de que podem lançar mão e usam somente os caracteres disponíveis numa máquina de escrever, que é, mais propriamente, o que Mirrlees antecipa aqui.

[178] *Spring 1919* [primavera 1919]. Na edição original da Hogarth Press, a data foi erroneamente impressa como "1916". Virginia Woolf teve que corrigir à mão a maioria das cópias mudando o "6" para "9". Na verdade, a edição só foi dada a público em março de 1920.

Sobre a tradução

v. 25: *ride round and round* [rindo, rodam e rodam]. O termo *ride*, aqui, significa "cavalgar", mas a aliteração me leva a imaginar que riam ao rodar.

v. 31: *Fear not* [Medo não tenha]. Uso a inversão sintática aqui numa tentativa de emular a mudança de registro que a inversão na expressão original sinaliza (a forma mais coloquial seria *Do not fear*).

vv. 41-2: *exquisite ... plastic* [esquisitos ... plásticos]. Mirrlees engenhosamente usa termos que são falsos cognatos entre o francês e o inglês: *exquisite* (fr. *exquis*); *significant* (fr. *significatif*); *fade*, um verbo em inglês, um adjetivo em francês com o sentido de "sem sabor" ou "insípido"; *plastic* (fr. *plastique*), "maleável", "moldado", "fluido", frequentemente aplicado a escultura ou às artes visuais, e uma palavra favorita de Mirrlees (ver v. 112, v. 289, e seu romance *Madeleine*, vii). Por isso, em vez de procurar correspondentes semânticos aos termos em inglês, a tradução busca cognatos em português (não recusando falsos amigos) dos termos em francês. Assim, *exquis — exquisite —* "esquisitos" (quando semanticamente se traduziria por algo como "refinados", "requintados"), *significatif — significant —* "significativos", *fade — fade —* "fadados" (onde o francês se traduziria por "insípido", e onde, no inglês, o termo, neste sentido, caiu em desuso na metade do século XIX; o sentido corrente é de um verbo, algo como "desvanecer", por isso, no português, uso outro falso amigo, emulando a mudança de categoria gramatical do inglês, mas aqui, melhor seria, não fosse a intenção de manter os cognatos, traduzir por "evanescentes", para sugerir o efeito da distância, assim como numa miragem), e, por fim, *plastique — plastic —* "plásticos".

v. 44: *Long long* [Longa longa]. E não, como talvez fosse de se esperar, *Tall tall* [Alta alta].

v. 56: *Square* [Sóbrio]. O sentido literal é "quadrado", mas com conotações de "preciso", "exato", "direto", "honesto". Uso "sóbrio" porque preserva a aliteração.

v. 164: *learned* [amestrada]. O sentido mais comum é "erudita", o de "amestrada" é mais raro.

v. 172: *Wingèd* [Aladas]. Com o acento grave no original, Mirrlees marca que a palavra, normalmente um monossílabo, deve ser pronunciada como um dissílabo. Este simples fato, penso, denota que, para Mirrlees, a versificação do poema é libérrima, mas não inexistente. Ou pode ser mais um caso de fina ironia. A tradução, como um todo, assume que o original não é metrificado.

v. 206: *'Ya bon!* Essa expressão tem uma conotação racista e colonialista. Corresponde, talvez, a 'É bão!' em português, quando usado com intuito pejorativo e preconceituoso. Veja o comentário ao poema para mais detalhes sobre o contexto e a história da expressão original.

v. 218: *tart* [audaz]. O significado literal é de "azeda", "ácida". *Tart* é uma dessas palavras com campo semântico amplo. Aqui, se aceitamos a interpretação de Briggs, sugere algo como "audaz", "corajosa", "indômita".

v. 219: *perches* [cumes]. O significado prosaico é "poleiro" e, em sentido figurado, "posição privilegiada, proeminente". Contudo, parece-me que, aqui, o significado é o de "posição elevada, superior".

v. 262: *wicked* [malévola]. Esta é outra palavra com conotações que se ramificam; aqui, Mirrlees pode ter tido "imoral", talvez, em mente.

v. 265: *melting* [desnovela]. O sentido original é "derrete", mas a aliteração do original me força a outra metáfora.

v. 273: *two dimensional* [bi dimensional]. Em inglês é costumeiro usar o hífen aqui. Como Mirrlees não o faz, transgrido a ortografia na tradução para simular o mesmo efeito. Note que aqui o sentido pode bem ser figurado: "sem profundidade", "superficial".

v. 296: *Hold* [Piscam]. O significado literal é "contêm", ou talvez "exibem". Uso uma fantasia metafórica para que a aliteração não se esvaia.

v. 309: *Heigh ho!* [Eu vou!]. O canto/chamada *Heigh ho* é de origem náutica, os marinheiros usavam-na para dar ritmo e coordenar o movimento de puxar, arrastar, alçar velas. Usada na língua corrente, funciona como uma preposição expressando desânimo, desapontamento, ou então surpresa, e mesmo surpresa bem-vinda. É difícil discernir a intenção de Mirrlees aqui. Na cultura brasileira, é talvez mais bem conhecido pela versão que lhe foi dada no desenho animado *Branca de Neve e os Sete Anões* (1937) de Walt Disney, e que uso aqui (ainda que isso caracterize um anacronismo).

v. 315: *plaster* [palha]. O termo significa "gesso", mas a aliteração se perderia na tradução literal. A palavra "palha" é semanticamente menos apropriada, mas preserva, pelo menos, um pouco da conotação de transitoriedade, precariedade do original.

v. 322: *Hawkers* [Camelôs]. A palavra "camelô" é atestada a partir de 1917. Uso-a como exemplo para alertar os leitores sobre uma preocupação importante a que, contudo, não aderi com rigor, i.e., a de manter o léxico do texto traduzido cronologicamente consistente com o do original.

v. 331: *romance* [romança]. Em inglês, é mais uma palavra com conotações que são difíceis de corresponder com uma única palavra em português. Uso "romança" — termo que designa um gênero de poesia medieval que narra feitos e aventuras heroicas, muitas vezes com um toque de fantástico — porque a alusão aqui é à imagem de Ovídio como mago, ocultista, que se desenvolveu nos séculos seguintes à dissolução do Império Romano.

v. 371: *superbly* [esplendidamente]. Pode ser que a intenção se traduziria melhor por "altivamente", "desdenhosamente", "cheia de soberba".

v. 371: *leisuerly* [despreocupado]. A primeira edição erra na ortografia e Parmar, seguindo Briggs, edita para a forma dicionarizada, *leisurely*, assumindo um erro dos compositores, o que acho provável, considerando que houve outros erros que Virginia e Leonard Woolf, tipógrafos novatos, corrigiram. Este pode ter escapado aos Woolfs, mas pode também, em vez, ser uma ousadia intencional, de cunho sarcástico, de Mirrlees. Prefiro manter. Note, ainda, a perda que a tradução incorre em não usar dois advérbios em *-mente* consecutivamente.

v. 374: *cannot see* [não consegue ver]. Uma interpretação possível é não dar importância semântica ao verbo *can*, nesse verso, e lê-lo como afirmando que "Não se veem", i.e., sem a força do modal *can*.

v. 378: *droning* [Zum be]. O uso de "droning" se refere ao murmúrio baixo, grave, de vozes rezando na igreja. Neste contexto, me parece que Mirrlees usa o termo pelo seu caráter onomatopaico, conotando um som monocórdio, monótono, que induz ao sono. Não consegui replicá-lo sem apelar para uma onomatopeia explícita, construída com a fragmentação da palavra "zumbe" (que evito usar intacta para não sugerir conotações indesejadas, por exemplo, da presença de insetos na igreja).

v. 379: *The Virgin sits in her garden* [A Virgem sentada em seu jardim]. Aqui, *sits* pode simplesmente significar "está". Porém, penso que Mirrlees quis uma imagem mais viva e específica da Virgem sentada. Meu instinto é que ela alude à iconografia centrada na Virgem, p.e., às Madonas das várias Renascenças — italiana e flamenga, principalmente — onde a Virgem tão frequentemente aparece sentada.

vv. 380-1: *blue ... Paul* [azul ... Paula]. No jardim do convento, a Virgem usa o "véu de linho alado" usados pelas Filhas de Caridade de São Vicente de Paula (minha versão é, assim, uma tentativa, desajeitada, de denotar a *cornette*, a peça de linho engomado com que elas cobriam a cabeça e cujas abas laterais parecem asas, embora, o nome indica, na origem denotassem "cornos").

v. 390: *sunset-sky* [pôr-do-céu]. Um exemplo de expressão adjetival, por composição, que o inglês admite naturalmente, mas que são difíceis de corresponder no português. Assim criei uma, um pouco trocadilhesca, para preservar um pouco do frescor da linguagem de Mirrlees aqui.

v. 391: *plums* [nêsperas]. O termo significa "ameixas", mas a aliteração se perderia, por isso uso "nêspera".

v. 402: *tippeted pelisse* [peliça]. *Pelisse*, por definição, é um sobretudo com colarinho de peles (p.e., arminho). Assim, o adjetivo *tippeted* (de *tippet*, uma peça de vestuário, geralmente de pele ou lã, que cobre os ombros, ou o pescoço e ombros) parece redundante.

v. 410: *Hyperbórean* [hiperborea]. A palavra "hiperborea" significa "no extremo norte". O original exibe um acento agudo espúrio, talvez forçando a pronúncia como paroxítona. Elimino o legítimo acento na tradução, para corresponder à microturbulência.

v. 412: *hoot* [buzina]. Em inglês, o verbo *to hoot* significa "piar", mas também "buzinar", e assim seu uso aqui é uma polissemia não tanto um símile, e prefiro o sentido mais, digamos, modernista.

v. 421: *whores* [prostitutas]. O termo que uso talvez não seja forte o bastante, mas é difícil inferir a intensidade com que Mirrlees usa a palavra *whores* aqui.

v. 421: *their meat* [sua carne]. Com esta expressão, talvez Mirrlees queira que as prostitutas vejam, simbolicamente, o desejo carnal dos seus clientes.

vv. 423-4: *Crotchets .... syncopation* [Semínimas ... obscena]. Estes dois versos refletem a (talvez compreensível, mas hoje intolerável, e, para alguns, imperdoável) falta de consciência, característica dessa época histórica, que leva a ideias racistas veiculadas por expressões escandalosamente ofensivas. O termo empregado no original é hoje universalmente repudiado. Era outro o universo ético-cultural em 1919, uns poucos anos antes de Josephine Baker e seu saiote de falsas bananas. Na republicação do poema que Mirrlees autorizou em 1973, ela usa *Negroes*. Eu uso a expressão "cabeça de negro" (e aqui aludo ao termo informal que se usa, em certas regiões do Brasil, para bombinhas, muito usadas em festas juninas, e também conhecidas como "cabeção de nego") porque me parece preservar um certo desconforto ético-cultural sem ser tão ofensiva quanto a versão original de 1919.

vv. 428-9: *I dont ... gurls ... women* [Num gósto ... minina ... mulheres]. Mirrlees sugere que esta fala vem de alguém um tanto vulgar, além do (possivelmente deplorável para ela) sotaque americano. Assim traduzo *dont* por "num" em vez de "não" (onde leio a ausência da apóstrofe como sendo intencional). Não consegui uma solução que equivalesse à distorção de *gurls* em vez de *girls* ["garotas"], que sinaliza a pronúncia americana. Decidi por "minina" porque é um termo usado para prostitutas e a forma singular, onde a concordância pede o plural, sugere um quê de transgressão. Não é uma solução satisfatória, contudo. Insatisfatório também é que, *love*, simplesmente *love*, no original, seja aqui tão difícil de fisgar: "amam"? "fazem amor com"? entre o tímido demais e o demasiado audaz, usei "gosta de" (novamente transgredindo plural em singular).

v. 439: *babies* [nenês]. Aqui, minha solução talvez esteja no registro errado, mas preserva a aliteração.

"*Algo belo — terrível — gigante*":
um comentário a "Paris: um poema"

Segundo Hope Mirrlees, Jane Harrison lhe disse "ter aprendido muito, com a postura com que [ela, Hope] atacava uma civilização como um todo, em vez de apenas uma sua parte".[1] "Paris: um poema" é um tal ataque. Entenda-se por "ataque", por um lado, uma crítica frontal, uma repreensão tão mais radical quanto mais impessoal. Aqui, por alvo, a poética pré-modernista, mas também o modo modernista que predominava na poesia em inglês na época, aquele que Pound e Eliot instigavam. Por outro lado, entenda-se também por "ataque" uma investida enérgica e planejada com vistas a dissecar e revelar o que uma questão ou problema mantém oculto sob sua superfície, que é só o que nos revela. Aqui, por alvo, a civilização europeia no fim da Grande Guerra de 1914-1918. Neste comentário, meu objetivo é ressaltar estratégias e procedimentos com os quais, com grande audácia formal, e fina, afiada inteligência, Mirrlees constrói um poema que se constitui num instrumento de ataque, nos sentidos que acabo de descrever.[2]

Formalmente radical ao recombinar sintaxe/montagem e parataxe/colagem, "Paris: um poema" emerge de fragmentos de sensação e inte-

---

[1] *Collected poems* (Mirrlees, 2011, p. xvii).

[2] Assim como as minhas notas ao poema, este meu comentário deve muito ao pioneiro e magistral comentário de Julia Briggs (2007b). Nele, ela elucida em detalhe a maioria das referências culturais, tanto clássicas, ou enciclopédicas, quanto as contemporâneas, bem mais fugazes. Indo além, não só traduz as expressões que Mirrlees mantém em francês no original, mas propõe interpretações valiosas do tecido temático do poema. O comentário deve também à introdução de Sandeep Parmar a *Collected poems* (Mirrlees, 2011). No sentido em que, trazidos à luz, os comentários de Briggs e de Parmar passam a constituir todo um plano de conhecimento que qualquer estudo posterior de Mirrlees não pode senão tomar como base, nem aqui nem nas minhas notas assinalo o meu débito caso a caso. Em vez, registro-o aqui em termos gerais para que não reste nenhuma dúvida quão significativo é o meu débito ao trabalho de ambas.

lecção provocados por uma *flânerie*, uma *dérive*, por Paris num dia de maio de 1919, como um grande poema-longo do Modernismo.

Margaret MacMillan descreve vividamente o cenário que se descortina à voz sob o poema, que neste comentário assumo ser a voz de Mirrlees, ainda que de modo bastante tênue:

> Os sinais da guerra que acabara há pouco estavam por toda parte: os refugiados das regiões devastadas ao norte; os canhões alemães capturados na Place de la Concorde e na Champs-Elysées; as pilhas de destroços e as janelas lacradas com tábuas onde as bombas alemãs tinham caído. Uma cratera escancarada marcava o jardim de rosas das Tuilleries. Ao longo dos Grandes Bulevares, entre as castanheiras enfileiradas havia lacunas, das árvores que tinham sido cortadas para servir de lenha. As grandes janelas da catedral de Notre-Dame estavam sem seus vitrais, que tinham sido retirados e armazenados para sua segurança; em seu lugar, pálidos painéis amarelos molhavam o interior com uma luz tépida. Havia uma escassez severa de carvão e leite e pão.
>
> A sociedade francesa carregava cicatrizes também. Embora as bandeiras da vitória tremulassem nos postes e janelas, homens sem um ou mais membros e, tendo recebido baixa, soldados em seus uniformes puídos mendigavam uns trocados nas esquinas das ruas; quase todas as mulheres vestiam luto. A imprensa de esquerda clamava por revolução; a de direita, por repressão. Greves e protestos vinham um atrás do outro. As ruas naquele inverno e primavera tinham estado repletas devido a demonstrações de homens e mulheres, vestidos com o costumeiro azul dos trabalhadores franceses, e das contrademonstrações das classes médias.[3]

Paris, nossa senhora

O poema começa com o que parece uma dedicatória da voz sob o poema, mas que sugere também, como observa Julia Briggs, uma placa de devoção a Nossa Senhora de Paris, talvez afixada na grande catedral

---

[3] *Paris 1919: Six months that changed the world* (MacMillan, 2019, pp. 26-7).

dedicada a ela na Île de la Cité, o que poderia marcar um agradecimento público e impessoal internalizado no poema.

Um grito lançado no ar

O v. 1 usa um termo, "holófrase", que era caro a Jane Harrison devido aos seus pioneiros estudos das origens da religião na Grécia.[4] Penso que, aqui, a palavra pode ser lida como anunciando que forma tomará o poema que se descortina. Nesta interpretação, o poema como um todo *é* a holófrase ansiada, elaborado como um gesto concreto de gratidão de Mirrlees à cidade que, segundo Jane Harrison, era *the end of her soul* (Mirrlees, 2011, p. xxv).[5]

A seguinte alternativa de interpretação também me parece plausível: já que uma holófrase que abarque inteira a Paris que a voz sob o poema tem diante de si é inalcançável, não resta a esta senão a *flânerie*, a *dérive*, que ela então reifica em poema.

Vale notar que, embora a primeira palavra do poema seja "eu" (um pronome oculto, na tradução), as referências textualmente explícitas à voz sob o poema são relativamente escassas.[6] Como os interesses de Harrison eram por raízes primevas de construtos culturais, pode

---

[4] David Crystal (2008) define holófrase como sendo "um termo usado em aquisição de línguas para se referir a um enunciado gramaticalmente não estruturado, consistindo normalmente de uma única palavra, que é característico do estágio mais primitivo do aprendizado da língua por uma criança". Em português, enunciados holofrásticos típicos incluiriam "mamá", "cabou", "mais", "lá" etc. Crystal nota ainda que uma holófrase às vezes é percebida em enunciados adultos quando inexiste uma estrutura contrastante interior ao enunciado, tais como (em português) "obrigado", "por favor", "desculpe". De modo ortogonal ao seu significado técnico, quando uso o termo o faço como, penso, o fizeram Harrison e Mirrlees, i.e., para significar um complexo de ideias condensado e concentrado em linguagem que, devido à intensidade que adquire, é difícil desconstruir e analisar.

[5] Ao citar a frase, Sandeep Parmar não a contextualiza nem cita a fonte, o que gera uma certa ambiguidade: a palavra *end*, aqui, pode tanto significar destinação, alvo, objetivo quanto término, conclusão, final. Contudo, em qualquer dos casos, o impacto que a cidade causara, e causava, em Mirrlees parece claro.

[6] Ocorrem apenas nos v. 10, vv. 18-9, v. 55, vv. 60-1, v. 194, v. 310, v. 321, v. 376-7 e v. 445.

ser também que Mirrlees aqui esteja, indiretamente por certo, respondendo ao mesmo impulso holístico que moveu Picasso ao se deparar, pela primeira vez, com a beleza e riqueza da arte africana, doze anos antes.

Sob o chão de Paris

Nos vv. 2-17, a voz sob o poema viaja na linha *Nord-Sud* do metrô de Paris (hoje a linha 12), na direção sul-norte, da estação *rue du Bac* à estação *Concorde*.

O v. 10 é a primeira passagem composta em prosa, tipograficamente sinalizada pelo alinhamento à margem esquerda. O poema como um todo tende a seguir este desenho tipográfico: passagens compostas em verso são indentadas com distanciamentos diferentes em relação à margem esquerda; as compostas em prosa alinham-se àquela.

No v. 17, ela desembarca na estação *Concorde*, que, na direção sul-norte, é a primeira ao norte do rio.[7] Os vv. 18-9 parecem captar, na forma de instantes num fluxo de consciência,[8] a dificuldade que ela encontra de rapidamente galgar até o nível da rua ao se ver impedida por uma concentração de passageiros. Como *concorde* [concórdia] conota

---

[7] Em 1911, na mesma estação, Ezra Pound vivera a epifania que, transfigurada, é a mais completa tradução do Imagismo: o poema "Numa estação do metrô" (1913): *The apparition   of these faces   in the crowd   :/ Petals   on a wet, black   bough* ("A visão   destas faces   dentre a turba   :/ Pétalas   num ramo úmido,   escuro", na tradução de Augusto de Campos). Note que Pound insere, como Mirrlees faria em seu poema seis anos mais tarde, espaços em branco entre as palavras, e mesmo entre estas e a pontuação, o que faz do poema na página uma mimese do frear (se não do soar) do trem ao chegar na estação e gradualmente, cada janela e face um fotograma, parar na plataforma onde a multidão se acumula à espera.

[8] Nem sempre fica claro, no texto, se a voz sob o poema se move fisicamente de um ponto a outro na cidade ou se apenas pensa tais pontos. Ainda que não consistentemente, e não em primeiro plano, como é o caso na prosa de James Joyce (em *Ulysses*, de 1922), Virginia Woolf (em *Mrs Dalloway*, de 1925), Dorothy Richardson (em *Pilgrimage*, sua sequência de treze romances, 1915-1938/1967), e William Faulkner (em *The sound and the fury*, de 1929, e *As I lay dying*, de 1930), é possível ler muitas passagens desta *flânerie* como sendo manifestações das técnicas narrativas conhecidas por monólogo interior e por fluxo de consciência, enquanto outras passagens podem ser lidas como a narração de um percurso concreto por uma geografia concreta.

"paz, acordo, harmonia", Briggs vê no v. 17 a primeira alusão à Conferência de Paz que tivera início em janeiro de 1919.

Nesta passagem de abertura (vv. 2-19), a matéria do poema resulta principalmente de impressões visuais, como se a voz sob o poema primasse por ser um cine-olho viertoviano sobre a realidade externa: o poema se constrói do que esta voz vê e ouve ao vagar: os anúncios no metrô (vv. 3-5, v. 11, v. 12, vv. 15-6), o barulho dos trens que soam como rãs (v. 10), a pergunta de um passageiro (v. 14).

Aos jardins, praças e ruas

Nos vv. 20-65, a voz sob o poema emerge na *place de la Concorde* e caminha na direção leste pelo Jardim das Tulherias até a *place du Carrousel* e ao complexo do Louvre. Aos primeiros impulsos, a princípio predominantemente visuais, somam-se outros: o poema passa a construir-se também com pensamentos e impressões, alusões e associações suscitadas pelo que a voz sob o poema vê ou ouve por onde está ou passa.

Os vv. 20-2, como nota Briggs, formam um retângulo na página impressa onde grandes espaços em branco entre as palavras as deixam ilhadas. Desse modo, estas três linhas ilustram pictoricamente a formalidade do Jardim das Tulherias: retangular, composto por menores retângulos delineados por árvores ou gramados e separados por alamedas. Assim, do ponto de vista da poética modernista, estes versos parecem vir do mesmo impulso que deu origem aos *calligrammes* de Apollinaire.

Nos vv. 23-6, um símile associa crianças e folhas; nos vv. 27-39, as estátuas que a voz sob o poema vê despertam pensamentos e alusões.

No v. 29, a cena retratada na pintura [ver a nota 13 ao texto] parece ser de uma *fête galante* (um gênero que Watteau criou) e, porque os pares estão formados, do fim da excursão. Portanto, em vez de partida para Citera, provavelmente o retorno. A pintura, pensa-se, representa a sensação de liberdade e alegria que se seguiu à morte de Luís XIV, cujos anos finais no poder foram sombrios. Neste sentido, Mirrlees pode ter tido em mente usá-la como um análogo ao clima de otimismo e esperança que tomou conta de Paris com o fim da guerra. Uma das seções num poema não coligido de T. S. Eliot, escrito em 1910, tem por título *Embarquement pour Cythère*[9] e, claro, "Un Voyage à Cythère" é uma das flores do mal de Baudelaire.

Quanto ao v. 32, Briggs revela que *Pasteur*, uma peça escrita por Sacha Guitry (1885-1957), estava em cartaz em Paris no princípio de 1919. Briggs também lembra que as bocas macias das ninfas podem aludir também à anatomia da genitália feminina (*nymphae* é um sinônimo de *labia minora*) e especula que sua mordida pode se referir a doenças venéreas. Mais tarde (p.e., v. 421 e vv. 428-9), Mirrlees traz ao poema a presença, na Paris das prostitutas, dos ex-soldados americanos que, no clima criado pela Conferência de Paz, induzia o ambiente ideal para a propagação de tais doenças.

Briggs imagina que nos vv. 34-9, sobre o monumento a Gambetta, Mirrlees ironiza a intimidade quase erótica, e quase certamente não intencional, entre Gambetta e o Espírito da França, a figura alegórica alada que, de trás da estátua de Gambetta, fixa neste um olhar intenso onde se imagina um broche vermelho de pino (a *rosette* da Légion d'Honneur) no buraco da lapela de Gambetta (e Briggs observa que *boutonniére* é gíria para "ânus").

Na leitura de Briggs, os vv. 40-2 governam, sintaticamente, tanto os vv. 43-50 quanto os vv. 51-3 e, interrompido, o v. 54. Nesta leitura, a voz sob o poema pensa os segredos da (13ª) Duquesa de Alba (mais precisamente, do retrato da Duquesa pintado por Goya em 1795) e os dos objetos descritos nos vv. 51-3.

Goya pintou outro retrato da Duquesa, em 1797. O primeiro é às vezes chamado de "A duquesa branca" (ou "vestida de branco") e permanece no Palácio de Liria em Madri, até hoje a Casa de Alba (i.e., da família aristocrática). A duquesa agora viúva, o segundo é conhecido por "A duquesa negra" (ou "vestida de negro"), hoje na Sociedade Hispânica da América, em Nova York. Mirrlees e Harrison podem ter visto "A duquesa branca" quando estiveram em Madri em 1916.

Segundo Briggs, na primavera de 1919, *Lisístrata* (no v. 52) foi encenada no Teatro Marigny em Paris. A peça fala de uma greve de sexo encabeçada por Lisístrata com o objetivo de dar fim à guerra entre Atenas e Esparta. Ainda segundo Briggs, outra peça, *La Gréve des Femmes*

---

[9] *The poems of T. S. Eliot (volume 1: Collected and uncollected poems)* (Eliot, 2015, p. 246).

("A Greve das Mulheres"), inspirada pela de Aristófanes, também esteve em cartaz em Paris na primavera de 1919.

Os vv. 55-65 marcam a presença da voz sob o poema na *place du Carrousel*, entre as Tulherias e o complexo do Louvre. Na verdade, ela vem pensando no Louvre desde antes: a pintura de Watteau no v. 29 está no Museu do Louvre (mas, note, não a de Goya) e, em 1919, o monumento a Gambetta era parte do mesmo complexo arquitetônico.

O Arco do Triunfo nos vv. 55-6 pode ser o do Carrousel ou o de l'Étoile, o mais monumental e mais famoso. Apesar da proximidade da voz sob o poema àquele primeiro, Briggs presume que, aqui, ela se refira ao de l'Étoile, famoso ponto de convergência de doze avenidas em Paris. Isto é plausível porque só pode ser visto a grande distância de onde, neste momento, a voz se encontra. Por isso é descrito como *square and shadowy* [sóbrio (ou quadrado, ou contido) e sombrio]. Assim, os vv. 57-8 são um exemplo de como uma impressão visual (neste caso, do geometricamente sóbrio Arco do Triunfo de l'Étoile, sombrio na distância) detona uma emoção interior, indicativa da postura modernista de contestar as leis clássicas (v. 57) e de imaginar-se capaz de atravessar paredes sólidas na perseguição do novo (v. 58).[10] Gustave Caillebotte legou sua coleção de pinturas de artistas contemporâneos seus ao Museu de Luxemburgo (que exibia pintores vivos), mas o governo, a princípio, as recusou. Um acordo em 1896 resultou numa sala no Museu de Luxemburgo onde 38 das 68 pinturas foram exibidas. Hoje, estão no Museu d'Orsay. Mais tarde, as remanescentes foram duas vezes oferecidas e duas vezes recusadas pelo governo. Quando, enfim, este as requisitou, em 1928, a família recusou, ofereceu-as no mercado aberto e elas se dispersaram.

No v. 59, um sinal no fluxo de consciência: a *flânerie* segue em frente.

---

[10] A Salle Caillebotte (contendo a coleção de arte moderna doada por Gustave Caillebotte) fica no Museu de Luxemburgo, quase dois quilômetros ao sul da *place du Carrousel*, e, portanto, longe do campo de visão da voz sob o poema: penetrar suas paredes é um pensamento/emoção que lhe ocorre. Em 1892, Martial Caillebotte, irmão de Gustave, fotografou belissimamente Gustave, passeando com sua cadela, Bergère, na *place du Carrousel*, o Louvre ao fundo. Parece-me possível que Mirrlees conhecesse a fotografia e tenha pensado nela ao associar a Salle ao lugar onde, neste ponto, a voz sob o poema se encontra.

Nos vv. 60-2, a voz sob o poema afirma odiar l'Étoile e parece explicar o tédio que lhe causa o *Bois* (*de Boulogne*, presume-se) com uma referência a um marco da literatura decadentista que o Modernismo viera varrer de cena: o romance *À rebours* (1884) de Huysmans.

Os vv. 63-5 são flashes no fluxo de consciência, provocados, talvez, pelo se aproximar do Louvre.

No v. 66, um elo com Chateaubriand leva a um desvio, talvez apenas mental, à *rue Saint-Honoré* (v. 67), geograficamente próxima, e, no cerne urbano de Paris, traz à tona a vida campestre (v. 68) e as regiões rurais (vv. 69-72), os pátios internos na cidade e no campo (vv. 73-6), e culmina numa passagem mais extensa (vv. 77-87) sobre os ritmos da vida bucólica.

Os vv. 88-99 parecem um retorno ao que é visto e ouvido, provocado pela presença de crianças brincando e de jovens passeando (vv. 88-93, v. 99), pela aparição de um anúncio (vv. 94-8).

Briggs nota que os vv. 99-113 falam de flores. Primeiro a floração dos sicômoros, depois uma memória da Quaresma que terminara há pouco, os açafrões[11] e glórias-da-neve parecendo princesas num conto de fadas, os lírios-do-vale parecendo fina ourivesaria, as rosas-caninas vendo passar os ciganos,[12] e, no fim dessa passagem, a menção a esposas[13] provoca um exemplo de monólogo interior sobre uma esposa e seu possível retratista (vv. 114-5). Briggs nota que as flores citadas cobrem um arco temporal de abril a junho, i.e., Mirrlees articula e interpõe cronologias: séculos, anos, meses surgem e se vão dentro de um poema que transcorre num único dia.

Os vv. 116-24 ilustram a dificuldade de se determinar se o percurso que o poema delineia acontece no mundo ou na mente. O v. 116 pode ser um testemunho ocular (i.e., a voz sob o poema chega fisicamente ao Louvre e realmente vê o que descreve) ou, em vez, e mais prova-

---

[11] Um nome ambíguo, mas frequentemente dado em português a certas espécies de *Crocus*.

[12] Briggs nota que a peregrinação dos ciganos a Saintes-Maries-de-la-Mer, na Camargue, acontece no período de 23 a 25 de maio.

[13] Aproveitando-se da plasticidade das rosas, milhares de novas variedades foram concebidas e produzidas em Lyons. Em 1913, em homenagem à esposa do então prefeito da cidade, Joseph Pernet-Ducher dera o nome de "Mme Edouard Herriot" a uma rosa híbrida, cor de chá.

velmente, é um pensamento ou uma memória. Para Briggs, a volta à luz das pinturas (vv. 122-4) implicitamente critica a inimaginável perda de vidas na guerra, cujos mortos (e como o Duncan de *Macbeth*), não vão ressuscitar, e não dormem em paz (como Duncan também não faz).

Por toda parte, Marte e morte

Os vv. 122-4 são a primeira alusão, ainda que indireta, à Grande Guerra de 1914-1918: muitas obras pertencentes ao Louvre foram armazenadas em subterrâneos para protegê-las e em 1919 voltaram a ser exibidas, acordando assim de um longo sono. Note, aqui, uma associação à passagem, no início do poema, sob o solo, no metrô.

Os vv. 125-7 mantêm o foco na Grande Guerra ao insultar Woodrow Wilson, o presidente americano que passou seis meses em Paris durante as negociações do Tratado de Versalhes. Ao chegar a Paris para a Conferência de Paz (e lá ficou pela maior parte do tempo entre janeiro e junho de 1919), Wilson foi saudado como *Wilson le Juste*. Embora tenha sido o principal defensor da criação da Liga das Nações, muitas de suas ideias para o mundo pós-guerra acabaram por não ser adotadas ou, como a Liga, não se revelaram sucessos duradouros. Mirrlees é sarcástica ao ver Wilson, nascido e vindo do Novo Mundo, fascinado até pela urina que corre nas ruas do Velho. MacMillan (2019) observa que Clemenceau se referiu a Wilson como sendo marcado por um "nobre candor", que, segundo MacMillan, provavelmente é um jeito delicado de dizer "ingenuidade patética". Aqui se percebe que o ataque que Mirrlees constitui em poema é também político e não somente estético. E mais, os vv. 131-5 estendem o ataque ao *status quo* religioso também.[14]

Outra associação de ideias ocorre no v. 136: a cor do lilás rima com a cor dos véus que cobrem as imagens nas igrejas durante a Quaresma (vv. 100-1). Nos vv. 137-8, a associação se move para uma passagem bíblica.

---

[14] Mirrlees se converteu ao catolicismo dez anos depois de escrever o poema e sua religiosidade se revelou ortodoxa e rigorosamente submissa às doutrinas do Vaticano. Ao permitir a republicação do poema (Mirrlees, 1973), censurou certas passagens (listadas em detalhe em outra parte deste livro), inclusive, e previsivelmente, esta.

Depois de anúncios nas estações do metrô, anúncios nas ruas agora. Os vv. 139-48 transcrevem anúncios ou placas sugerindo que a *flânerie* aqui é novamente física. Isto se confirma no v. 149, repetido no v. 157, que registra a voz de garçons nos cafés por onde a *flâneuse* passa.

Nos vv. 139-41, Rambouillet é uma pequena cidade a sudoeste de Paris. Quando Luís XVI comprou o Château de Rambouillet, Marie--Antoinette detestou a propriedade, chamando-a de uma "poça de sapos gótica". Para tentar mudar sua opinião, o rei mandou construir, em segredo, uma quinta [*ferme*] que veio a ser conhecida como *Laiterie de la Reine* [Leiteria da Rainha], onde os baldes eram de porcelana de Sèvres imitando madeira. O capítulo IX do romance *Madeleine: one of love's Jansenists* [Madeleine: uma das jansenistas do amor] de Mirrlees tem como um dos seus pontos focais o *Hôtel de Rambouillet*, a casa senhorial em Paris que, entre 1620 e 1648, abrigou o *salon* das *Précieuses* (que, uma década mais tarde, Molière viria a alcunhar de "ridículas"), o primeiro e maior dos *salons* franceses.

Neste ponto se pode nitidamente notar uma estratégia técnica de Mirrlees para organizar a matéria do poema. *Grosso modo*, a voz sob o poema intercala marcos concretos (ainda que, geograficamente, quase sempre indeterminados) na *flânerie* com pensamentos e memórias (i.e., eventos mentais no fluxo de sua consciência ao se mover pela cidade).

Exemplos do que chamo, aqui, de marcos concretos são anúncios (como nos vv. 139-48), vozes que lhe vêm (como no v. 149 e no v. 157), imagens de coisas e gentes (como nos vv. 155-6 e no v. 161), e combinações destas (como nos vv. 190-3).

Os exemplos de pensamentos e memórias que afloram ao longo da *flânerie* são muitos e, além de revelar a grande erudição que seus contemporâneos atribuíam a Mirrlees, delineiam para os leitores a paisagem intelectual que se descortina à voz sob o poema e através da qual Mirrlees ataca (em ambos os sentidos, i.e., de engajamento e de combate) a civilização europeia do pós-guerra.

As alusões são às vezes ao passado remoto (por exemplo, à civilização romana[15] no v. 150 e nos vv. 171-4, e à do *Grand Siècle* francês

---

[15] Há vestígios arqueológicos da era romana em Montmartre, talvez um templo

em Molière[16] no v. 153, em Bossuet no v. 166 e em Père Lachaise no v. 175, o jesuíta, e não o cemitério a que deu seu nome), ao passado recente (por exemplo, a Le Douanier Rousseau, nos vv. 179-80) e ao presente do poema (por exemplo, a Landru, o assassino serial, no v. 163, e a Cottin, o anarquista que tentou assassinar Clemenceau, no v. 165).

No meio de tanta beleza, pobreza

Nos vv. 161-5, os aspectos sociais e políticos do presente imediato assumem o primeiro plano: os conflitos de classe (vv. 161-2), o crime (v. 163), o lazer (v. 164), a intersecção da política e do crime (v. 165).

Desta passagem de transição, o foco passa para as consequências da Grande Guerra, visíveis por toda Paris, na longa passagem que vai do v. 166 ao v. 197.

No v. 166, os ecos de Bossuet refletem o clima de luto no qual a cidade vivia desde o fim da guerra em novembro de 1918.

Os quatro adjetivos soltos (vv. 167-70), penso, formam uma holófrase, dentro da holófrase maior que é o poema: captam um instante no fluxo da história que arrasta Paris e a convulsiona (e, segundo Briggs, podem se aplicar ao que os vv. 162-5 aludem).

Nos vv. 171-4, Mirrlees parece criticar o militarismo moderno, que levou à catastrófica guerra recém-finda, ao usar um símbolo do imperialismo romano das Guerras Gálicas de Júlio César. Isto porque a águia que representava o espírito de luta e a coragem de uma legião romana

---

a Mercúrio, de acordo com Briggs. Ela especula que "pequenos templos" pode se referir aos quiosques redondos nos bulevares, ou mesmo aos *pissoirs*, os mictórios ao ar livre, espalhados pela cidade. Mercúrio, como o guia das almas no mundo subterrâneo dos mortos, é particularmente pertinente ao poema dadas as viagens da voz sob o poema pelo Metrô, as pinturas armazenadas nos subsolos etc.

[16] Há mais de um sentido possível para "gota dourada do sangue de Harpagão". O mais provável é que seja uma alusão ao caráter de Harpagão (o avarento na peça epônima de Molière), para quem seu dinheiro (seu ouro) é seu sangue. Existe também, a leste da Basílica de Sacré Cœur, uma *rue de la Goutte d'Or* [Gota Dourada], cujo nome alude ao produto das muitas vinhas que existiam nas encostas daquela área. Briggs acrescenta que a "gota dourada" pode se referir à urina (como no v. 127), e, tocando num tema que perpassa o poema, aos encontros homossexuais que desde o séc. XVIII tornaram os *pissoirs* notórios. O v. 154 é bastante obscuro.

é diretamente associável à águia negra, de garras, língua e bico vermelhos, que dominava o brasão de armas do Império Alemão contra o qual os aliados lutaram na Grande Guerra.

Os vv. 175-97 concorrem para expressar o sentimento de perda, morte, luto, que oprime a cidade: cinzas, coroas fúnebres, as unidades (de lugar, tempo e ação do teatro clássico) agora destroçadas pela modernidade, cadáveres espalhados pela vastidão da Europa ocidental, a realidade refletindo o palco do Grand Guignol (vv. 181-2).

Briggs interpreta assim o v. 177: o fantasma de Père Lachaise, o jesuíta (v. 175), "vai envolto numa cortina (aludindo ao teatro da guerra) bordada com a letra H (pronunciada "ache" em francês, um homófono da palavra inglesa *ash* [cinzas], o que sugere as palavras do ritual anglicano para o sepultamento ("a terra, à terra, as cinzas, às cinzas, o pó, ao pó")". A fonte é o *Book of Common Prayer* [Livro da Oração Comum] que as prescreve para serem pronunciadas na beira do túmulo quando do funeral de um adulto.

No v. 180, note-se que a fama de Le Douanier Rousseau se deve em grande parte ao fato de que Picasso procurou Rousseau, depois de ter visto na rua uma pintura dele (Rousseau) sendo vendida para ser pintada por cima. Em 1908, Picasso organizou um banquete (parte encômio, parte manicômio) para homenageá-lo. A fina flor da fúria vanguardista parisiense daquela época compareceu, tornando o evento lendário na história da revolução modernista nas artes plásticas.

No v. 182, Briggs nota que, em 1894, Rousseau pintou um quadro a que deu o nome de *La Guerre*, hoje no Museu d'Orsay. Nele, uma mulher, empunhando uma espada e uma tocha, corre, ao lado de um cavalo negro, assustador, seu pelo eriçado, sobre uma paisagem devastada, coberta de cadáveres que corvos devoram. Briggs assinala que, a partir desse ponto, a representação artística de eventos violentos se torna predominante no poema; que a Grande Guerra pôs fim aos balizamentos (de honra e fidalguia) que estabeleciam limites de comportamento nos confrontos militares anteriores. Com isso chegaram também ao fim as unidades de tempo, lugar e ação que definem uma tragédia clássica; que a Grande Guerra mais se assemelhou a um espetáculo no Grand Guignol (v. 131), "o palco entulhado de cadáveres" como na tela de Henri Rousseau. Mirrlees, assim, quase teoriza um aspecto importante do Modernismo, ancorando-o, como fazem muitos, à transformação total da vida que a Grande Guerra desencadeou.

Nos vv. 184-97, as pequenas burguesas coletando caridades, os garçons continuam tentando os passantes, os corações uma *waste land*, por todo lado os retratos dos mortos na guerra, o vazio da retórica militarista, as lamentações das viúvas mirradas de dor, as margens do Marne para sempre infelizes agora.

Burburinho nos bulevares

Uma nota de Mirrlees ao poema afirma que os vv. 198-234 são uma descrição dos chamados Grandes Bulevares. Nesta passagem, as imagens, vozes, impressões e pensamentos com que o poema segue se construindo coalescem numa montagem/colagem onde se estampam os destroços da Belle Époque à deriva nas ruas da Paris pós-guerra. O v. 198 situa e marca o momento em que a voz sob o poema passa a percorrer os bulevares.

Os vv. 199-203 coligem aromas (e assim ampliam a gama de sentidos que o poema acolhe). Os vv. 204-7 parecem refletir a impressão mental do anúncio de uma produção teatral, talvez afixado a uma das colunas Morris, típicas de Paris.

A expressão '*Ya bon!*, no v. 206, é bem explicada por Sebastião Nascimento, o tradutor brasileiro de *Pele negra, máscaras brancas* (1952), de Frantz Fanon (que menciona a expressão no livro):

> A expressão refere-se ao personagem *L'ami Y'a bon* (também conhecido pela marca registrada *bonhomme Banania*), um caricato fuzileiro senegalês sorridente [e usando um fez] criado em 1915 pelo publicitário Giacomo de Andreis para estampar embalagens e materiais promocionais da marca de achocolatados *Banania*, acompanhado do slogan "y'a bom" ("é bom", em *petit-nègre*). Amplamente denunciados por suas conotações racistas, personagem e slogan tiveram sua utilização comercial interrompida a partir de 1967 e de 1977, respectivamente. Novos proprietários da marca tentaram resgatar personagem e slogan em 2005, mas enfrentaram forte resistência de movimentos antirracistas, que obtiveram uma medida judicial fazendo com que fossem finalmente abandonados em 2011.

Os vv. 208-10 comprimem várias associações: a presença de americanos em Paris para a Conferência de Paz, o *Otelo* de Shakespeare (porque, entre aqueles, os afro-americanos), o clima de otimismo criado pela Conferência ao fim da Quaresma. No v. 208, no solilóquio que precede seu suicídio (ato V, cena 2), Otelo pede aos que o ouvem que lembrem ao Estado Veneziano de como ele executara sumariamente um turco que tinha "Surrado um veneziano, traído o Estado". Para Briggs, esta referência mantém tenso um dos temas que perpassa o poema, o da alteridade no contraste entre Oriente e Ocidente. Nos vv. 209-10, Briggs observa que Mirrlees parece associar o espírito da Quaresma (com seu foco em contrição, privação e jejum) ao clima do pós-guerra e à Conferência de Paz, e à Páscoa (que comemora uma ressurreição) as esperanças para o futuro.

Os vv. 211-7 notam mulheres de véu que passam, e passam protetor nos lábios, e seus lábios parecem dizer "cho - co - la - te". Os vv. 213-4 parecem neutros e é difícil decidir se Mirrlees considerava ofensivas, ou não, as referências racial e sexual à cor da pele dos negros e ao movimento dos quadris femininos.

Os vv. 215-7 são mais difíceis de elucidar, mas me parecem contribuir para a cena mais ampla de uma Paris em que muitos estrangeiros estão presentes. Certamente este é o caso nos vv. 218-9. Para Briggs, talvez sejam uma referência aos armênios, que, vítimas de um massacre por parte dos turcos na guerra, ousaram ainda assim mandar uma delegação à Conferência de Paz.

Os vv. 220-4 parecem ser trechos de conversas que a voz sob o poema entreouve ao passar pelas calçadas. Os vv. 225-34 exemplificam a prática modernista no que tem de mais cerrado. Briggs os lê como contrastando o silêncio dos alemães derrotados com o burburinho nos bulevares parisienses. Parecem traçar uma analogia entre esse reemergir de pessoas, suas vozes e gestos, e o processo de reconstrução da civilização europeia (e mimeticamente, do próprio poema) de onde nasce um novo desconhecido, belo e terrível, rouco e vasto.

Briggs lê os vv. 226-32 como refletindo "um confronto entre o caos da vida e a estrutura da arte" e vê em "subaquoso" (v. 227) um eco da seguinte passagem no prefácio do romance *Madeleine*, de Mirrlees (1919): "A ficção — para adaptar uma famosa definição de lei — é o ponto de encontro entre a Vida e a Arte. A vida é como uma vastidão de céu, cega e sem fronteira, para sempre a se fracionar em minúsculas gotas de circunstâncias que caem como chuva, grossas e velozes, sobre os que merecem e os que não. A arte é como a força, plástica e destemida, que constrói uma substância, amorfa e teimosa, célula por célula, na geometria frágil de uma concha. Estas duas coisas estão em extremos opostos — como hão de se encontrar na mesma obra de ficção?".

Mas a arte modernista é quase sempre (como aqui) o resultado de um impulso à fragmentação, e, como tal, tende à desestruturação. Assim, os versos de Mirrlees nem de longe se submetem aos preceitos das prosódias simbolista, parnasiana e romântica que definem a poesia do século XIX. São modernos porque, entre outras estratégias, parecem-me refletir o caos da vida numa nova estratégia de estruturação, cujo resultado é tão delicado e esmerado formalmente quanto uma das *Quimeras* de Gérard de Nerval.

As flores da fome

Briggs analisa com maestria os vv. 235-59: "O Primeiro de Maio é celebrado como Dia do Trabalho na França, mas em 1919 houve uma greve geral em Paris, com confrontos violentos entre as autoridades e os trabalhadores, alguns dos quais marcharam com facas entre os dentes. A disposição vertical [dos vv. 236-59] enfatiza a ruptura da ordem natural, representando as linhas de manifestantes, e possivelmente os cabos dos (ausentes) lírios-do-vale, geralmente comprados no Primeiro de Maio como presentes para amigos e amados como algo que traz sorte". A verticalização do verso tem também, simbolicamente, o efeito de decompor, e assim desacelerar, a percepção do tempo.

Nos vv. 260-2, a denotação de "seu" (v. 260) não é clara. Pode se referir a Paris, pode se referir ao lírio-do-vale. Abril é o mês em que as papoulas começam a florir na França e seu vermelho lembra o sangue derramado na guerra. É comum se referir à lua cheia de maio como "a lua vermelha", segundo uma nota de Mirrlees ao poema, associada a uma crença segundo a qual teria uma influência maligna sobre a vegetação.

Maio é o mês de Maria para os católicos. Penso que estes versos engendram um campo semântico que inclui branco, lua, virgindade, floração, vermelho (incluindo talvez a ideia de revolução), sangue, defloração.

Os vv. 263-4 concisamente definem a paisagem emocional de uma Paris sob a chuva, silenciosa devido à greve dos trabalhadores.

Miasmas no meio do dia

Nos vv. 265-93, a voz sob o poema se vê de volta ao complexo do Louvre. Talvez tenha completado o longo percurso pelos Grandes Bulevares (vv. 198-234), talvez de oeste a leste, retornando ao ponto de onde partira.

O primeiro olhar é para o Louvre na névoa (v. 265) e, quando esta se dispersa, para as ilhas ajardinadas na *place du Carrousel* (vv. 266-8). Nos vv. 269-72, a primeira visão do Sena no poema: um sonolento, impassível, introverso velho ruminando sonhos onde cintilam velocíssimos martins-pescadores. Na leitura de Briggs, "inicialmente associado com o mundo subterrâneo (v. 10), aqui e mais tarde, no v. 414, o Sena é associado com o inconsciente freudiano que progressivamente se afirma através de sonhos (v. 271, v. 310, v. 376), antecipado pelo derreter/desnovelar-se do Louvre (v. 265; cf., vv. 314-5)".

Nos vv. 273-4, contra o branco do céu de chuva e névoa, a Torre Eiffel parece uma gravura. Este pensamento traz com ele a ideia (vv. 275-9) de que os *poilus* (i.e., os soldados franceses na Grande Guerra), de uniforme azul com mochilas marrom, também se reduzem a um esboço barato. Ao associar os *poilus* a desenhos baratos a serem vendidos como souvenirs, Mirrlees parece sugerir que só assim, transformados em mercadoria, serão lembrados.

Briggs ressalta que a associação de soldados, esfinge, pirâmides com o esforço de um esboço que os documenta remete às excursões militares da França ao Egito, primeiro com Napoleão Bonaparte e outra vez durante a Grande Guerra.

Nos vv. 280-5, a aparição de dois personagens de Tolstói parece ser uma alusão tênue à Paris do século XIX, a dos grandes amores fadados e das convulsões sociais. No pesadelo de Anna Kariênina, um mujique sinistro e feio fala em francês (a língua da aristocracia russa): "*Il faut le battre, le fer, le broyer, le petrir*" ["É preciso batê-lo, o ferro, triturá-lo, moldá-lo"]. *Comme il faut*, o significado dessas palavras é perturbador, mas indistinto quanto à calamidade que profetiza. Briggs pensa na Revolução Bolchevique de 1917, mas nem Tolstói nem seus personagens parecem tê-la pressagiado. Assim, penso que a calamidade é interna ao romance: a dissolução do relacionamento entre eles e a consequente morte de Anna. De qualquer modo, a passagem tem um tom de sinistro presságio.

O trecho que começa no v. 286 e termina no v. 293 parece ter estes dois versos como moldura, ou parênteses, refletindo como, no museu, os crimes e terrores cometidos ao longo da história pelos que detêm ou que almejam o poder (reis como no v. 289, revolucionários como nos vv. 290-2) acabam metabolizados, por assim dizer, em silêncio, em "luxo, calma e volúpia". Mirrlees parece sugerir que as violências e calamidades (o "amontoado de ruínas" que, na famosa passagem de Walter Benjamin, o anjo da história é forçado para sempre a contemplar) serão um dia *a thing of beauty* (como cria Keats).

Nos vv. 290-2, Briggs observa que Mirrlees induz uma sequência histórica de episódios de resistência popular que vai da greve de Primeiro de Maio, no presente, para trás no tempo, passando pelas rebeliões de 1848, 1789 e 1652. Como detalham as notas ao poema, todas as associações de obras a autores nestes versos parecem imaginárias,[17] quase como se Mirrlees, impudente, tivesse a intenção de provocar os pedantes inflexíveis.

A Virgem, de volta

Na passagem que compreende os vv. 294-307, a voz sob o poema muda o foco para a religiosidade que aflora pela cidade no mês da Virgem e como aquela religiosidade se mescla com o comércio (vv. 295-305) e com a intolerância (vv. 306-7). A expressão "Pandoras de cera" (v. 297) remete a *Os trabalhos e os dias* de Hesíodo (veja também os vv. 80-2).[18] Os vv. 306-7 parecem aludir a um episódio histórico cuja

---

[17] Dando asas de Pégaso à imaginação, e talvez com intenção de ironia e sarcasmo, Mirrlees parece quase se alinhar como precursora dos ataques à verdade que hoje tanto nos afligem na forma de "fatos alternativos" e *fake news*.

[18] No poema de Hesíodo, para punir Prometeu, que o enganara e roubara o fogo dos deuses, Zeus ordena que Hefesto, deus dos ferreiros, do fogo, dos metais, dos artesãos e da metalurgia, crie a primeira mulher. Atena, Afrodite, Hermes a tornaram bela, ardilosa, amoral, persuasiva, e chamaram-na Pandora. Trazendo consigo uma

veracidade é, quase com certeza, nenhuma. Em 1255, em Lincoln, na Inglaterra, Hugo, um menino de oito anos, foi encontrado morto no fundo de um poço. Uma lenda antissemítica foi tecida em torno de sua morte, culpando um ritual judaico possivelmente com a intenção de fazer do menino um mártir e de seus despojos relíquias sacras (e, por isso, objeto de peregrinação e fonte de lucro). Geoffrey Chaucer (*c.* 1343-1400), no "Conto da prioresa", um dos *Contos de Canterbury* (1387-1400), conta uma história semelhante. Christopher Marlowe (1564-1593), em *O judeu de Malta* (1589-1590), parece se referir ao assassinato de um menino por um judeu, talvez um outro aceno à lenda.

Adiante, à *rive gauche*

O v. 308, um anúncio, conclama à retomada da *flânerie*.

Agora, o Sena é travessia e transição: a voz sob o poema volta da *rive droite* ao norte (onde esteve até agora), à *gauche* (de onde partira).

Os vv. 309-12 tornam mais claro que a matéria agora é feita mais de memória e alusão da voz sob o poema do que de flashes do mundo físico à sua volta. Briggs fala num clima crescentemente onírico.

No contexto do v. 312, Briggs nota que o poema lança os olhos da mente sobre as províncias francesas também. Assim, Périgord (aqui), mas também Bretanha (v. 68), Auvérnia (v. 69), Picardia (v. 193), talvez uma alusão à Normandia (vv. 269-70).

No que parece um amplo olhar ao norte do rio, os vv. 313-8 veem a pedra dos grandes e maciços prédios da *rive droite* virar palha lembrando como foram transformados em pavilhões de prazer para come-

---

jarra contendo males incontáveis, Pandora é dada por Zeus de presente a Epimeteu, irmão de Prometeu, que o alertara para não aceitar presente algum dos deuses. Epimeteu não o ouve e Pandora, curiosa, abre a jarra e assim espalha vida afora todos os males do mundo, mas no último momento mantém a esperança (em inglês, *hope*, o prenome de Mirrlees) presa. Estudando a origem da religião na Grécia nos vasos e ânforas onde mitos e crenças tinham sido gravados, Jane Harrison se insurge contra esta versão: "Pandora é, em ritual e em teologia matriarcal, a terra como Koré [mulher], mas na mitologia patriarcal de Hesíodo, sua grande figura é estranhamente modificada e diminuída. Não é mais nascida do ventre da terra, mas a criatura, o artefato de Zeus Olímpio" (Harrison, 1908, p. 284).

morar o casamento do futuro Luís XVI com Maria Antonieta um século e meio antes. Todos são prédios sólidos, imponentes, inchados de mito. A voz sob o poema os pensa "leves e frágeis" apenas porque ao seu redor tudo passa, de agora em diante, a ter um ar crescentemente onírico.

No v. 317, Briggs ressalta que, aqui, não é a aristocracia que, como era o costume, se fantasia, mas sim *les citoyens*, empoderados pela Revolução de 1789.

Dessa janela, sozinha

A voz sob o poema partira (no v. 7) da estação *Rue du Bac*. No v. 319, de volta à *rive gauche*, está no *3 rue de Beaune*, no Hôtel de l'Elysée onde Mirrlees morava quando escreveu o poema.

Nos vv. 319-29, mais uma vez, a voz sob o poema se refere a rápidas e fugazes associações de pessoas, tempos e lugares. O uso de "em transe" (também no v. 20, e, talvez, no v. 45 implicitamente sugere um grande interesse dos círculos artísticos de Paris em 1919: a ideia de estados oníricos, de fuga da realidade banal, ou de interpenetração de várias realidades pela mente libertada (p.e., os anos imediatamente seguintes à composição do poema viram coalescer a ideia de surrealismo). Briggs especula: "É possível que o poema inteiro, oscilando entre a Paris 'real' e vistas imaginárias da cidade, tenha nascido num momento de transe, com Mirrlees admirando a paisagem da janela".

A voz sob o poema vê, do alto, na rua estreita, o movimento de mulheres com pães nos braços que parecem bebês embrulhados em panos, e camelôs, operários, verdureiros, cães.

No v. 324, Mirrlees soa novamente o tema do mundo subterrâneo. A associação de Triptólemo com Elêusis talvez também revele outra razão do interesse de Mirrlees pelo mito, já que os mistérios de Elêusis eram um interesse central de Jane Harrison em seus estudos da religião grega pré-clássica.

No v. 330, estórias começam a aflorar do fluxo da história e da consciência como memórias. Note, contudo, que parecem vir de imagens, ilustrações, talvez de iluminações em antigos manuscritos.

Nos vv. 331-6, há referências a Ovídio no seu aspecto medieval de mago, séculos depois do seu tempo; às lendas em que cavalheiros eram atraídos por mulheres feiticeiras que os escravizavam; aos iluminadores, organizados em guildas. Briggs associa a ideia de um "escravo" (no original, *thrall*) no "País das Fadas" a um amante subjugado a uma amante que o enfeitiçara,[19] um tópos num grande segmento da literatura medieval europeia.

O v. 337 pode aludir às gravuras orientais que, desde as últimas décadas do século XIX, penetraram a consciência europeia e influenciaram muitos artistas.

O v. 338 parece voltar ao mundo concreto e a olhar a vida lá embaixo (dando continuidade aos vv. 319-29).

Nos vv. 339-41, a voz sob o poema pensa, e talvez perceba na distância, pontos onde a Paris do passado definha. Esta parte do poema (voltada à *rive gauche*) me parece marcada pelo contraste, confronto e coexistência entre presente e passado, invenção e tradição, o velho e o novo, preocupações estas que estão no cerne da visão de mundo dos modernistas.

E esta dá as caras, um tanto impudentemente, no v. 342, na forma de uma interjeição (e verso inteiramente onomatopaico) que se refere ao velho (vv. 339-41). Briggs interpreta a transcrição do ruído como sinalizando que os mortos tinham direito ao silêncio. Correspondentemente, na partitura que se segue, os oito compassos estão marcados de *dim - - in - - 'u - en - do* (cada vez mais *piano*, i.e., com mais baixo volume) a *ppp* (*pianissimo*, i.e., com mínimo volume). Talvez o pedido de silêncio seja também em respeito ao novo, ao este mostrar a partitura irrompendo no texto e mesclando uma linguagem (a musical) a outra (a textual). Note-se, para mais um contraste, que a partitura é de uma peça do princípio do século XVIII, mais tarde no tempo, mas não muito, da criação dos monumentos cujo definhar os vv. 339-41 lamentam.

Nos vv. 346-7, Briggs sugere que os anjos podem ser relacionados a Jacó (ver Gênesis 28.12, Gênesis 32.24-9), embora a imagem bíblica de "dois anjos" esteja especialmente vinculada a Ló, a quem eles aparecem para lhe dizer que parta e fuja se quiser salvar-se e à sua família porque estão prestes a destruir Sodoma e Gomorra (Gênesis 19.1-17), punidas por Deus por homossexualidade para Cocteau (1967). Com

---

[19] Como acontece com o narrador do poema "La Belle Dame Sans Merci", de Keats (1819).

isso, Briggs vê também, na menção ao *impasse*, uma alusão ao lesbianismo porque era perto de *20 rue Jacob*, a casa de Natalie Barney — dramaturga, poeta, romancista e *salonnière* estadunidense, abertamente lésbica, cuja residência em Paris foi, por décadas, um porto seguro para artistas homossexuais e não.[20] Essa interpretação remete ainda à amizade entre Mirrlees e Harrison (que era vista como sexual por muitos contemporâneos, inclusive Virginia Woolf).

Espectros pelas pontes e paredes

Nos vv. 348-50, as janelas fechadas das casas que a voz sob o poema vê diante de si parecem cegas, incapazes de ver senão fantasmas das vidas que nelas morreram. Briggs nota que "impasse" também quer dizer, em inglês como em português, um estado de coisas do qual não é possível escapar e que a expressão em francês (e em português) para paredes sem janelas, *murs aveugles* ("paredes-cegas"), pode ter sugerido a comparação com cachorros cegos.

Os fantasmas, sob o olhar das "janelas impassíveis", anunciam um cortejo dos mortos famosos da cidade. Assim, estes versos nos preparam para a passagem (vv. 354-65) que lista três destes mortos, mas antes (vv. 351-3) uma voz irrompe na consciência e semeia a imagem mental de um lamento por um irmão morto numa guerra passada (a da Crimeia).

Os vv. 354-65 replicam placas nas paredes de prédios comemorando a morte de três escritores passados. Um deles (Molière) morreu perto do Palais-Royal (v. 313) na *rive droite*, mas os outros dois morreram perto de onde a voz sob o poema se encontra: Voltaire no *quai Voltaire* (esquina com a *rue de Beaune*), Chateaubriand na *rue du Bac*. Briggs observa que estes três escritores são exemplares de três séculos diferentes, e de três diferentes estilos literários franceses.

---

[20] Mirrlees raramente figura nas histórias da *avant-garde* parisiense nas primeiras décadas do século XX, mas sabe-se que sabia da enorme importância que as mulheres, lésbicas e não, tiveram, direta e indiretamente, na revolução modernista. Sobre esta importância, veja, p.e., *Women of the Left Bank: Paris, 1900-1940* (Benstock, 1986) e *No modernism without lesbians* (Souhami, 2020).

Os vv. 366-76 concluem a passagem onírica que teve início no v. 309.

Nos vv. 366-8, a voz sob o poema reflete que Paris tem muitos, muitos mais mortos famosos além de Molière, Voltaire e Chateaubriand. O paraíso não basta para contê-los, nem no sentido de acomodá-los todos, nem no sentido de mantê-los lá, sem que escapem de volta ao mundo de onde vieram. Porém, talvez muitos possam ainda ir vagar, ou podem mesmo estar, agora, vagando pelos Campos Elísios, ou pela *avenue des Champs-Elysées*, quem sabe.

Os vv. 369-74 dão um exemplo desses mortos em movimento: Sainte-Beuve atravessa o rio Sena pela *pont Neuf* de sul a norte para visitar sua amante, Adèle Hugo (*née* Foucher), mulher de Victor Hugo, no 6 *place des Vosges*, e cruza com o duc de la Rochefoucauld caminhando de norte a sul pela mesma ponte em direção à casa de Madame de Lafayette na *rue Ferou*. Sainte-Beuve e Adèle Hugo viveram dois séculos depois do duque e da madame. Mirrlees está fundindo tempos distintos, criando uma sincronia que só tem lugar no poema, feito no cinema da época se faria com técnicas como *blurring*, *fading* etc. Por isso, e por serem, assim, espectros, não só não veem um ao outro, como não são capazes de ver um ao outro (v. 374). Briggs observa ainda que o duque figurava em *Port-Royal* (1840-59), o grande estudo de Sainte-Beuve sobre o século XVII.

Os vv. 375-6 concluem esta passagem: a voz sob o poema se sente oprimida pelo calor e umidade, os sonhos, as visões alcançam sua cintura, como numa enchente.

O SOL, DE DAMASCO A AÇAFRÃO

É possível que haja uma ruptura no tempo aqui, como houve no v. 319, mas os vv. 377-409 permanecem, em termos do espaço urbano, na *rive gauche*, e do tempo histórico, no presente do poema.

Nestes versos, a memória de uma cerimônia religiosa. No fim da tarde, o murmúrio dos fiéis rezando e o jardim ao redor da Igreja de Notre-Dame-des-Champs: a estátua da Virgem, as pombas que lembram a aparição do Espírito Santo, imagens (de metade) das estações da Via-Crúcis gravadas em madeira, os arbustos e flores cujos bulbos são ex-votos de um converso japonês,[21] a fusão da Virgem com a dama perfeita do amor cortês — esta uma mescla de sublimação erótica, ideais de nobreza, pureza e aperfeiçoamento espiritual — nas canções de um poeta da Provença, e por fim as vespas sobre as nêsperas terrenas porque não podem atacar as do paraíso.

Na passagem seguinte, intercalam-se impressões e imaginações. O dia vai anoitecendo. A voz sob o poema vê nuanças de frutas-cores que o declínio do sol vai transformando: o muro ganha a cor do céu ao pôr do sol nas "nêsperas do Paraíso" (onde não haverá "vespas" para roê-las); alguns versos abaixo, na *Pont Solférino*, por contraste, as pessoas parecem moscas, mordiscando o "damasco celestial", i.e., a fruta-cor-do-céu é agora o damasco (v. 401). Na rua lá embaixo, os jornaleiros apregoam as novas edições dos vespertinos (vv. 392-3 e v. 396); a oeste, o sol afunda atrás de um prédio (v. 394); ao sul, do outro lado do Mediterrâneo, um outro mundo. Briggs interpreta o v. 395 como aludindo aos muezins que entoam a chamada para a prece do pôr do sol. Porém, os muezins não usam versos do Alcorão ao chamar os fiéis para a prece. É possível que Mirrlees tenha se enganado, mas é possível também que, em vez da chamada para a prece, ela tivesse em mente os mulás nas madraças quando o fim do dia dá fim às aulas.

Do alto andar onde se encontra, olhando para oeste contra o sol damasco que vai se pondo, a voz sob o poema vê tudo em silhueta (i.e., em preto e em duas dimensões) nos vv. 398-404: os fiacres e as pessoas, entre elas um padre, passando numa ponte distante parecem mosquitos.

Os eventos do anoitecer se sucedem: os livreiros nas margens do Sena encerram suas atividades (vv. 405-6), a noite traz consigo silêncio e a ausência de cor (vv. 407-9), o vento está calado no norte distante (v. 410). Com a palavra "hiperborea", Mirrlees sinaliza que a paisagem do poema vai mudar para Montmartre, no norte de Paris.

---

[21] Em 1931, o japonês, Tsuguharu Foujita, viajou pelas Américas: Brasil, Argentina, Bolívia, Peru, Cuba e Estados Unidos. No Brasil, teve contato com vários mestres modernistas brasileiros (em especial, Portinari, que ele conhecera em Paris). Mário de Andrade o elogiou na imprensa; Ismael Nery o retratou. Em sua biografia de Foujita, *Glory in a line: a life of Foujita — The artist caught between East & West* (2006), Phyllis Birnbaum escreve que, vestido excentricamente (de *cullottes*, camiseta, sandálias, grandes brincos nas orelhas) ao passar pela Lapa, no Rio, foi fragorosamente aplaudido pelas prostitutas encantadas.

A noite acorda, como se fosse um vampiro, e acorda Montmartre. A voz sob o poema lá emerge, e lá permanece até quase o fim do poema.

A VIDA, BOÊMIA SOB O MANTO DA NOITE

Assim de súbito de volta ao norte da cidade, o v. 411 de um golpe faz de Montmartre um ícone por seus aclives, sua marginalidade orgulhosa, suas artistas, em cuja homenagem as ruas se curvam até o chão e se erguem em reverência às estrelas, do céu e dos palcos.

O v. 412 forma um par com os vv. 416-8: desde muito cedo na vida do automóvel, Paris sempre teve muitos táxis, e em Montmartre, sendo uma colina, às vezes íngreme, se concentram. Um *chauffeur* impaciente buzina depressa e o carro soa como o rouco, rítmico piar de uma coruja.

Os vv. 413-5 são, penso, suscitados pela visão do Louvre e do Sena do alto de Montmartre. Briggs interpreta essa passagem como um lance de Mirrlees para refletir a intervenção cultural de Freud na modernidade, seu ter trazido à tona o inconsciente. As menções a Freud, a dragagem e a lixo parecem indicar que a voz sob o poema vê os taludes, talvez significando a civilização sobre a qual Freud escreveu, como repressão, como uma barreira atrás da qual o inconsciente se oculta. Briggs vê na justaposição de Freud e eletricidade uma deliberada evocação da vida moderna (e, penso eu, modernista mesmo) e observa que "Paris teve anúncios luminosos movidos a eletricidade desde 1912", citando Blaise Cendrars que em 1914 escreveu, em "Contrastes" (2005, p. 71): *Il pleut les globes électriques* (Chovem globos elétricos).

Os vv. 416-8, são mais uma passagem quase caligrâmica. Para Briggs, estes versos são compostos verticalmente para simular as filas nos pontos dos táxis à espera de passageiros. Penso que Mirrlees pode estar aludindo também a um famoso episódio em que centenas de táxis em Paris foram recrutados, em 1914, para ajudar no transporte de soldados para o front na Batalha do Marne (vv. 196-7).

Nos vv. 419-20, à alusão indireta à sexualidade corresponde o símile que associa os ruídos dos motores dos táxis a gatos no cio: um outro exemplo da preocupação modernista com a coexistência do primitivo/irracional e do moderno/racional.

Os vv. 421-2 configuram outra dicotomia: como os leões, as prostitutas dependem para seu sustento que a providência divina lhes traga presas/clientes. No Moulin Rouge, o famoso cabaré no *boulevard de Clichy*, em Montmartre, um padre tomba enquanto as pás do moinho tombam em seu movimento circular. No século XIX, talvez, por força do império, é possível que os ingleses contribuíssem com o maior número de missionários ao esforço ocidental de catequização. É possível que Mirrlees não queira dizer que o padre simplesmente imita o movimento das pás, mas sim que, na futilidade de seu idealismo e no simbolismo do seu adversário simbólico, o capelão inglês invista contra o moinho, como, claro, o Cavaleiro do Triste Semblante, de Cervantes. Talvez o padre se veja um soldado de Deus neste vale de lágrimas e se vista de Quixote contra o paganismo gigante do Moulin Rouge, aos seus olhos um moinho tão mais perigoso porque vermelho.

Os vv. 423-4 são provocados, penso, pela imagem de uma partitura entrevista, à frente de um músico, num dos muitos bares, restaurantes e casas de espetáculo em Montmartre.

Novamente trazendo à lembrança as silhuetas (vv. 398-404), as semínimas e colcheias no papel são finas hastes encimadas por uma oval negra que a voz sob o poema compara a cabeças de ancestralidade africana (ver a nota à tradução dos vv. 423-4). Em sua representação gráfica, as colcheias diferem das semínimas por terem na parte inferior um colchete (i.e., um traço sinuoso), o que sugere a contorção que a voz sob o poema julga, talvez sarcasticamente, obscena e que é congruente com a conotação de sexualidade instintiva nesta passagem e com a reputação boêmia e transgressora de Montmartre (e principalmente da adjacente área de Pigalle).[22]

O v. 425 (repetido no v. 430) é enigmático, mas estende este tema de sexualidade transgressora. A repetição talvez sugira um anúncio, falado ou impresso. Briggs nota que *cartes* (querendo dizer cartas, talvez de cartomantes, ou talvez mapas, de um lugar, de locais semelhantes por perto, ou documentos, ou cartões de visita) era gíria para "prostituta" e especula que *allumette* (fósforo) possa ser gíria para "pênis".

---

[22] Briggs observa que o jazz chegou a Paris no pós-Grande Guerra trazido pelos músicos afro-americanos que eram membros de bandas militares, e logo se tornou o gênero musical da moda em Montmartre.

Sob estas hipóteses, talvez o verso signifique que cada prostituta sai a trabalhar com um específico cliente (i.e., não sozinha, à procura).

Nos vv. 426-7, a menção a uma mascarada dos sete pecados capitais pode ser uma imagem suscitada pelo que parece à voz sob o poema um cortejo de vícios nas ruas de Montmartre, talvez uma alusão à pintura de Andrea Mantegna no v. 120. Briggs prefere a interpretação de que estes versos se refiram a um espetáculo, talvez o cancã do Moulin Rouge (v. 422), em que a voz sob o poema imagina uma audiência que inclui cinquenta americanos astigmáticos (i.e., cuja visão é distorcida ou desfocada). Briggs também vê, nessa hipótese, mais uma manifestação do conflito entre a Virgem e "a malévola lua de abril".

Nos vv. 428-9, um exemplo desta distorção: com um suposto sotaque americano (remedado com um certo sarcasmo, de forma a parecer estranho ao cosmopolitismo de Paris), um americano reclama que as "meninas" na boate preferem outras "meninas", em mais uma alusão ao lesbianismo que os vv. 346-7 já sugeriam. O uso de *gurls* neste verso, uma forma dialetal, ou talvez derrogatória, parece um lance premeditado de Mirrlees. Em 1919, nenhum/a outro/a poeta estava explorando, em inglês, esse eixo linguístico. Em 1922, Eliot viria a pensar em usar uma citação de Dickens ("He do the police in different voices" [algo como "Ele imita a polícia com sotaques diferentes"]) em "The waste land" (Eliot, 2022), mas eliminou-a do texto publicado. Virginia Woolf achou "Paris: um poema" *obscure, indecent and brilliant*. Poderia uma parte desse *indecent* ser uma reação a esse tipo de liberdade de Mirrlees em transitar para outro registro? Briggs tempera esta hipótese ao notar que *gurls* era gíria francesa tanto para lésbicas quanto para coristas, já que era comum, desde há muito, supor que as artistas de palco, assim como as cortesãs, eram lésbicas.

Nasceres

O v. 431 proclama a chegada da aurora, marca o fim de um dia, sinaliza que o poema começa a terminar. É esta a hora em que Verlaine (morto em 1896) iria dormir.

Alquimia (v. 432) alude, talvez, a "Alquimia do verbo", uma das seções de *Uma temporada no inferno* (1873), de Rimbaud. Sob esta hipótese, temos outra referência à homossexualidade, dado o tempestuoso amor entre Rimbaud e Verlaine, cujos vícios incluíam o absinto e o tabaco barato que vinha da Argélia, em outra alusão ao mundo muçulmano no poema.

Com estes versos, Mirrlees parece aludir ao declínio e indigência de Verlaine no fim de sua vida: a ele só resta infindavelmente falar, falar, falar do passado. O v. 436 tem um ar de Verlaine, mas não parece uma citação; talvez seja um pastiche, ou, ainda, apenas uma referência às cores da aurora.[23]

Os vv. 437-41 constituem três cortes rápidos, tendo em comum serem cenas em que um leito está presente (e Verlaine talvez já tenha chegado em casa e ido deitar ele também). Nos vv. 437-8, deitados o presidente e sua esposa; no v. 439, nos leitos da maternidade, mulheres dão à luz;[24] nos vv. 440-1, alguém insone, lê *Crime e castigo* de Dostoiévski. Com as menções a Verlaine e a Poincaré assim justapostas, Mirrlees continua, como no resto do poema, a trazer a homossexualidade à superfície heteronormativa.

Os vv. 442-4 concluem o poema com o nascer do sol, enquanto o grande mercado de Les Halles desperta. No verso final, o poema retorna, circular, ao seu início contemplando o céu de intensa cor entre as torres de Notre-Dame.

Envoi

Por fim, a voz sob o poema saúda Paris, cheia de graça, a graça concedida à cidade pelo poema e a concedida pela cidade à poeta na forma do poema que acabamos de ler.

---

[23] Para Homero, a aurora tinha dedos rosa; para Safo, rosa eram os braços.

[24] A Abadia de Port-Royal era um convento associado ao jansenismo, um movimento reformador na igreja francesa do século XVII que evoluiu, filosófica e politicamente, como uma reação ao crescente absolutismo da monarquia e por isso foi perseguido por esta. Sainte-Beuve (v. 354) escreveu um monumental e influente estudo do jansenismo, *Port-Royal* (1840-1859). A abadia é um também um pano de fundo no primeiro romance de Mirrlees, *Madeleine, one of love's Jansenists* (1919); no capítulo XVI do romance, Madeleine visita a abadia, cuja superiora, Madre Agnes Arnauld, é baseada em Jane Harrison.

O asterismo[25] no fim do poema traça o Grande Carro (também conhecido por Caçarola, ou Carro de David) na constelação da Ursa Maior: é um selo privado (usado com, para e por Jane Harrison) e o assina como sendo de Hope Mirrlees.

Na página final, Mirrlees, num gesto original (em relação à norma corrente nas décadas anteriores à publicação do poema), adiciona notas para o poema, com o que implicitamente reconhece-lhe a complexidade. Há precedentes no passado mais distante: Pope tinha anotado sua *Dunciad*; Shelley tinha anotado *Queen Mab*, mas não era comum poetas anotarem seus textos. Este gesto de Mirrlees antecipa o uso de notas por parte de T. S. Eliot em "The waste land", ainda que este tenha alegado mais tarde que só o fez para alongar o texto e viabilizar sua impressão em livro separadamente. Porém, na época, o fato de que o poema vinha acompanhado de notas foi motivo de grande discussão, posto que claramente marcava um desacoplamento da poesia modernista do gosto médio comum. Outro lance de audácia antecipado por Hope Mirrlees, poeta moderníssima.

---

[25] Na correspondência íntima entre Mirrlees e Harrison, "a grande ursa" é o termo que ambas usavam para se referir a Harrison, que usava (em reverso, talvez denotando inversão, no sentido sexual) este ícone para assinar suas cartas a Mirrlees. Por certo uma coincidência apenas, mas na primeira dupla página no "Un coup de dés" de Mallarmé (a que vai desde "*SOIT*" até "*penché de l'un ou l'autre bord*") muitos pensam que a mancha tipográfica criada pelas palavras delineia a Ursa Maior.

NANCY CUNARD

(1896-1965)

Nancy Cunard em retrato de Barbara Ker-Seymer, 1929.

Vida, poesia, poema

Vida

Nancy Clara Cunard nasce em 10 de março de 1896 na mansão de Nevill Holt em Leicestershire, na Inglaterra, filha única de Sir Bache Cunard e Maud Alice Burke. O pai é um baronete inglês, neto do fundador anglo-canadense da Cunard Line, a sofisticada companhia de transporte marítimo anglo-americana. A mãe é americana — e ainda mais rica, também por herança —, casa-se com o título, não a pessoa, em busca de ascensão social. Nancy adolescente, Maud adota o nome de Emerald, abandona o marido e muda-se para Londres onde se torna anfitriã famosa na sociedade londrina da primeira metade do século XX.

Cunard é educada em casa durante a infância e, na adolescência, frequenta escolas de etiqueta em Londres, Munique e Paris. Viaja; lê ampla e dedicadamente; domina línguas e história; ávida, como a mãe, e com esta, consome alta cultura.

Na vida de Cunard[1] é possível distinguir cinco *personae* (ou posturas, atitudes, estados) que vou chamar de *flapper*,[2] poeta, editora, ativista, espectro.

---

[1] A primeira biografia importante é a de Anne Chisholm (1979). Mais recente e mais atualizada é a de Lois Gordon (2007), mas contém erros de fato e interpretações discutíveis. Tomo como base *Cunard, Nancy Clara (1896-1965)*, de Jane Marcus (2004).

[2] Algo assim como aquela que, intencionalmente ou não, gera contínuo escândalo e tumulto por força de seu comportamento livre, ignorando normas, julgamentos e opiniões médias, de massa, de flácido, fácil, cansado consenso. Para um panorama da paisagem social de onde as *flappers* emergiram, veja Mackrell (2013).

Na primeira década do século XX, belíssima, Cunard faz parte da autodenominada *corrupt coterie* (um grupo de jovens grã-finos, encabeçado por Diana Manners,[3] que escandalizou a sociedade londrina durante e logo após a Grande Guerra, famoso pelo glamour e pelo comportamento anticonvencional ao extremo). Na imaginação da época, Cunard e Iris Tree,[4] sua amiga, também poeta e não menos livre, tornam-se ícones da mulher sexualmente liberada que, na louca década seguinte, será chamada de *flapper*, a *vamp* ligeiramente andrógina, sempre envolta numa névoa, ampliada pelo imaginário popular, de álcool e drogas e jazz e incontáveis intensas fugazes paixões. Cunard vira personagem de *romans à clef* de ex-amantes que viram peças de teatro que viram filmes (Gordon, 2007).

Com o pai, quase sempre omisso e recolhido, se relaciona bem, ainda que sem grande afeto; com a mãe, o conflito é radical, constante e cortante. Provavelmente por causa desta crise contínua, aluga um apartamento[5] com Iris Tree e vive livre. Provavelmente para tentar se livrar da constante crise com a mãe, em 1916 se casa com Sydney Fairbarn, australiano, atleta, veterano da campanha de Galípoli. Em termos de afeto e intimidade, o casamento desmorona quase imediatamente. Cunard e Fairbarn separam-se em 1919; o divórcio, porém, só se efetiva em 1925.

Desde muito cedo, a vida voraz de Cunard ofusca sua produção poética, que é importante e substancial. Mais tarde, sua imersão no ativismo racial e político, importantíssimo, tem o infeliz efeito de defletir a atenção de leitores, estudiosos e críticos. Até hoje, é raro que se escreva sobre ela sem vesti-la de escândalos, sob a lente de moralismos horrorizados, de censuras puritanas, de antagonismos políticos.[6]

---

[3] Diana Manners publicou sob seu sobrenome de casada (Cooper) três volumes de autobiografia (ver Cooper, 2008) que são considerados a melhor fonte sobre a *corrupt coterie*.

[4] Por sucinta e belíssima, a melhor descrição de Cunard neste período é a contribuição de Iris Tree em Ford (1968, pp. 18-25).

[5] No último andar do prédio onde funcionava, no térreo, o restaurante The Eiffel Tower, um importante ponto de encontro do meio artístico de Londres na época.

[6] O interesse pela vida de Nancy Cunard, no que teve de libertária e, por isso, provocadora à moral e aos chochos costumes da baixa burguesia, continua, a toda. A mais recente tentativa de retratá-la, sem tomá-la a sério como poeta séria, é a de Anne

A poesia de Cunard surge associada a Edith Sitwell,[7] com quem ela colaborou na produção da primeira de seis antologias anuais (de 1916 a 1921), cujo título, *Wheels* [Rodas], Sitwell toma de um poema de Cunard. Duas coletâneas, *Outlaws* [Os fora da lei] (1921) e *Sublunary* [Sublunar] (1923), não deixam dúvidas sobre a seriedade com que Cunard vê sua poesia, mas o cume da sua obra poética é o poema-longo *Parallax* (1925), que Virginia e Leonard Woolf publicam pela Hogarth Press e que revela uma clara guinada rumo ao modernismo de Eliot. As outras publicações, em vida, da poesia de Cunard são *Poems-two-1925, etc.* [Poemas-dois-1925, etc.] (1930), *Relève into maquis* [Recrutamento aos maquis] (1944), e *Man-ship-tank-gun-plane: a poem* [Homem-navio-tanque-arma-avião: um poema] (1944).

A irresolução dos conflitos com a mãe, os nós em que se emaranham a sua vida sexual, a reação superficial e possivelmente sexista dos primeiros resenhistas de *Parallax*, o êxodo da vanguarda londrina para a Paris pós-guerra, e sua própria longa atração por aquela cidade convergem para motivar a mudança de Cunard para lá. É deste ponto em diante que, sem deixar de ser poeta, Cunard coleciona novas *personae*, enquanto sua beleza e audácia atraem artistas modernos.[8]

Embora ainda hoje se rotule Cunard como "herdeira", insinuando-se com isso que ela não passou de uma pobre menina rica, Cunard nunca foi pobre (se por isso se entende indefesa, frágil ou temerosa), nunca foi menina (visto que tomou sua vida nas mãos muito cedo, por força da imensa distância que se abriu entre ela, a mãe e o pai) e nunca

---

de Courcy (2022), cuja bibliografia sequer cita qualquer dos volumes de poesia de Cunard.

[7] Edith Sitwell (1887-1964), hoje pouco lida, foi uma importante poeta inglesa de vanguarda, cuja obra e ativismo, partindo também de uma rejeição total à poesia georgiana, seguiu um curso paralelo à vertente modernista de Ezra Pound e T. S. Eliot. Sua obra, ambiciosa e tecnicamente complexa, tende à abstração, enfatizando a matéria sonora e rítmica de um poema, e, neste sentido, diverge essencialmente da poética imagista do primeiro Pound (que Eliot adaptou e elaborou de modo significativo em sua própria obra).

[8] Man Ray, Curtis Moffat e Cecil Beaton a fotografam; Brancusi vê nela "La jeune fille sophistiquée" e a esculpe (em maio de 2018, a escultura de Brancusi com esse nome foi vendida em leilão por US$ 71 milhões); Eugene McCown, Wyndham Lewis e Oskar Kokoschka, em óleo ou lápis, e Mina Loy, em poema (reproduzido neste volume), a retratam.

foi rica (por muito tempo, pois quando herdou algo, quase de imediato gastou-o nas causas que lhe eram caras).

Sua primeira investida contra os moinhos da banalidade foi a fundação da Hours Press, em Paris. Entre 1928 e 1931, Cunard usou-a para publicar 23 trabalhos,[9] dos quais o mais importante (e mais longo) foi *A draft of XXX cantos*, de Pound. Também importantes foram as publicações de *La chasse au Snark*, a tradução por Louis Aragon do poema *The hunting of the Snark*, de Lewis Carroll, e de *Whoroscope*, o poema-longo de Samuel Beckett, o primeiro trabalho dele a ser publicado individualmente.

A lista de amantes de Cunard em *affaires* quase sempre curtos é longa e eivada por suposições mais ou menos frágeis. Entre aqueles com artistas e para os quais a evidência é mais convincente, sabe-se de Michael Arlen, Richard Aldington, Aldous Huxley, Pound (e provavelmente Wyndham Lewis e John Rodker), Louis Aragon, Henry Crowder e Pablo Neruda. Há mais nomes que são às vezes citados, mas para esses outros a evidência me parece ou pouca ou rasa.

Os relacionamentos mais profundos (por exemplo, com Pound) e duradouros (por exemplo, com Aragon e com Crowder) me parecem importantes porque induziram mudanças em Cunard como poeta e pessoa. O relacionamento com Pound parece ter propelido Cunard ao Modernismo, ao passo que sua politização contra o fascismo e contra o racismo parecem emergir dos seus *affaires* com Aragon e Crowder, respectivamente.

O relacionamento com Pound cessa quando da mudança dele de Paris para Rapallo por volta de 1924. A este, sucede o relacionamento com Aragon, que dura cerca de dois anos. A partir de 1928, mantém um longo relacionamento com Crowder, um músico de jazz afro-americano, enfrentando por isso a fúria da mãe e da sociedade londrina. Cunard torna-se repórter e, como repórter, ativista. Com uma coragem lendária, Cunard passa a se envolver ativamente em assuntos relacionados a políticas raciais e aos direitos civis nos EUA. Escreve e publica o panfleto *Black man and white ladyship* (Cunard, 1931), tendo muito em mira a mãe e as atitudes racistas que ela representava. Como repór-

---

[9] A lista completa das publicações da Hours Press forma o Apêndice 2, pp. 340-2, de Chisholm (1979). *These were the hours: memories of my Hours Press, Réanville and Paris, 1928-1931* (Cunard, 1969) é uma memória do seu trabalho como editora.

ter, cobre o caso dos Scottsboro Boys, no Alabama, em 1931, um dos mais chocantes exemplos da extrema crueldade e desumanidade que resultam de uma sociedade profundamente, tragicamente racista. Num esforço pioneiro e gigantesco de coordenação, Cunard edita a monumental *Negro: an anthology* (1934) que colige, em 855 páginas, obras de escritores e artistas negros, tanto africanos como os da diáspora. Com esse trabalho e gesto, Cunard mostra-se pioneira em chamar à atenção pública o volume e valor da contribuição intelectual da arte de raiz africana ao longo dos séculos.

Em 1935, Cunard cobre, como repórter, a crise provocada na Abissínia (hoje Etiópia) pela brutal invasão do país pela ditadura fascista de Mussolini. Quando a Guerra Civil Espanhola eclode em 1936, se atira de corpo e alma na causa republicana. Com a derrota das forças republicanas pelo fascismo franquista, o ativismo de Cunard arrefece um pouco, mas ainda assim viaja, visita o Chile com Pablo Neruda, e continua a escrever. Sua poesia dá uma guinada para o engajamento político e, eventualmente, cessa.

Nos estertores da Segunda Guerra Mundial e da ocupação da França, os nazistas invadem e destroem sua casa em Réanville, onde seus livros, obras de arte e a prensa da sua Hours Press estavam guardados.

Seus últimos anos são de perambulação e lento declínio, magérrima, fisicamente um espectro. Em Paris, numa cama de enfermaria, sozinha e indigente, jaz. Pesa 29 quilos. Morre em 17 de março de 1965, aos 69 anos, indomada e indomável.

A maior parte de sua obra poética está agora coligida em *Selected poems* (Cunard, 2016b), outro trabalho de resgate de Sandeep Parmar. "Paralaxe" foi traduzido para o francês por Dorothée Zumstein em *Parallaxe et autres poèmes* (Cunard, 2016a), uma edição que contém ainda traduções de seis poemas de cada um dos livros, *Outlaws* e de *Sublunary*, e uma tradução de "Southern Sheriff", o poema, publicado em 1934, em que Cunard esquarteja a violência e a virulência da linguagem dos agentes da lei contra os Scottsboro Boys, em 1931. Além das já citadas biografias de Chisholm (1979), de Gordon (2007) e da importante monografia de Marcus (2020), não há muitos artigos acadêmicos de peso. De Courcy (2022) é mais uma oportunidade perdida (considerando a seleta que Parmar trouxe à luz) de ir além da vida vertiginosa de Cunard e redescobrir a sua poesia pioneira. E *Nancy Cunard: brave poet, indomitable rebel 1896-1965* (Ford, 1968) é uma comovente coletânea de lembranças, testemunhos e memórias de uma gama variada de amigos e admiradores de Cunard em suas várias *personae* e nos vários tempos de sua vida. Alguns dos seus trabalhos em prosa podem ainda ser encontrados, mas seu jornalismo, que eu saiba, nunca foi coligido em livro.

Poesia

Por muito tempo, a vida de Nancy Cunard foi lida pelo poema de liberdades que representa e incita. É preciso agora, penso, ler seus poemas.

Grosso modo, há três tempos na poesia de Cunard. O primeiro é o coligido em *Outlaws*, de 1921. Nesta coletânea, os poemas se atêm não só a uma prosódia passadista, mas oscilam inseguramente entre diferentes "ansiedades de influência", para mal usar o conceito cunhado por Harold Bloom: há poemas que se querem de Byron, ou de Thomas Hardy, ou de William Butler Yeats, ou de Walter de la Mare, refletindo assim, ao meu ler, o *mélange* de estilos principalmente vitorianos e georgianos que o modernismo de Pound, Eliot, H. D., Richard Aldington e Wyndham Lewis vem radicalmente confrontar no meio literário londrino dos anos 1910-20. Leio em *Outlaws* um repositório de explorações ainda imaturas, uma tentativa de encontrar voz própria, ou de afirmar credenciais. Para mim, o melhor poema do livro, "Answer to a reproof" ["Resposta a uma reprimenda"], indiretamente confirma essa impressão de embate e busca. Embora não se saiba quem fora o autor da reprimenda (Pound é sempre citado, mas bem pode ter sido um dos outros poetas modernistas do círculo londrino deste, como Richard Aldington, ou o cáustico Wyndham Lewis),[10] o poema é uma afirmação

---

[10] "Answer to a reproof" foi publicado pela primeira vez em 1919. Quase todos os poemas em *Outlaws* violam um ou mais dos famosos "A few don'ts by an imagiste" que Pound publicara em 1913 e que assumiram o papel de estandarte para a, digamos, militância modernista: chega de inversões sintáticas, chega de vocabulário marcado por grandiosas abstrações simbolistas e decadentes, chega da diluição da imagem concreta por qualificações abstratas. Numa longa carta de 1921, sobre um (outro) poema que Cunard submetera a Pound para publicação em *Dial*, a pequena-revista modernista, ele, em detalhe e com tanto tato quanto lhe é instintivamente possível, ressalta o quanto a poesia de Cunard lhe parecia ainda atada ao que ele chama de um dialeto poético

sóbria, severa, corajosa e tensa de independência e autonomia, de respeito a si própria. Sua importância vem do prenunciar a opção modernista de "Paralaxe" e, mais adiante, o ativismo racial e político no qual Cunard preferirá concentrar sua intensa energia, e os resquícios de sua herança, depois de se mudar para Paris. Em que pese este poema, Cunard sempre dá grande valor às opiniões poéticas de Pound, e, tendo em vista o relacionamento íntimo de ambos, parece provável que também a forma de "Paralaxe", e não só seu conteúdo, tenha sido influenciado pela proximidade afetiva e intelectual de ambos então.

Em *Sublunary*, de 1923, já é possível discernir um distanciamento do que Anne Chisholm (1979, p. 87) descreve como sendo a "noção eduardiana da linguagem poética e a imagem, ultrapassada, romântica, do poeta e seu ofício" que subjaz aos poemas de *Outlaws*. O impacto de Eliot, pessoal e poeticamente, já se insinua, por exemplo, em "Ballad of 5 rue de l'Etoile". Segundo Sandeep Parmar (e as biógrafas de Cunard), a energia de muitos dos melhores poemas em *Sublunary* emerge do *affaire* entre Cunard e Pound. Entre estes, os sobre a Provença, muitos escritos *in loco*, por onde Cunard viajou, seguindo de perto um roteiro que Pound, a pedido dela, lhe sugerira.[11] A linguagem poética de *Sublunary* começa a responder, afinal, à proposta de concreção imagista. Vários poemas (por exemplo, "Shall we forget?", "I think of you") refletem, segundo Parmar, o impacto da perda definitiva de Pound, mas ensaiam também a ruptura de Cunard com as prosódias passadistas.

O segundo tempo da poesia de Cunard é modernista, e vai de 1925 a 1930-1935, consistindo em poucos poemas, mas excelentes. "Paralaxe" é o poema em que Cunard mais consciente e deliberadamente responde, em termos de prosódia, ao desafio modernista e abandona a maioria dos traços mofados de suas duas coletâneas publicadas. Mas

---

ultrapassado, marcado, entre outros escombros, pelo apego à rima por pura obrigação e ao pentâmetro iâmbico como acrítica forma fixa.

[11] Pound descreve seu vagar pela Provença no poema "Provincia deserta" em *Lustra* (1916-1917), traduzido por Dirceu Villa (Pound, 2019) e por Augusto de Campos (Pound, 2020). Vale notar que Eliot acompanhou Pound e a esposa deste numa viagem pela Dordonha em julho e agosto de 1919 que Hollis (2022) descreve bem. É difícil julgar se a presença de Eliot nesta viagem a faz mais relevante à interpretação de "Paralaxe" e, aqui, não a considero como tal.

escreve pouca poesia durante a década em questão, absorvida em sua atividade de editora e cada vez mais intensamente em seu ativismo racial e político.

Cunard responde à Guerra Civil Espanhola e à Segunda Grande Guerra com poemas em que usa as estratégias do Modernismo com consumada mestria. Um exímio exemplo é "Man-ship-tank-gun-plane" ["Homem-navio-tanque-arma-avião"], de março de 1944, escrito à revelia da tradição acentual do inglês, em versos de 16 sílabas. Para mim, é um dos grandes poemas sobre o terror da guerra, dando carne poética à sua reprimenda às posições políticas de Pound: "Guerra não é algo abstrato".[12]

A partir da década de 1930, a produção poética de Cunard é, em grande medida, guiada por seu ativismo político, e não por questões ligadas a movimentos poéticos. É, por isso, eclética, tecnicamente falando: duros pontiagudos sonetos, livres versos-livres pela liberdade.

POEMA[13]

"Paralaxe" é um poema complexo sobre um complexo triângulo amoroso. O poema dá voz aos vértices, mas tais vozes são entrecortadas por elipses, por ausências, por recusas: o efeito é mesmo de que não os vemos como verdadeiramente são, mas, apenas, por paralaxe.

Um grande poema-longo modernista, por demasiados anos, "Paralaxe" foi, apesar disso, relegado ao esquecimento. Embora haja lugar para uma legítima discussão crítica a respeito das fontes e do impacto do poema, penso que o motivo principal desse esquecimento foi a super-

---

[12] Este murro em palavras ocorre na carta, de junho de 1946, que Cunard famosamente escreveu a Pound, quando este ainda estava internado em um asilo de doentes mentais em Washington, como resultado de sua não-condenação por traição durante a Segunda Grande Guerra. Nela, Cunard o fustiga dura e frontalmente por seu antissemitismo e sua adesão ao fascismo de Mussolini, ao mesmo tempo que relembra, com ternura, seu amor por ele no passado.

[13] "Parallax" foi publicado pela primeira vez em abril de 1925 pela Hogarth Press de Virginia e Leonard Woolf e este é o texto adotado aqui. Foi republicado nos *Selected poems* (Cunard, 2016), organizado por Parmar.

ficialidade com que a crítica contemporânea reagiu à sua publicação.[14] Só recentemente o poema tem sido reavaliado e dado a conhecer mais amplamente. Ao meu ler, "Paralaxe" é uma peça de mestre, se não de invenção, e fundamental para um entendimento sólido das estratégias pelas quais o Modernismo revolucionou a poesia de língua inglesa (e, por extensão, muitas outras) nas três primeiras décadas do século XX.

Neste sentido, os aspectos estruturais mais importantes e distintamente modernistas em "Paralaxe" são, por um lado, a multiplicidade de vozes e pontos de vista e, por outro, a indeterminação quanto a quem pertence cada voz, a quem cada voz se dirige, e sob qual ponto de vista cada voz fala.

Cunard parece ter delegado dar um título ao poema a Virginia Woolf,[15] que compôs a tipografia e publicou o poema na Hogarth Press em abril de 1925.[16] Presumo que a epígrafe, que ancora o uso do termo, também tenha sido sugestão de Woolf, mas não sei de evidência para essa conjectura.[17]

Vejo três ângulos para explicar por que Virginia Woolf deu ao poema o título "Paralaxe". Um primeiro ângulo, interno ao texto, aludiria

---

[14] Num breve ensaio, após o comentário a "Paralaxe", analiso essa questão em mais detalhe.

[15] Virginia Woolf. *The diary of Virginia Woolf — volume 2 (1920-1924)*, Anne Olivier Bell (org.), Harmondsworth, Penguin Books, 1981, p. 320.

[16] A edição tinha uma capa desenhada por Eugene McCown (1898-1966), um pintor e pianista americano, parte do famoso grupo de expatriados na Paris dos *roaring Twenties*. Indomável, sexualmente livre e promíscuo, abusando do álcool e das drogas, foi outro artista cuja vida traçou um arco de cometa fugaz no seu próprio tempo histórico. Foi um dos artistas que se beneficiaram da generosidade de Nancy Cunard quando sua herança ainda não tinha se dissipado por tais motivos mesmo, alma gêmea de McCown que, num certo sentido, ela era.

[17] Entre os que tinham Sir Thomas Browne em alta conta, contam-se Samuel Johnson ("É um perpétuo triunfo da imaginação o expandir um tema escasso, o alçar ideias cintilantes de propriedades obscuras, e o dar ao mundo um objeto de maravilhas para o qual a natureza pouco contribuiu. A essa ambição, talvez, devemos as rãs de Homero, o mosquito e as abelhas de Virgílio, a borboleta de Spenser, a sombra de Wowerus, e o quincunx de Browne"); Coleridge ([Browne está] "entre meus primeiros favoritos, rico em sabedorias várias, exuberante em concepções e ideias, contemplativo, imaginativo; muitas vezes verdadeiramente grande e magnífico em estilo e dicção embora, sem dúvida, vezes demais inflado, rígido e hiperlatinístico") e, acima de todos e mais recentemente, W. G. Sebald (principalmente em seu *Os anéis de Saturno*).

ao fato de que, no curso do poema, os personagens (apenas inferidos pelos pronomes pessoais a que Cunard se limita) se veem vértices de triângulos, representando relacionamentos, em que o que é verdadeiro e acurado depende do observador e de sua distância e movimento em relação àquilo que observa. Aqui, o título escolhido por Woolf parece aludir à dinâmica dos relacionamentos que o poema explora, com a voz sob o poema dando a cada personagem escopo e espaço para perceber e reperceber os movimentos emocionais ao seu redor.

Um segundo ângulo, refletindo a estrutura do texto, expressaria a reação dos leitores à multiplicidade de personagens e vozes com que o poema se constrói. Aqui, cada leitor se vê um vértice e sua percepção daqueles personagens e vozes vai se reconfigurando, por distância e movimento, ao longo da leitura, num processo de descoberta e desconstrução. Gradualmente, por paralaxe, cada leitor refina e repensa sua percepção dos personagens e vozes que, dinamicamente, vê emergir do texto.

Um terceiro ângulo, apenas indiretamente ligado ao texto em si, refletiria a posição do poema na paisagem literária da época. A ideia subjacente centra-se numa interpretação do poema de Cunard como uma visão da modernidade alternativa, ou complementar, à de "The waste land" de Eliot. Por este ângulo, "Paralaxe" se move em relação ao poema de Eliot e se distancia dele. Ao fazê-lo, o reposiciona e o reavalia. Neste sentido, mais recentemente, certos leitores de "Paralaxe"[18] argumentam que o poema de Cunard merece ser entendido como um posicionamento alternativo de modernidade, distinto do que o poema de Eliot demarcara, ainda que em diálogo com este.

Essa estratégia de multiplicar as vozes em que "Paralaxe" prima já estava presente nos primeiros poemas de Eliot. Porém, ao meu ler, em Eliot, tal estratégia não é tão intensa e extensamente usada quanto no poema de Cunard. De qualquer modo, além dessa polifonia e não--linearidade e de uma visão comum da vida no imediato pós-Grande Guerra, o ter usado, em breves passagens, uma dicção que o primeiro Eliot fez sua, é provavelmente a razão principal pela qual a reação crítica à publicação de "Paralaxe" foi tão carente de entusiasmo, com a

---

[18] David Ayers, em *Modernism: a short introduction* (2004), Jane Marcus, em *Nancy Cunard: a perfect stranger* (2020), e Rai Peterson, em "Parallax: a knowing response to T. S. Eliot's 'The waste land'" (2015).

maioria das resenhas apressando-se em tachar o poema de mero derivativo de Eliot, um consenso que talvez se explique pelo impacto de sua poesia, particularmente de "The waste land", no mundo literário de Londres da época.

Em comparação com os poemas de Loy e Mirrlees, "Paralaxe" é, na superfície, menos obviamente um poema-longo modernista pelo simples fato de que suas inovações não são as predominantemente linguísticas, mas sim as de cunho estrutural, e estas têm parentesco tanto com o primeiro Eliot quanto com a prosa modernista de James Joyce, Virginia Woolf ou Dorothy Richardson, na medida em que almeja perturbar a certeza referencial de quem o lê. Em termos dos atributos que venho usando para caracterizar o poema-longo modernista, "Paralaxe" prima pela não-referencialidade, pela polifonia e pela não-linearidade. Disto resulta que o poema é radicalmente indeterminado.

Assim, "Paralaxe" é uma peça de mestre no demonstrar o quanto essa indeterminação radical transfere a quem lê a tarefa de construção de um todo coeso a partir dos fios e fragmentos de sentido que constituem o poema na página. Por isso, penso que "Paralaxe" merece uma posição de destaque no cânone, já que constitui em relação a este um exemplo raro de intensa, elaborada, e quase pura, indeterminação estrutural.

"Paralaxe" nos ensina que um poema modernista pode, radical e audaciosamente, existir "a uma certa distância do seu verdadeiro e próprio ser".

Desenho de Eugene McCown para a capa de *Paralaxe*, 1925.

Paralaxe

Parallax
(1925)

"Many things are known as some are seen, that is by Paralaxis, or at some distance from their true and proper being."

Sir Thomas Browne

I desire here to pay my thanks, and state my admiration
   for the two drawings by Eugene McCown that form
      the covers of this volume.

            N. C.

Paralaxe
(1925)

"Muitas coisas são conhecidas como algumas são vistas, isto é, por Paralaxis, ou a uma certa distância do seu verdadeiro e próprio ser."[1]

Sir Thomas Browne

Desejo aqui prestar meus agradecimentos, e expressar minha admiração pelos dois desenhos de Eugene McCown[2] que formam as capas deste volume.

N. C.

He would have every milestone back of him,
The seas explored, clouds, winds, and stars encompassed,
All separate moods unwrapped, made clear—
Tapping of brains, inquisitive tasting of hearts,
Provisioning of various appetite.   5
Midnights have heard the wine's philosophy
Spill from glass he holds, defiant tomorrows
Pushed back.
His credo threads
Doubt with belief, questions the ultimate grace   10
That shall explain, atoning.
A candle drips beside the nocturnal score—
Dawns move along the city's line reflecting,
Stare through his rented casement.

      Earth, earth with consuming breast,   15
Across its ruined waste, its tortuous acre
Draws out his complex fires, drives on his feet
Behind imperious rain, and multiplies
The urges, questions in the wilderness.
All roads that circle back—he shall tread these   20
And know the mirage in the desert's eyes
The desert's voices wait.
This clouded fool,
This poet-fool must halt in every tavern
Observing the crusty wrecks of aftermath,   25
Plied by his dual mood—uneasy, still—
Devouring fever of bone transfused to brain,
              >

Por ele, todo marco ficaria para trás.
Os mares varridos, ventos, nuvens, e estrelas circunscritas,
Vontades° separadas, desembrulhadas todas, clarificadas —
Sondar de cérebros, inquisitivo degustar de corações,
Suprir de apetite variado.   5
Meias-noites ouviram a filosofia do vinho
Se derramar de taça em sua mão, amanhãs desafiadores
Adiados.
Seu credo entretece°
Dúvida com crença, questiona a derradeira graça   10
Que explicará, remindo.
Uma vela pinga ao lado da partitura noturna —
Auroras movem-se ao longo da linha urbana refletindo,
Encaram, adentrando sua janela° alugada.

       Terra, terra com seio consumidor,   15
Através da tua° vastidão arruinada, teu acre° contorcido
Extrai dele seus incêndios° complexos, impele seus pés
No rastro de imperiosa chuva, e multiplica
Os ímpetos°, perguntas nos ermos°.
Todos os caminhos que trazem de volta — vai cruzá-los   20
E conhecer a miragem nos olhos do deserto
Que as vozes do deserto esperam.
Este tolo obtuso°,
Este tolo-poeta tem que parar em toda taverna
Observar os destroços encrostados que restam após o fim°,   25
Manipulado pelo seu duplo estado° — inquieto, imóvel —
Faminta febre quintã° transfundida ao cérebro,
       >

In that exact alembic burned away,
      Made rare, perpetual.

         Come music, 30
In a clear vernal month
Outside the window sighing in a lane,
With trysts by appletrees—
Moths drift in the room,
Measure with running feet the book he reads. 35
The month is golden to all ripening seeds;
Long dawns, suspended twilight by a sea
Of slow transition, halting at full ebb;
Midnight, aurora, daytime, all in one key—
The whispering hour before a storm, the treacherous hour 40
Breaking—
So wake, wind's fever, branches delirious
Against a riven sky.
All houses are too small now,
A thought outgrows a brain— 45
Open the doors, the skeleton must pass
Into the night.
In rags and dust, haunted, irresolute,
Its passion cuts new furrows athwart the years.

         Sorrow, my sister— 50
            yet who accepts
    At once her tragic hand?
    From pitiless explorations
    Come the unwarrantable deeds,
    The over-proved frustrations. 55
        O vulgar lures of a curl!
    Tricks, catches, nimble-fingered ruffian
               [adolescence
    Whose beauty pulls
    The will to fragments—
    Young beauty in raffish mood, 60
      >

Naquele alambique exato queimada ao nada,
    Tornada rara, perpétua.

       Vinda° a música,   30
Num claro mês vernal
Lá fora da janela suspirando num beco,
Com escapadelas° pelas macieiras—
Mariposas à deriva no quarto,
Com os pés que correm e medem o livro que ele lê.   35
O mês é de ouro para todas as sementes que maduram;
Longas manhãs, crepúsculo suspenso onde um mar
Se move, lento³, hesitando no fim da vazante;
Meia-noite, aurora, o dia e suas horas, tudo um tom só—
A hora sussurrante antes duma tempestade, a hora traiçoeira   40
A se quebrar—
Acorda então,° febre de vento, ramos que deliram
Contra um céu estilhaçado.
Todas as casas são pequenas demais agora,
Um pensamento transborda um cérebro—   45
Abra as portas, o esqueleto tem que se ir
Noite adentro.
Em trapos e poeira, assombrado, indeciso,
Sua⁴ paixão corta novos sulcos através dos anos.

              Amargura, minha irmã—   50
                    mas quem sem relutar
    Se curva à sua mão trágica?
    De explorações impiedosas
    Vêm atos indefensáveis,
    As frustrações demais provadas.   55
        Ó engodos vulgares de uma melena anelada!
    Ardis, armadilhas, delinquente adolescência de
                          [dedos lépidos
    Cuja beleza desconcerta
    A resolução aos cacos—
    Beleza em flor° num humor° libertino,   60
    >

           Love to be sold,
      Lily and pleasant rose,
      Street lily, alley rose,
      For all Love-to-be-sold, who will not buy?
      Rose, gold—and flush of peach   65
      (Never by sun formed),
      Bloom-dust off gala moon
      In restaurants,
      Cupid of crimson lamps—
      His cassolette   70
      Streams through the coy reiterative tune
      Nightlong.
      Oh come, this barbed rosette
      (Or perhaps spangle
      From champagne)   75
      Drops off once out the exit-door—
      Or how many thousand prodigal francs
      From serious patriarchal banks
      Must build the card-house for this
                      ['Grand Amour']?

Sour grapes of reason's vine   80
Perfecting, hang on that symbolic house,
And passion is a copious mine
No matter how stripped it's always full—carouse
Then, cytherean, with the cursory false love
That has his bed   85
Gold-lined, and robs you, host that are too fond—
       Cold, cold,
Mind's acid gales arouse the sated old
Fool that was gulled by love and paid his bond—
       Young love is dead.   90

'I that am seed, root and kernel-stone
Buried in the present, I that exact fulfillment from
                                        [every hour
              >

                Amor a ser vendido,
Lírio e prazerosa rosa,
Lírio das ruas, dos becos, rosa,
Para todos Amor-de-ser-vendida, quem não comprará?
Rosa, ouro — e rubor de pêssego   65
(Jamais por sol tingido)
Pó-do-florir de lua de gala
Em restaurantes,
Cupido de abajures carmins —
Sua terrina°   70
Jorra através da reiterada recatada melodia
Noite-afora.°
Ah anda, esta roseta farpada
(Ou talvez lantejoula
De champanhe)   75
Cai no chão tão logo porta afora na rua —
Ou quantos milhares de francos pródigos
Saídos de sérios bancos patriarcais
Têm que construir o castelo de cartas para este
                              ['Grand Amour']?

Azedas° uvas da videira da razão   80
Aprimorando, grudam-se naquela casa simbólica,
E a paixão é uma mina farta
Por mais que explorada, está sempre cheia — alcoólica°
Então se esbanje, citérea,⁵ com o negligente falso amor
Cuja cama quer   85
De ouro adornada, e te rouba, anfitriã interessada° demais —
        Frias, frias
As ácidas ventanias da mente excitam o velho° saciado
Tolo que pelo amor foi ludibriado e pagou o que devia —
        O amor em flor° está morto.   90

'Eu que sou semente, raiz e caroço
Enterrado no presente, eu que exijo satisfação de todas
                              [as horas
        >

Now tell you:
Accept all things, accept—if only to be aware.
Understand, no choice is granted, 　　　　　　　　　　　95
Nor the prudent craving, nor the ultimate romance—
But the unalterable deed, the mystic and positive
Stands, monumental against the astonished sky
　　　　Of an inquisitive world.
Now fierce, now cold,　　　　　　　　　　　　　　100
Time beats in the hours, threatens from smoky ruins—
And yet to whom the loss
If one be made the sempiternal fool
　　　　Of chance,
Muddied with temporary growth of love's importunate
　　　　　　　　　　　　　　　[weeds?　　105

　　'In the penumbra
　　　　Of the wilderness,
On the rim of the tide along Commercial street
You meet one like you for an hour or two—
But eventual sameness creeps to repossess　　　　　110
All eyes, supplicant, offering unusable fidelities;
Eyes of defiance sulking into assent,
Acute with repetition, aged by a
　　　　　　　　[stale demand . . .
Though I did mark the turn of every hand
In the beginning, tendered my respect　　　　　　115
To ante-rooms, while the sand ran from the hours.

　　'Think now how friends grow old—
Their diverse brains, hearts, faces, modify;
Each candle wasting at both ends, the sly
Disguise of its treacherous flame . . .　　　　　　120
Am I the same?
Or a vagrant, of other breed, gone further,
　　　　　　　　　　[lost—
I am most surely at the beginning yet.
　　　　　　>

Nancy Cunard

Te digo agora:
Aceita todas as coisas, aceita — pelo menos para estar ciente.
Entende, escolha alguma é ofertada,   95
Nem o ansiar prudente, nem o romance derradeiro —
Mas o ato inalterável, o místico e positivo
Permanece, monumental contra o céu estupefato
       De um mundo inquisitivo.
Feroz agora, agora frio,   100
O tempo soa as horas, lança ameaças de ruínas fumegantes —
No entanto para quem a perda
Se a gente se torna um sempiterno tolo
       Do acaso,
Perturbado pelo temporário explodir das irritantes
                           [ervas daninhas do amor?   105

    'Na penumbra
    Da selva°,
Na orla da maré ao longo da Comercial street°
Encontras um teu igual por uma hora ou duas —
Mas a eventual mesmice se intromete e de novo se apossa   110
De todos os olhos, súplices, a oferecer fidelidades inúteis;
Olhos de desafio se amuando até que consentem,
Agudos por repetição, envelhecidos por uma
                            [demanda rançosa...
Embora eu tivesse marcado a vez° de cada mão
No começo, apresentado° meus respeitos   115
Às antessalas, enquanto a areia escorria das horas.

    'Pensa agora como amigos ficam velhos —
Seus cérebros diversos, caras, corações, modificam-se;
Cada vela a consumir-se° em ambas as pontas, o astuto
Disfarce da flama traiçoeira...   120
Sou o mesmo?
Ou um vagabundo, de outra raça, que foi mais longe,
                                     [se perdeu —
Tenho a mais absoluta certeza de estar no começo ainda.
                >

If so, contemporaries, what have you done?
We chose a different game—
But all have touched the same desires
Receded now to oblivion—as a once-lustrous chain
Hangs in the window of the antiquary,
Dry bric-à-brac, time-dulled,
That the eventual customer must buy . . .
        (Tomorrow's child)'

                Sunday's bell
    Rings in the street.   An old figure
      Grins—(why notice the old,
The scabrous old that creep from night
                         [to night
Bringing their poor drama of blenched faces and fearful hands
That beg?)
Two old women drinking on a cellar floor
Huddled, with a beerish look at the scavenging rat—
A fur-collared decrepitude peers
From tattered eyelids
That shrivel malignant before an answering
                          [stare—
Old men in the civic chariots
Parade with muffled protestations,
Derelicts spit on the young.
            Oh symbol, symbol,
Indecorous age and cadence of christian bell.

This thin edge of December
Wears out meagrely in the
Cold muds, rains, intolerable nauseas of the street.
Closed doors, where are your keys?
Closed hearts, does your embitteredness endure forever?
Torpidly
Afternoon settles on the town,
               each hour long as a street—
        >

E se estou, contemporâneos meus, o que fizeram vocês?
Escolhemos um jogo diferente— 125
Mas todos tocamos os mesmos desejos
Agora encolhidos ao olvido—se uma pulseira antes brilhosa
Pendurada na vitrine do antiquário,
Bricabraque empoeirado, tempo-fosco°,
Que eventualmente um freguês tem que comprar ... 130
        (A criança de amanhã)'

            O sino de domingo
    Soa na rua.   De uma velha figura
    Um esgar°—(por que notar os velhos,
Os escabrosos velhos que se arrastam de uma noite
                        [a outra noite 135
Trazendo seu drama tosco de rostos pálidos e mãos medrosas
Que mendigam?)
Duas velhas bebendo no chão de um porão°
Amontoadas, um olhar de cerveja no rato rapando os restos—
Uma decrepitude com colarinho de arminho mira 140
Por trás de pálpebras esfarrapadas
Que malignas se encolhem diante do que, em resposta,
                        [as encara—
Velhos em carruagens cívicas
Desfilam sob protestos amordaçados°,
Desabrigados cospem nos jovens. 145
        Oh símbolo, símbolo,
Era indecorosa e cadência de sino cristão.°

Este gume fino de dezembro
Escassamente cega-se nas
Lamas frias, chuvas, intoleráveis náuseas da rua. 150
Portas trancadas, tuas chaves onde estão?
Corações trancados, tua indignação° dura para sempre?
Indolentemente
A tarde assenta-se sobre a cidade,
        cada hora do tamanho de uma rua— 155
   >

In the rooms
A sombre carpet broods, stagnates beneath deliberate steps:
Here drag a foot, there a foot, drop sighs, look
                          [round for nothing, shiver.
Sunday creeps in silence
Under suspended smoke,   160
And curdles defiant in unreal sleep.
The gas-fire puffs, consumes, ticks out its
                            [minor chords—
And at the door
I guess the arrested knuckles of the one-time friend,
One foot on the stair delaying, that turns again.   165

London—
                    youth and heart-break
    Growing from ashes.
    The war's dirges
    Burning, reverberate—burning   170
    Now far away, sea-echoed, now in the sense,
    Taste, mind, uneasy quest of what I am—
    London, the hideous wall, the jail of what I am,
        With fear nudging and pinching
    Keeping each side of me   175
    Down one street and another, lost—
    Returned to search through adolescent years
    For key, for mark of what was done and said.
    Do ghosts alone possess the outworn decade?
    Souls fled, bones scattered—   180
        And still the vigilant past
    Crowds, climbs, insinuates its whispering
                            [vampire-song:
    (No more, oh never, never . . .)
    Are the living ghosts to the dead, or do the dead
                                      [disclaim
    This clutch of hands, the tears cast out to
                                      [them?   185

                      >

Nos cômodos
Um carpete sombrio rumina, se estagna sob passos calculados°:
Cá arraste um pé, lá um pé, derrame suspiros, procure
                              [em torno por nada, tirite.
O domingo se arrasta em silêncio
Sob fumaça suspensa,   160
E desafiador se coalha num sono irreal.
A lareira a gás bufa, consome, metrônomo de seus
                              [acordes menores—
E na porta
Adivinho o nó dos dedos do meu amigo de outrora,
Um pé na escada se atrasa, que se volta de novo.   165

Londres—
            alma em flor° e grandes mágoas
      Brotando de cinzas.
      As lamentações[6] da guerra
      Ardendo, reverberam—ardendo   170
      Agora tão longe, ecos de mar, agora no sentido,
      Paladar, mente, missão inquieta do que sou—
      Londres, o muro nojento, o cárcere do que sou—
            Com o medo me cotovelando e beliscando
      Vigiando° cada lado de mim   175
      Por uma rua e outra, perdida—
      De novo buscando através de anos adolescentes
      Chave, sinal do que foi feito e dito.
      Só os fantasmas possuem a década gasta?
      Almas fugiram, ossos se espalharam—   180
            E o passado ainda vigilante
      Se aglomera, galga e infiltra sua cantiga vampírica,
                              [sussurrante:
      (Não mais, oh nunca, nunca[7]...)
      São os vivos fantasmas para os mortos, ou os mortos
                              [renunciam
      A este agarrar° de mãos, às lágrimas que sobre eles
                              [jorram?   185

                    >

              Must one be courteous, halve
                              [defunct regrets,
           Present oneself as host to 'Yester-year'?

By the Embankment I counted the grey gulls
Nailed to the wind above a distorted tide.
On discreet waters   190
In Battersea I drifted, acquiescent.
And on the frosted paths of suburbs
At Wimbledon, where the wind veers from the new ice,
Solitary.
In Gravesend rusty funnels rise on
                              [the winter noon   195
From the iron-crane forests, with the tide away from
                                        [the rank mud.
Kew in chestnut-time, September in Oxford Street
Through the stale hot dust—
And up across the murk to Fitzroy Square
With a lemon blind at one end, and the halfway spire   200
Attesting God on the right hand of the street—
London—
        Old.
Dry bones turfed over by reiterant seasons,
Dry graves filled in, stifled, built upon with new
                                        [customs.   205

Well, instead—
The south, and its enormous days;
Light consuming the sea, and sun-dust on the mountain,
Churn of the harbour, the toiling and loading, unloading
By tideless seas   210
In a classic land, timeless and hot.
Trees
Bowed to the immemorial Mistral
The evergreens, the pines,
Open their fans—   215
                    >

Tem-se mesmo que ser cortês, reduzir à metade
[desgostos defuntos,
Apresentar-se como anfitrião do 'Ano-passado'?°

No Embankment[8] contei as gaivotas cinzentas
Pregadas no vento sobre a° maré distorcida.
Em águas discretas   190
Em Battersea, vaguei, aquiescente.
E nas trilhas suburbanas, cobertas de geada,
Em Wimbledon, onde o vento se desvia do gelo novo,
Solitária.[9]
Em Gravesend funis enferrujados sobem contra
[a lua de inverno   195
Das florestas de fergruas°, com a maré distante
[da lama fedida.
Kew na estação das castanheiras, setembro em Oxford Street
Atravessando o quente pó pesado°—
E adiante, cruzando o negrume até Fitzroy Square
Com uma cortina limão numa ponta, e no meio a flecha°   200
Testemunho de Deus no lado direito da rua—
Londres—
     Velha.
Ossos secos que a grama engoliu por estações reiteradas,
Tumbas secas entulhadas, sufocadas, pisadas° por novas
[modas.   205

Bom, em vez disso—
O sul, e seus dias enormes;
A luz devorando o mar, e pó-de-sol sobre a montanha,
Vaivém do porto, o suor e o carregar, descarregar
Em mares sem maré   210
Numa terra clássica, eterna e quente.
Árvores
Curvadas pelo imemorial Mistral
As plantas perenes, os pinheiros,
Abrem-se em leques—   215
              >

Paralaxe

   Red-barked forest,
   O vast, brown, terrible,
   Silent and calcinated.
   Moonstruck, dewless...
 Or further 220
  I know a land... red earth, ripe vines and plane-trees,
  A gulf of mournful islands, best from afar.
The sunset's huge surrender
Ripens the dead-sea fruit in decaying
         [saltmarsh.
Then brain sings out to the night in muffled thirds, 225
Resumes the uneasy counting and the planning —

  What wings beat in my ears
The old tattoo of journeys?
Why dreamer, this is the dream,
The question's answer. And yet, and yet, 230
  The foot's impatient (... where?)
        the eye is not convinced,
  Compares, decides what's gone was better,
  Murmurs about 'lost days'...
  Sit then, look in the deep wells of the sky, 235
  Compose the past —
   Dry moss, grey stone,
   Hill ruins, grass in ruins
   Without water, and multitudinous
   Tintinnabulation in poplar leaves; 240
   A spendrift dust from desiccated pools,
   Spider in draughty husks, snail on the leaf —
    Provence, the solstice.
   And the days after,
By the showman's travelling houses, the land caravels 245
Under the poplar — the proud grapes and the burst
         [grape-skins.
Arles in the plain, Miramas after sunset-time
In a ring of lights,
And a pale sky with a sickle-moon.
     >

   Bosque de cascas vermelhas,
   Ó vasto, bruno°, terrível,
   Silencioso e calcinado.
   Magoado de lua, nu de sereno°...
 Ou mais longe
  Sei de uma terra... solo roxo, vinhas gordas e plátanos,
  Um golfo de ilhas tristonhas, melhores de longe.
A imensa rendição do crepúsculo
Amadurece a maçã-de-Sodoma[10] no mangue decomposto
            [e salobro.

Aí o cérebro canta para a noite em terças° abafadas,
Retoma o inquieto contar e o planejar —

  Que asas batem em meus ouvidos
O velho rufar de jornadas?
Ora, sonhador, o sonho é este,
A resposta da pergunta. No entanto, no entanto,
  O pé se impacienta (... onde?)
       o olho não convencido,
  Compara, decide que era melhor, o que não mais,
  Murmura algo sobre 'os dias perdidos'...
Então senta, olha dentro dos poços fundos do céu,
Compõe o passado —
   Musgo seco, pedra cinza,
   Ruínas em colinas, grama uma ruína
   Sem água, e o sobrenumerável
   Tintinabular de folhas de álamos;
   Um pó de penugem° de mar vem de poças dessecadas,
   Aranha em cascas de pés de vento, caramujo na folha —
    Provença, o solstício.
   E os dias depois,
Nas casas móveis do mambembe, as caravelas do chão
Sob o álamo — as uvas altivas e as peles rachadas
            [das uvas.
Arles na planície, Miramas[11] depois do crepúsculo
Num anel de luzes,
E um céu pálido com uma lua crescente.
       >

Thin winds undress the branch, it is October.   250
And in Les Baux
An old life slips out, patriarch of eleven
                              [inhabitants—
'Fatigué' she said, a terse beldam by the
                              [latch,
'Il est fatigué, depuis douze ans toujours dans le même coin.'

      In Aix, what's remembered of Cézanne?   255
A house to let (with studio) in a garden,
(Meanwhile, 'help yourself to these ripe figs, *profitez*...
And if it doesn't suit, we, Agence Sextus, will find you
                              [another just as good.')
The years are sewn together with the thread of the same story;
Beauty picked in a field, shaped, re-created,   260
Sold and dispatched to distant Municipality—
But in the Master's town
Merely an old waiter, crossly,
'Of course I knew him, he was a dull silent fellow,
Dead now.'   265
And Beauty walked alone here,
Unpraised, unhindered,
Defiant, of single mind,
And took no rest, and has no epitaph.

    What hand shall hold the absolute,   270
        What's beauty?
Silent, the echo points to the ladderless mind
Tumbled with meanings, creeping in fœtus
                              [thoughts...
(Out, out, clear words!)
Genius is grace, is beauty—shall I be less deceived   275
Life-long, because of beauty's printed word?
And yet—what's beauty, where?
Perhaps in eyes, those paths,
Quick funnels to the complicated pool
Of the mind.   But the thinking eye   280
          >

Ventos magros despem o ramo, é outubro.   250
E em Les Baux
Uma velha vida escorre embora, patriarca de onze
                        [habitantes—
'Fatigué'[12] disse ela, na taramela, uma gangana° de parcas
                                          [palavras,
'Il est fatigué, depuis douze ans toujours dans le même coin.'[13]

    Em Aix, o que se lembra de Cézanne?   255
Uma casa para alugar (com ateliê) num jardim,
(Enquanto isso, 'sirvam-se desses figos maduros, *profitez*[14]...
E se não lhe agradar, nós, a Agence Sextus, achamos
                        [outra tão boa quanto.')
Os anos se grudam, cosidos com a linha da mesma estória;
Beleza colhida num campo, moldada, recriada   260
Vendida e despachada para um município distante—
Mas na cidade do Mestre
Meramente um velho garçom, irritado,
'É claro que o conheci, era um camarada bronco, calado,
Já morto.'   265
E a Beleza caminhou sozinha por aqui,
Sem elogio, sem travas,
Desafiadora, obstinada,
E jamais descansou, e não tem epitáfio.

    Que mão vai empunhar o absoluto,   270
      O que é beleza?
Silencioso, o eco aponta para a mente sem escada
Tropeçando em significados, se insinuando em pensamentos
                                          [fetais...
(Saiam, saiam, palavras claras!)
Gênio é graça, é beleza—serei menos iludida   275
A vida inteira, por causa da palavra impressa da beleza?
No entanto—o que é beleza, onde?
Talvez em olhos, aquelas trilhas,
Rápidos funis para a complicada poça
Da mente.   Mas no olho que pensa   280
       >

Is blank—cold water-veils
Proceed above what sunken curious shells,
What stones, what weed?
The thinker's eye a blank—with flowering words
Back of it waiting, whereas other eyes 285
Attend to books, bills, schemes, and how-do-you-do's,
Entrench their independence, liberty . . .
(O liberty that must be so exactly organized!)
        Brain
        Train 290
        Of conscious passion
        Music
        Absolution, sweet abnegation
        Of choice—a palm-grove's transmigration
        On soft hawaiian strings 295
        Softly, to languid ballrooms—
(God grant us appetite for all illusions,
God grant us ever, as now, the sweet delusions.)

      Spring flushes the gardens.
In season of return bloom the forgotten days 300
Thinly; an empty house
      Waits, that has once been mine.
Spring flushes the gardens—
Here a road, there a flowering tree,
And the lonely house, 305
The lost house, the house bereft,
Spider-filled, with the hearth ash-laden from the
                                    [last fire—
But he that delays here, now an anonymous traveller,
Stares at the evening silence, and without gesture
      Passes on. 310

The sand is scored with print of unknown feet
Where seas are hollow, tenanted by sound;
The air is empty save where two wings beat
                >

Uma lacuna—frios véus d'água
Seguem acima de que curiosas conchas naufragadas,
Que pedras, que erva?
O olho de quem pensa, uma lacuna—com palavras florindo
Atrás dele à espera, enquanto outros olhos   285
Dão atenção a livros, contas, esquemas e como-vais,
Entrincheiram sua independência, liberdade...
(Ó liberdade que precisa ser tão exatamente esquemática!)
    Comboio na
    Cabeça de°   290
    Cônscia paixão
    Música
    Remissão, doce abnegação
    De escolha—a transmigração de um palmeiral
    Em suaves cordas havaianas°   295
    Suavemente, para lânguidos salões—
(Deus nos dê apetite para todas as ilusões,
Deus nos dê sempre, como agora, as doces desilusões.°)

    A primavera enrubesce os jardins.
Em estação de retorno florescem os dias esquecidos   300
Tenuemente; uma casa vazia
    Espera, que um dia foi minha.
A primavera enrubesce os jardins—
Aqui uma estrada, lá uma árvore florida,
E a casa solitária,   305
A casa perdida, a casa despojada,
Cheia de aranhas, com a lareira entulhada de cinzas das
                       [últimas achas—
Mas aquele que demora aqui, agora um viajante anônimo,
Encara o silêncio do anoitecer, e sem gesto,
    Segue em frente.   310

Pela° praia, as marcas: pegadas de estranho
Onde mares são ocos, seu som inquilino;°
Não há nada no ar, mas duas asas batem
            >

In timeless journeying—deep underground
Brood the eternal things, but in the street
No whisper comes of these, no word is found.
See now these berries dark along the hedge
Hard as black withered blood drawn long ago
Whose sap is frozen dry; a windy sedge
Hides field from ashen field, pale lapwings go
Whining above the heath, and floods are out
Over the meadows clasped in frigid lace
Of wintry avenues, ringed and fenced about—
His life is a place like this, just such a place.
For him no house, but only empty halls
To fill with strangers' voices and short grace
Of passing laughter, while the shadows' lace
Creeps from the fire along dismantled walls,
Uncertain tapestry of altering moods—
Only the sunset's hour, the solitudes
Of sea and sky, the rain come with the spring;
Dark winds that gnarl the olive trees, and moan
Against the shuttered brain that thrills alone
Each night more racked by its adventuring.
The sirens then, beyond the ocean's brim,
Call, and make ready on their ultimate shore,
And singing raise their arms, and wait for him,
Nepenthe rises at the prison door . . .

      But in what hour, what age
Are siren voices heard across the water?
No—instead
Only bread and rain
Are on the waters—
And in the flooded orient
Dawn
Unwinds from the edge of a gale,
Muffled, old-purple.
Between two hours the dawn runs very surely
Into a morning March.
Wild-fowl from the sedge, thrushes are in the dew

>

Em viagem sem era — do solo profundo
Algo eterno se engendra; na rua, contudo, 315
Deste, nada se escuta, ou palavra se encontra.
Veja agora estas bagas na sebe, lá, negras:
Duras, escuras (sangue murcho, estanco há muito),
Gelada a seiva, seca; o capim[15] no vento
Oculta vau de cinza vau, os claros quero- 320
Queros[16] no urzal gemendo, e as enchentes já vindo
Por sobre os prados presos pela renda° frígida
De invernais avenidas que cercas confinam —
A sua vida é tal e qual um tal lugar.
P'ra ele, casa alguma, só salões vazios, 325
Vozes de estranhos, vivos na mínima graça
De um gargalhar que passa, e o rendado das sombras,
Das achas acha, lento, as paredes ruídas,
Tapeçaria incerta de humores° mutáveis —
Do crepúsculo, a hora só, e as solidões 330
De mar e céu, a chuva chega à primavera;
Escuros ventos torcem oliveiras, gemem
Contra a mente vendada, sozinha se excita,
Cada noite a tortura de se aventurar.
As sereias então, onde o oceano derrama. 335
Chamam, na derradeira costa, se preparam,
Cantando erguem os braços, e esperam por ele,
Na porta da prisão, nepente[17] se levanta . . .

    Mas em que hora, em que era
Se ouve a voz das sereias do outro lado da água? 340
Não — em vez
Só pão e chuva
Nas águas —
E no oriente inundado
A aurora 345
Se desnovela° da orla de um vendaval,
Amordaçada°, púrpura-velha.
Entre duas horas a aurora com muita confiança colide
Com um março matinal°.
Aves selvagens vêm do capim, tordos lá no orvalho 350

>

On distant lawns, so you remember . . .
Is it the end or the beginning,
Caesura, knot in the time-thread?
And Paris
Rolls up the monstrous carpet of its nights, 355
Picks back the specks and forms —
O individual, disparate,
Where now from the river bank?
      From the Seine, up the Quarter, homeward at last
                              [to sleep.

— Clothes, old clothes — 360
    early is it, or noon,
By this alarm-clock?
    The rag-man turns the corner —
For him, past one; just today here in bed.
So — one begins again? 365
    so soon preoccupied . . .
Who's ill, tired, contumacious, sour, forswearing
After last night?
With wine alone one is allowed to think
Less cumbrously, and if one may recall 370
Little, there's always tomorrow — when a something sore
Gropes in the brain — and one shall not condone
The shame, the doubt of this, the automaton?
    With no particular heartache,
    Only subsiding chords, 375
    Echoes of transience.

In adolescence creep the first bitter roots
Darkly
To a full rich world —
The rich bitter fulness, where the play stands 380
Without prompter for the love-scene or the anger-scene.
And . . . You and I,
Propelled, controlled by need only,
Forced by dark appetites;
                >

Em gramados remotos, para que você se lembre...
É o fim ou o começo,
Cesura, nó no tempo-fio?
E Paris
Enrola o carpete monstruoso de suas noites,   355
Recolhe os farelos e formas° —
Ó indivíduo, discrepante,
Aonde, agora, da margem do rio?
       Do Sena, pelo Quartier°, para casa, enfim,
                            [dormir.

—Roupas, roupas velhas—   360
       será cedo, ou meio-dia,
Segundo este despertador?
       O trapeiro dobra a esquina—
Para ele, passa de uma hora; só hoje aqui na cama.
Então—começa-se de novo?   365
       tão cedo assim preocupada...
Quem está doente, cansada, contumaz, azeda, negando juras
Depois de ontem à noite?
Somente com vinho é permitido à gente pensar
Menos desajeitadamente,° e, se se pode lembrar   370
Pouco, há sempre amanhã—quando algo doído
Apalpa o interior do cérebro—e não se aturará
A vergonha, a dúvida disto, o autômato?°
       Sem nenhum desgosto específico,
       Só acordes se calando,   375
       Ecos do efêmero.

Na adolescência as primeiras amargas raízes
Sombriamente
Se infiltram num mundo rico e pleno—
A rica amarga plenitude, onde a peça se sustenta   380
Sem ponto° para a cena de amor ou a cena de fúria.
E... Você e eu,
Impelidos, controlados pela necessidade apenas,
Forçados por apetites sombrios;
               >

Lovers, friends, rivals for a time,
      thinking to choose,
And having chosen, losing.
. . . 'How long shall we last each other . . .
      Perhaps a year . . .
Omens I do not see . . .'
But now we are three together—
How is it when we three are together
No rancour comes, but only the tired
Acceptance, the heart-ache in each heart-beat?
Full acceptance, beaten out to the very end—
Life blooms against disaster,
    pressing its new immortal shoots against
                           [disaster.
And one of us questions, and smiles—
And one of us, smiling, answers with a gesture only—
And one:—'Ah no—the new cannot put out the old—
Though I clutch on the new I shall not shuffle off the old,
Wrapped, folded together
The new burns, ripens in the known,
Folded, growing together—
Yes—(even to paradox)
Have I not loved you better, loving again?'

    Up, down a little world—
        south, north—
    Pale north, dark-hedged; two cities grow
                          [and rot there
Stealthily.
      War's over, and with it, spring
That opening blinds let in no more.
      Only the grey
Habit of days,
The yawning visits, the forced revisitations.
Oh very much the same, these faces and places,
These meals and conversations,
Custom of being alive, averting of the death-thought.
            >

Amantes, amigos, rivais por um período, 385
    pensando em escolher,
E tendo escolhido, perdendo.
... 'Quanto tempo vamos durar um para o outro ...
    Talvez um ano ...
Presságios não vejo ...' 390
Mas agora somos três, juntos—
Como pode ser que quando estamos os três juntos
Rancor algum se vê, apenas uma exausta
Aceitação, o doer no coração em cada bater do coração?
Uma plena aceitação, batida° até o último segundo— 395
A vida floresce contra todo desastre,
    pressionando novos brotos imortais contra todo
                                            [desastre.
E um de nós questiona, e sorri—
E um de nós, sorrindo, responde com um gesto apenas—
E um:—'Ah não—o novo não pode apagar o velho— 400
Embora agarre o novo não vou descartar o velho,
Envoltos, amalgamados juntos,
O novo arde, amadurece no conhecido,
Amalgamados, crescendo juntos—
Sim—(no limite, um paradoxo) 405
Não te amei melhor, amando de novo?'

    P'ra cima, p'ra baixo de um mundo pequeno—
        sul, norte—
    Pálido norte, cercado de escuro; duas cidades crescem
                                    [e apodrecem lá
    Furtivamente. 410
        A guerra acabou, e com ela, a primavera
    Que o abrir das cortinas já não deixa entrar.
            Só o cinzento
    Hábito dos dias,
    As visitas entediadas, as revisitas forçadas. 415
    Oh a mesmíssima coisa, esses rostos e lugares,
    Essas refeições e conversas,
    Costume de estar viva, afastando o pensar na morte.
                    >

But in the charnel-cloister Dupuytren,
Down a side-street, there's a full century's
                              [matter   420
Collected—
The death-before-life, the atom in the womb
Preparing—snarled embryos,
                pinched
By once-roseate poisons.   425
(Frail brown
Pre-natal dust, what life is it you missed?)
The skeletons swing on a line,
Dark-waxed, patined, defective-boned—
O commemorable fusion of science with disease...   430
(That was a new contemplation,
                [the death-museum.)
   Up and down
  On a little track,
With a lighthouse to end the chapter.
The sea is glass—slip briefly into France;   435
Brown-gold Rhône, slip with me to
                       [the other sea
Where the mimosa flowers
Ecstatically for moribunds,
Immensely, in thundering rains.
Time rings in the weakening pulse, aggressive high— 440
    Time,
        Time—
Do you remember:
A cliff had hidden the wind—
The fishes came, and the gold-eyed plaintive mongrel   445
To snap at cast-off scraps;
We were talking of mutability—
(Your eyes dark
As a sky when the winter sun wearies of it
Drawing into a cloud.)   450
    '*Now* at least
We are forgotten of time, this hour escapes him—
        Where he sits

                    >

Mas no claustro-ossuário de Dupuytren[18]
Descendo uma rua lateral, há um século inteiro
                              [de matéria
Coletada—
A morte-antes-da-vida, o átomo no útero
Preparando—embriões enroscados,
                encolhidos
Por venenos antes rosados.
(Frágil bruna°
Poeira pré-natal, que vida é essa que perdeste?)
Os esqueletos[19] balançam numa corda,
Escuros de cera, patinados,° os ossos defeituosos—
Ó fusão de ciência e doença, digna de comemoração...
(Aquela era uma nova contemplação,
                        [o museu da morte.)
  P'ra cima e pr'a baixo
 Em trilhos estreitos,°
Com um farol para fechar o capítulo.
O mar é vidro—escapulir rapidamente para a França;
O Ródano[20] bruno-dourado, escapulir comigo para
                          [o outro mar
Onde as não-me-toques[21] num êxtase
Dão flor para moribundos,
Imensamente, em chuvas cheias de trovão.
O tempo tine no pulso claudicante, agressivo mais que°—
   Tempo,
        Tempo—
Você se lembra?
Uma escarpa escondera o vento—
Os peixes vieram, e o vira-lata de olhos pidões dourados
Para pular feito um relâmpago sobre os restos;
Falávamos de mutabilidade—
(Teus olhos escuros
Como o céu quando o sol de inverno se cansa dele°
Recolhendo-se° a uma nuvem.)
   '*Agora* pelo menos
Somos esquecidos do tempo, essa hora lhe° escapa—
    Onde ele fica

                >

In the work-shops
Tying his knots, unravelling, 455
Spoiling the work of others—
He who dramatises the nights
Of lovers, and tears fierce words from their insurgent
                                        [hearts—
He who sits
In the taverns, lusty, aloof, 460
Condemning, experienced, jealous . . .
Milord Eternity—'
    And the seas turn mutable foam,
                            [in fear transfusing
    Themselves to the watcher—
            they have nor wish nor choosing, 465
    But turn, tossing fragments, spars,
    Forever—meridian calms
    Fill these still classic shores with unaccountable
                                        [voice,
    And in the weeded stones
    The carapace life creeps singly, unafraid. 470

        "—Then I was in a train
                in pale clear country—
        By Genoa at night,
        Where the old palatial banks
        Rise out of vanquished swamps 475
        Redundant—
        And in San Gimignano's
        Towers, where Dante once . . .
        And in the plains, with the mountain's veil
        Before me and the waterless rivers of stones— 480
        Siena-brown, with Christ's head on gold,
        Pinturicchio's trees on the hill
        In the nostalgic damps, when the maremma's
                                        [underworld
        Creeps through at evening.
        Defunct Arezzo, Pisa the forgotten— 485
                    >

Em oficinas
Amarrando seus nós, desfazendo-se°, 455
Estragando o trabalho de outros —
Ele, que dramatiza as noites
Dos amantes, e arranca° palavras ferozes de seus corações
                                               insurgentes —

Ele, que fica
Em tavernas, forte, alheio 460
Condenatório, experiente, ciumento . . .
Milorde Eternidade —'
    E os mares batem espuma mutável,
                              [por medo transfundindo-
    Se em quem os olha —
                não têm nem vontade nem escolher°, 465
Mas batem, lançando fragmentos, mastros,
P'ra sempre — calmas meridianas
Enchem essas costas ainda° clássicas de vozes
                                 [inimputáveis,
E nas pedras cobertas de ervas
A carapaça-vida se infiltra solteira°, destemida. 470

    "— Aí eu estava num trem
              num país pálido e claro —
Por Gênova[22] de noite
Onde em penhascos, seus palácios,
Se erguem de pântanos conquistados 475
Redundantes —
E nas torres
De San Gimignano, onde Dante um dia . . .[23]
E nas planícies, com o véu da montanha
Diante de mim e os rios de pedregulhos, secos — 480
Terra de Siena°, com a cabeça de Cristo em ouro,
As árvores de Pinturicchio[24] na colina
Nos paludes nostálgicos, quando o mundo subterrâneo
                                    [da marema[25]

Tudo penetra no anoitecer.[26]
Arezzo defunta, Pisa a olvidada° — 485
    >

And in Florence
Benozzo
With his embroidered princely cavalcades;
And Signorelli, the austere passion.
Look — Christ hangs on a sombre mound,   490
       Magdalen dramatic
Proclaims the tortured god; the rest have gone
To a far hill.   Very dark it is,
                    [soon it will thunder
From that last rim of amaranthine sky.
Life broods at the cross's foot,   495
Lizard, and campion, star-weeds like Parnassus grass,
And plaited strawberry leaves;
The lizard inspects a skull,
You can foretell the worm between the bones.

     (I am alone. Read from this letter   500
That I have left you and do not intend to return.)

     ... Then I was walking in the mountains,
And drunk in Cortona, furiously,
With the black wine rough and sour
    from a Tuscan hill;   505
Drunk and silent between the dwarfs and the cripples
And the military in their intricate capes
Signed with the Italian star.
Eleven shuddered in a fly-blown clock.
     O frustrations, discrepancies,   510
I had you to myself then!
To count and examine,
Carve, trim, pare — and skewer you with words.
     Words ... like the stony rivers
Anguished and dry.   515
Words clouding, spoiling, getting between
                      [one and the mark,
Falsely perpetuating — 'Why he was thus,
Self-painted, a very personal testimony
Of half-expression' — and oh the hypocrisy
          >

E em Florença
Benozzo
Com suas cavalgadas principescas bordadas;
E Signorelli, a paixão austera.
Veja[27]—Cristo pende num outeiro sombrio, 490
         Madalena dramática
Proclama o deus torturado; o resto se foi
Para uma colina distante. Escuro, muito, está,
                               [logo vai trovejar
Da última orla de um céu amarantino.[28]
A vida se incuba ao pé da cruz, 495
Lagarto, e silena,[29] ervestrelas[30] feito parnássia,[31]
E folhas franzidas de morango;
O lagarto inspeciona um crânio,
Dá para prever o verme entre os ossos.

     (Estou sozinho. Leia nesta carta 500
Que te deixei e não tenho intenção de voltar.)

     . . . Aí eu estava caminhando nas montanhas,
E bêbada em Cortona,[31] furiosamente,
Com o vinho negro bruto e azedo
    de uma colina toscana; 505
Bêbada e calada entre os anões e os aleijados
E os militares nas suas capas intrincadas
Sinalizadas com a estrela italiana.
As onze sacudiram num relógio imundo°.
    Ó frustrações, discrepâncias, 510
Naquele tempo você era só meu!
Para contar e examinar.
Escavar, podar, aparar—e espetar-te com palavras.
    Palavras . . . como os rios pedregosos
Angustiados e secos. 515
Palavras nublando, estragando, se metendo entre
                            [a pessoa e o alvo,
Perpetuando falsamente—'Por que ele era assim,
Pintando a si próprio, um testemunho muito pessoal
De meia-expressão'—e oh a hipocrisia
             >

Of the surrender in the written word . . . 520
(Yet taken from this
The discerning estimate of 'what you've been'—)
What now can be remembered that was seen
Long ago? (always long ago.)
The empty seas, the unpeopled landscape, 525
     and the sullen acre
Trodden out in revolt—
Associations
Called in unmerited resurrection
Of what's accomplished, dead— 530
These, and the chasing of the immortal Question,
     The hunted absolute.
          In the shade of the bitter vine
I sit, instructed fool and phœnix-growth,
Ash-from-my-ash that made me, that I made 535
Myself in the folded curve of Origin—
Heredities disclaim, will not explain
All prior mischiefs in the bone, the brain—
     Only a ponderous mirror holds
The eyes that look deep and see
              [but the eyes again. 540

One for another
  I have changed my prisons;
Held fast, as the flame stands, locked in the
                         [prism—
And at one end I see
Beauty of other times, mirage of old beauty 545
Down a long road, clear of the strands and
                [patches of associations,
Keen, resurrected, very clear—
—And at one side
The symbol of the vacant crossroads,
Then the veiled figure waiting at the crossroads 550
Leaning against the wind,
     urging, delaying . . .
       >

De se render na palavra escrita... 520
(No entanto extraída disso
A estimativa perspicaz do 'o que você foi'—)
O que agora se poderá lembrar que foi visto
Tempos atrás? (sempre tempos atrás.)
Os mares vazios, a paisagem sem pessoas, 525
    e o acre severo
Pisoteado em rebelião—
Associações
Conclamadas em ressurreição imerecida
Do que se alcançou, mortas— 530
Estas, e a busca da Pergunta imortal,
    O absoluto caçado.
        À sombra da vinha amarga
Me sento, tola instruída[33] e espinha-de-fênix,°
Cinza-da-minha-cinza que me fez, que fiz- 535
Me na curva dobrada de Origem—
Hereditariedades renunciam, não explicarão
Todas as prévias travessuras no osso, o cérebro—
    Somente um grave espelho guarda
Os olhos que sondam fundo e veem novamente
        [somente os olhos, nada mais. 540

Uma pela outra
   Mudei minhas prisões;
Mantive-me firme, como a flama ereta, trancada no
                              [prisma—
E num extremo vejo
Beleza de outras eras, miragem de antiga beleza 545
Ao longo de uma longa estrada, livre dos fios e
        [remendos de associações,
Ávida, ressuscitada, muito clara—
—E a um lado
O símbolo das desertas encruzilhadas,
Aí a figura velada esperando nas encruzilhadas 550
Curvada contra o vento,
       insistindo, protelando...
      >

(I have come for you, Peer!)
—And behind me
The candles of thoughtful nights, 555
And the green months, solitary,
Across dividing seas—
And again behind me, the cities
Rising on the inexpressible meaning of their streets,
Unaltering—and the eyes lifting over a
                              [wine-glass, 560
Holding the inexpressible,
        playing terror against acceptance—
Eyes, and siren voices lost at dawn . . .
Only the empty dawn
Comes, over the harbour; with the getting-back to day, 565
The resumed love-songs and the rhythms of illusion.
—And around me
Legend of other times on dry gold background,
Pitted with slow insinuations
Probings of now defunct animalculæ . . . 570
Worm, mighty and dead, established in the paint
                              [and the tapestries,
Having ended your statements.
Only the statement, the unalterable deed only
Stands, and is no more than a halt on the track—
—And at last, before me 575
In fierce rise and fall of impetuous seasons,
The articulate skeleton
In clothes grown one with the frame,
At the finger-post waiting,
                aureoled with lamentations 580
'Hail partner, that went as I
In towns, in wastes—I, shadow,
Meet with you—I that have walked with recording eyes
Through a rich bitter world, and seen
The heart close with the brain, the brain crossed
                              [by the heart— 585
I that have made, seeing all,
Nothing, and nothing kept, nor understood

        >

(Eu vim por³⁴ você, meu Par!³⁵)
—E atrás de mim
As velas de noites de pensar° profundo,
E os verdes meses, solitários,
Através de mares divisores—
E do novo atrás de mim, as cidades
Emergindo sobre o inexprimível significado de suas ruas,
Inalteradas—e os olhos se alçando de uma
                                   [taça de vinho,
Contendo o inexprimível,
       jogando terror contra aceitação—
Olhos, e vozes de sereias perdidas na aurora...
Só a aurora vazia
Vem, sobre o porto; com o retornar ao dia,
As canções de amor recomeçadas e os ritmos da ilusão.
—E ao meu redor
Lenda de outras eras sobre um fundo de ouro agora seco,
Escavado por lentas insinuações
Sondagens de animálculos já defuntos...
Verme, poderoso e morto, entranhado na tinta
                                   [e nas tapeçarias,
Tendo terminado teus pronunciamentos.
Só o pronunciamento, somente o ato inalterável
Permanece, e não passa de uma parada na trilha°—
—E por fim, à minha frente
Em furiosa ascensão e queda de estações impetuosas,
O esqueleto articulado
Com roupas que se tornaram uma com a moldura,
No poste, os dedos³⁶ apontam, esperando,
                         aureolado por lamúrias
'Ave, parceiro, que foi como eu
Em cidades, em vastidões—eu, sombra,
Te encontro—eu, que andei gravando° com os olhos
Por um rico amargo mundo, e vi
O coração fechar com o cérebro, o cérebro trespassado
                                  [pelo coração—
Eu, que, vendo tudo,
Nada fiz, e nada guardei, nem entendi
                    >

Of the empty hands, the hands impotent through
[time that lift and fall
Along a question—
Nor of passing and re-passing
By the twin affirmations of never and for-ever,
In doubt, in shame, in silence.'"

590

Das mãos vazias, as mãos impotentes através do
[tempo que se erguem e caem
Junto com uma pergunta—
Nem do passar e repassar 590
Pelas gêmeas afirmações de nunca e para-sempre,
Em dúvida, em vergonha, em silêncio.'"

Notas ao poema

¹ *Epígrafe*. A epígrafe é de Thomas Browne, "Christian morals" (1716), in *Sir Thomas Browne's Works*, Simon Wilkins (org.), Londres, Henry G. Bohn, 1846, vol. IV, p. 81. Thomas Browne (1605-1682) foi um polímata inglês, admirado pela sua erudição, curiosidade e um certo tom de melancolia que perpassa sua obra.

² *Agradecimento*. Eugene McCown (1898-1966) foi um pintor e pianista americano. As ilustrações a que o agradecimento se refere são as da primeira edição, pela Hogarth Press.

³ v. 38: *halting at full ebb* [lento, hesitando no fim da vazante]. A ideia aqui é que o mar parece demorar a mudar de vazante a montante, i.e., de maré baixa a maré cheia.

⁴ v. 49: *Its* [Sua]. Isto é, do esqueleto (v. 46).

⁵ v. 84: *cytherean* [citérea]. Normalmente, a palavra pediria uma maiúscula no original. Citera é um dos nomes de Afrodite, derivado do nome de uma das ilhas tidas como reduto da deusa. Mas, note que na Londres de então, havia um barco chamado *Cytherea*, permanentemente ancorado no Tâmisa, que se alugava para festas.[19] É possível que o epíteto esteja sendo usado com o sentido de frequentador(a) de festas no *Cytherea*.

⁶ v. 169: *dirge* [lamentações]. O termo designa um lamento, i.e., uma composição musical, muitas vezes um hino, principalmente utilizado numa cerimônia fúnebre, principalmente religiosas em tempos modernos.

⁷ v. 183: Talvez, aqui, um eco de "O corvo" de Edgar Allan Poe.

⁸ vv. 188-99: *Embankment ... Battersea ... Wimbledon ... Gravesend ... Kew ... Fitzroy Square*. O Embankment é um dos aterros no rio Tâmisa, cons-

---

[19] Ver *Bright young people: the rise and fall of a generation 1918-1940* (Taylor, 2008, p. 105).

truídos na época vitoriana. Hoje, é uma avenida marginal ao rio (como um dos *Quais* às margens do Sena em Paris). Battersea (v. 191) é um distrito na margem sul do Tâmisa no centro de Londres. Wimbledon é um bairro de Londres, a oeste do centro. Gravesend (v. 195) é uma cidade no estuário do Tâmisa. Kew é o distrito, à margem do Tâmisa na parte oeste de Londres, que dá nome aos famosos jardins botânicos nele situados. Fitzroy Square é uma praça, da era georgiana (1714-1830), na área central de Londres conhecida como Fitzróvia.

[9] v. 194: *Solitary* [Solitária]. É possível que o adjetivo se refira ao vento e não a ELA, a voz sob o poema. Para a definição deste e outros termos inteiramente em maiúsculas, ver o comentário ao poema.

[10] v. 224: *dead-sea fruit* [maçã-de-Sodoma]. Uma fruta (*Calotropis procera*) que, segundo as lendas, tem aparência tentadora, mas vira cinzas e fumaça ao ser tocada, e, assim, em sentido figurado, algo que não corresponde às expectativas.

[11] v. 247: *Miramas* como também, mais abaixo, *Les Baux* (v. 251) e *Aix* (v. 255), é uma comuna na região da Provença.

[12] v. 253: *Fatigué*, "cansado".

[13] v. 254: *Il est fatigué ... coin.* "Ele está cansado, doze anos sempre no mesmo canto."

[14] v. 257: *profitez*, "aproveitem".

[15] v. 319: *sedge* [capim]. Mais especificamente, um arbusto de uma espécie como *Cyperus esculentus*, *C. badius*, *C. longus*, *C. rotundus*, etc.

[16] vv. 320-1: *lapwings* [quero-queros]. A *Vanellus cristatus* é uma ave pernalta, com penacho e dorso negros, e partes inferiores brancas; mas aqui uso, por ser mais familiar no Brasil, o quero-quero (*Vanellus chilensis*).

[17] v. 338: *Nepenthe* [nepente]. O termo designa uma poção feita de ervas que, ao ser bebida, causava o esquecimento. É mencionado por Homero na *Odisseia* (Livro 4, vv. 219-22). Os romanos a associavam a uma planta específica, a borragem. Até recentemente, pensava-se que o termo se referia à *Cannabis sativa*. Mais recentemente ainda, o ópio e o láudano são as referências mais aceitas.

[18] v. 419: *in the charnel-cloister Dupuytren* [no claustro-ossuário de Dupuytren]. A referência é ao museu de peças de cera ilustrando doenças e deformações anatômicas que foi criado com ajuda de um legado de Guillaume Dupuytren (1777-1835), anatomista e cirurgião militar francês. Não existe mais. Em 2016 foi fechado, seu acervo sendo incorporado ao de outras coleções da Escola de Medicina da Universidade Pierre e Marie Curie. Ficava no Conven-

to dos Cordeliers, 15 *rue de l'Ecole de Médecine*, em Paris. *Cordeliers* é o termo em francês que designa os monges franciscanos. O refeitório do convento foi a sede do Clube dos Cordeliers, uma sociedade de radicais (Danton e Marat, entre outros) que existiu entre 1790 e 1794.

[19] v. 428: *skeletons* [esqueletos]. Note que um esqueleto é mencionado no v. 46 e no v. 577. Minha interpretação especula que isso pode aludir metaforicamente à voz sob o poema, e, por extensão, a Cunard, que sempre foi magérrima.

[20] v. 436: *Rhône* [Ródano]. É um dos grandes rios da França. Aqui, novamente minha idiossincrática tradução de *brown* (como no v. 217, v. 426 e neste v. 436).

[21] v. 437: *mimosa*, *Mimosa pudica*, também conhecida como "sensitiva", "dormideira", "não-me-toques".

[22] v. 473: *Genoa* [Gênova]. É a maior cidade da Ligúria, região a que também pertence Rapallo, para onde Ezra Pound se mudou depois de seus anos em Paris. San Gimignano, Pisa, Arezzo, Siena e Florença, mais abaixo, pertencem à região da Toscana.

[23] v. 478: *Towers, where Dante once* [E nas torres... onde Dante um dia]. Em 7 de maio de 1300, Dante foi recebido no Palazzo Comunale de San Gimignano no cargo de embaixador guelfo florentino (um entre vários enviados por Florença para outras cidades da região).

[24] v. 482: *Pinturicchio*. Bernardino di Betti, chamado Pinturicchio (1454-1513), foi um pintor italiano da Renascença, como também, mais abaixo (v. 487 e v. 489, respectivamente), Benozzo Gozzoli (1421-1497) e Luca Signorelli (1445-1523).

[25] v. 483: *maremma* [marema]. *Maremma* é uma área geográfica no litoral tirreno do centro-oeste da Itália. Era pantanosa e um foco de malária, mas foi drenada no século XVI.

[26] vv. 482-4: *Pinturicchio's trees ... evening* [As árvores de Pinturicchio ... anoitecer]. Talvez se refira à *Disputa de Cristo com os Doutores* (1501), um dos afrescos de Pinturicchio na Capela Baglioni na Collegiata de Santa Maria Maggiore, em Spello, na região da Úmbria.

[27] vv. 490-3: *Look ... hill* [Veja ... distante]. Talvez se refira à *Crucificação com Santa Maria Madalena* (*c.* 1495), na Galleria degli Uffizi, em Florença.

[28] v. 494: *amaranthine* [amarantino]. Derivação de *Amaranthus*, um gênero botânico da família *Amaranthaceae*. Em inglês, o amaranto conota "vermelho", "púrpura" e em sentido figurado "imortal", "eterno", "que não esvanece".

²⁹ v. 496: *campion* [silena]. Talvez *Lychnis coronaria*, uma flor de intenso magenta, que lembra uma rosa silvestre.

³⁰ v. 496: *star-weeds* [ervestrelas]. *Cerastium fontanum subsp. vulgare* cresce em locais sombrios e úmidos como, p.e., fontes, margens de cursos de água, geralmente cobertos por floresta. Não sei de um nome popular, por isso inventei uma palavra-valise.

³¹ v. 496: *Parnassus grass* [parnássia]. Provavelmente, *Parnassia palustris*, ervas (e não gramas) que são comuns nos lamaçais da Europa (e do hemisfério norte, em geral), têm forma de estrela e dão flores geralmente brancas.

³² v. 503: *Cortona*. Na Toscana, terra natal de Signorelli.

³³ v. 534: *instrùcted fool* [tola instruída]. Difícil dizer se é uma referência/contraste a "tolo-poeta" na abertura do poema.

³⁴ v. 553: *for* [por]. A preposição inglesa aqui é ambígua, por falta de contexto. É difícil saber se o sentido é "Vim porque você precisa", ou "Vim para te buscar/ajudar/resgatar", ou, ainda, "Vim por tua causa (porque preciso de você)". Todas são possíveis, no contexto da minha interpretação (ver o comentário ao poema) de que, mais provavelmente, ELE é Ezra Pound, após o fim do relacionamento íntimo entre ele e Cunard, i.e., quando ele se mudava para Rapallo com a esposa e começava o seu longo relacionamento com Olga Rudge.

³⁵ v. 553: *Peer* [Par]. Assumindo que ELE é Pound, o termo "Par" se resolveria com o significado de "Poeta como eu" (ver a nota anterior).

³⁶ v. 579: *finger-post* [dedos]. A expressão denota um daqueles marcos de orientação, com setas/dedos apontando para as várias direções possíveis, e respectivas distâncias, a partir do ponto onde se encontra.

Sobre a tradução

v. 3: *mood* [Vontades]. *Mood* é uma palavra com amplo campo semântico na língua inglesa, abarcando várias no português corrente (incluindo "disposição", "vontade", "estado de espírito", "humor", "ânimo", "clima", "astral") e, como em outras passagens do poema (v. 26, v. 60, v. 329), é difícil dizer, por escassez de contexto, qual Cunard teria tido em mente.

v. 9: *threads* [entretece]. Esta palavra não capta muito bem a ideia do termo no original, que neste verso quer dizer "se insinua, numa trança", i.e., onde ambas as linhas (*doubt* [dúvida] e *belief* [crença]) coexistem e convivem entrelaçadas.

v. 14: *casement* [janela]. O termo designa, mais precisamente, a moldura de uma janela, i.e., é, desta, apenas uma parte componente. Mas não uso "moldura" porque, considerando seu uso muito comum nas artes plásticas, fazê-lo poderia introduzir uma ambiguidade, a menos que fosse acompanhada de qualificação ("da janela"), o que, por sua vez, alongaria demais o verso.

v. 16: *its* [tua]. Não há nomes próprios, de pessoas, no poema, portanto tudo é uma revoada de pronomes, com o inevitável consequente aumento de ambiguidade. Assim como mais à frente neste mesmo verso, traduzi o possessivo da terceira pessoa do singular pelo da segunda, forçando uma leitura de "Terra", no v. 15, como vocativo. Isto porque estas passagens iniciais do poema se referem a ELE (ver, no comentário ao poema, minha análise do significado desta denotação e de outras similares com as quais tento distinguir as várias vozes no poema), e tento reservar para ELE os pronomes da terceira pessoa do singular. Assim, aqui, a segunda pessoa denota a terra.

v. 16: *tortuous acre* [acre contorcido]. A expressão soa um pouco anômala em inglês, e, se o uso é metafórico ou metonímico, é difícil dizer com certeza a que se refere nessa passagem. Presumo, pela importância que paisagens concretas terão mais adiante no poema, que estes versos traçam relações metafóricas entre ELE e a terra, o chão, a paisagem, e assim traduzo literalmente.

v. 17: *fires* [incêndios]. Poderiam, claro, ser "fogos", mas, como opto por imaginar paisagens, conforme antes mencionado, uso "incêndios", mais especificamente.

v. 19: *urges* [ímpetos]. Esta é ainda outra palavra com amplo campo semântico. Em português cabem "impulso", "ímpeto", "anseio", "desejo intenso", "ânsia".

v. 19: *wilderness* [ermos]. Em inglês, esta palavra carrega a conotação de "selva", "paisagens vastas, desertas", e, muitas vezes, com um matiz de ameaça, implícita, subjacente. Traduzo por "ermo" porque, se verifica no resto do poema, este ar de ameaça não parece ser a intenção de Cunard (ver também v. 107).

v. 23: *clouded* [obtuso]. O termo é bem polissêmico e também pode conotar "confuso", "difuso", "obscurecido", "indiscernível", "ofuscado".

v. 25: *aftermath* [após o fim]. Penso que o termo se refira à cena, ou paisagem, de restos, do que sobra (no caso, de uma visita a taverna), mas pode se referir também às consequências de uma tal visita, em termos emocionais, por exemplo.

v. 26: *mood* [estado]. Ver outras notas (v. 3, v. 60, v. 329) para os comentários ao campo semântico desta palavra.

v. 27: *fever of bone* [febre quintã]. A tradução presume que a expressão original se refira a *trench fever* [febre das trincheiras]. Transmitida pelos piolhos e causada por uma bactéria (*Bartonella quintana*), foi extremamente comum na Primeira (e voltaria a ser na Segunda) Guerra Mundial.

v. 30: *Come music* [Vinda a música]. Talvez se deva ler a expressão no imperativo, como um pedido, ou comando, e não como uma constatação.

v. 33: *trysts* [escapadelas]. Este é um termo relativamente pouco usado hoje em dia. Em geral, se refere a um encontro romântico entre duas pessoas, especialmente se secreto. Recentemente passou a ser deplorado devido ao seu uso crescente para acobertar episódios de assédio sexual. Traduzo por "escapadela" na tentativa de conotar um leve ar de ilicitude, mas esta opção não transmite as conotações sociolinguísticas do termo, por anacrônicas que sejam, em parte.

v. 42: *So wake* [Acorda então]. Traduzo este verbo no imperativo, assim como *Open*, no v. 46, pela força da conjunção *So* [então], mas tenho dúvidas se a voz que narra se entrega a arroubos que soam váticos, por assim dizer. Com certa licenciosidade sintática, esses verbos poderiam perder o caráter imperativo, talvez tomando a "hora traiçoeira" (v. 40) como sujeito. Preferi o imperativo porque Cunard, em geral, não recorre a transgressões sintáticas.

v. 60: *Young beauty* [Beleza em flor]. A expressão quer dizer "beleza juvenil/de jovem". Uso "beleza em flor" porque, no português corrente, "beleza juvenil" soa um pouco mofado e "beleza de jovem" é, prosodicamente, um pouco canhestro. Porém, embora o aceno seja a Proust, minha opção infelizmente romantiza um pouco a expressão de Cunard, que é simples e nua (ver também v. 90 e v. 167.)

v. 60: *mood* [humor]. Novamente (ver notas ao v. 3, v. 26, v. 329), esta palavra complexa. Neste verso, equivale a "estado de espírito" (mas a expressão em português é longa demais), ou um "astral" (mas esta palavra carrega uma coloquialidade ausente no original).

v. 70: *cassolette* [terrina]. A palavra se refere ou a um pequeno vaso usado para difundir perfumes num ambiente ou a uma pequena caçarola (ou a um prato cosido num tal recipiente). Ambas as acepções me parecem válidas. "Terrina" é, infelizmente, um termo menos específico.

v. 72: *Nightlong* [Noite-afora]. Não fosse pela ausência de eufonia, a justaposição usada por Cunard talvez merecesse ser correspondida por algo mais radical, como "noitafora", mas para manter o ditongo, formo um composto apenas.

v. 80: *Sour grapes* [Azedas uvas]. Na língua inglesa, a versão clássica da fábula de Esopo a que esse verso parece aludir quer as uvas azedas, ácidas. Na versão clássica para o português, as uvas estão "verdes", mas não uso este termo para preservar a força retórica de *sour* no original.

vv. 83-4: *carouse/ Then* [alcoólica/ Então se esbanje]. Como *tryst* (ver nota ao v. 33), *carouse* é um termo escorregadio, pouco comum e quase sempre usado com tons de ironia, mas tende a envolver álcool como combustível da alegria e do excesso.

v. 86: *fond* [interessada]. Outro termo sujeito a ampla interpretação, pois pode denotar de um simples interesse ou encantamento até uma intenção amorosa explícita.

vv. 88-9: *the sated old/ Fool* [o velho saciado/ Tolo]. Com esta expressão, ELA parece se referir a ELE-então como o imagina agora.

v. 90: *Young love* [amor em flor]. De novo (ver a nota sobre *Young beauty*, v. 60, e sobre *youth*, v. 167), o, para mim, canhestro de "juvenil", ou "de jovem".

v. 107: *wilderness* [selva]. De novo (ver a nota ao v. 19), a neblina semântica desta palavra, que em inglês é bem menos incisiva que "selva", para a qual mais frequentemente se usa *jungle* (p.e., em *urban jungle* [selva de pedra]), mas assim como a palavra *waste* em "The waste land", o português corrente não tem um correlato com o diâmetro ou perímetro corretos para o campo semântico da palavra inglesa. Assim, esta é uma dessas derrotas garantidas, das que demolem qualquer tentativa de tradução semanticamente mais ambiciosa. Cunard parece aludir ao terceto inicial da *Commedia* de Dante: "*Nel mezzo del cammin di nostra vita/ mi ritrovai per una selva oscura,/ ché la diritta via era smarrita*" [No meio do caminho dessa vida/ me vi diante de uma selva escura,/ a senda certa fora-me perdida].

v. 108: *street* [rua]. Normalmente, em inglês, a palavra pede a inicial maiúscula.

v. 114: *turn* [vez]. Talvez, em vez de "vez", "volta", no sentido de um movimento que muda de direção (ou é circular, ou, ainda, em espiral como num parafuso). Ambas as acepções são correntes, e parecem válidas aqui. O uso de *hand* pode, por outro lado, sugerir um jogo de cartas, porque o termo também tem o sentido de "as cartas que cada um dos jogadores recebe naquela rodada do jogo". As polissemias de *turn* e de *hand* interagem, portanto, tornando quase impossível fixar um sentido exato a ser traduzido.

v. 115: *tendered my respect* [apresentado meus respeitos]. A expressão original é formal a ponto de parecer eivada de pomposidade. Não é impossível que, com isso, Cunard esteja injetando ironia ou sarcasmo neste trecho de discurso relatado. Minha tradução talvez exagere na pomposidade. Alternativas viáveis seriam "comunicado", "submetido".

v. 119: *wasting* [consumir-se]. É possível que a palavra tenha o sentido de "desperdiçar" e não de (ou não apenas de), "consumir", "desgastar". Novamente, ambas as acepções são correntes, e parecem válidas, demonstrando assim como Cunard manobra a polissemia em sua poesia.

v. 129: *time-dulled* [tempo-fosco]. O termo composto quer dizer, aproximadamente, "embaçada pela passagem do tempo", referindo-se ao envelhecimento natural, à perda de brilho. Invento, na tradução, para tentar sugerir o frescor da cunhagem original.

vv. 133-4: *An old figure/ Grins* [uma velha figura/ Um esgar]. Não me parece claro quem, ou o quê, é esta velha figura. Uma pessoa? Uma imagem? E sem determinar este tanto, é difícil traduzir tanto a palavra *figure* quanto *grins*. Esta, traduzo por "esgar" sob a hipótese de que "velha figura" tem um tom negativo, mas tão bem caberia traduzir por "sorriso" na hipótese oposta.

v. 138: *cellar* [porão]. Talvez, mais precisamente, "adega", "cave".

v. 144: *muffled* [amordaçados]. Neste contexto, este termo poderia também ser traduzido por "sussurrado", um falar com a voz deliberadamente baixa (ver outra ocorrência no v. 225).

v. 147: *christian* [cristão]. Normalmente, em inglês, pede a inicial maiúscula.

v. 152: *embitteredness* [indignação]. Alternativas válidas seriam "amargor", ou mesmo "cinismo".

v. 157: *deliberate* [calculados]. O adjetivo é semanticamente amplo. Pode querer dizer "com propósito", "decididos", "intencionais", mas também, num contexto um pouco diferente, "cuidadosos", "atentos".

v. 167: *youth* [alma em flor]. Como discuto nas notas aos v. 60 e v. 90, *young* e *youth* são termos que se traduzidos convencionalmente podem perder o frescor que mantêm no original. Assim, e novamente, uso "em flor" em vez de "juvenil/de jovem".

v. 175: *Keeping each side* [Vigiando cada lado]. O sentido pode ser o mais literal de "manter", "guardar". A passagem me parece induzir à noção de *stalking* (i.e., "perseguir", "espreitar", "assombrar"). Ainda uma outra possibilidade é que o sentido seja o de "reter" (e assim "negar", "impedir"), com uma conotação de dissociação, desmembramento, cisão, separação, e mesmo coação.

v. 185: *clutch* [agarrar]. Talvez surpreendentemente, o verbo inglês *to clutch* mais diretamente sugere garras do que o verbo português "agarrar".

v. 187: *Yester-year* [Ano-passado]. Em inglês, *yester-* é um prefixo que denota "anterior", assim *yesterday* ["dia-anterior" = ontem], e a construção *Yester-year*, que Cunard adota aqui, embora não corrente, não é, contudo, estranha. "Ano-passado", com hífen, é um estranhamento do português corrente, mas me parece perturbar menos o contorno rítmico do verso do que as alternativas que me ocorreram, algumas das quais (p.e., "anos d'antanho") correm o risco de insinuarem um tom de paródia que não leio no original.

v. 189: *a* [a]. O artigo indefinido correspondente, "uma", seria mais fiel, mas um cacófato, penso.

v. 196: *iron-crane forests* [florestas de fergruas]. *Iron-crane*, outra palavra composta cuja cunhagem tem ainda um frescor que merece ser preservado. Optei por uma palavra-valise para tentar captar melhor o ar de metal-abandono-ferrugem-destroços-lama que, penso, Cunard tinha em mente diante da intensa atividade do porto de Londres nas primeiras décadas do século XX.

v. 198: *stale* [pesado]. Esta é outra palavra com amplo campo semântico ("bolorento", "rançoso", "sem frescor", "mofado").

v. 200: *spire* [flecha]. O termo se refere à ponta, ao progressivo afinar, de uma torre, especialmente de templos, e nesse contexto, o da linguagem da arquitetura, pode-se traduzir como fiz.

v. 205: *graves ... customs* [Tumbas ... modas]. A tradução literal seria algo como "tumbas/túmulos sobre as quais novos hábitos/costumes/modas são construídos", mas a locução preposicional é bastante canhestra e assim prefiro, mais metaforicamente, usar "pisadas" por preocupação prosódica.

v. 217: *brown* [bruno]. Como em outras ocorrências deste termo (i.e., vv. 426 e 436), que, num espectro cromático amplo, quer dizer "marrom", ou "castanho", prefiro usar "bruno", pela semelhança sonora que, por sua vez, resulta da etimologia comum aos termos em inglês e em português.

v. 219: *Moonstruck, dewless* [Magoado de lua, nu de sereno]. O sentido de *moonstruck* nesta passagem é dúbio. Na acepção de "lunático", a palavra é considerada arcaica, e na acepção de algo que sofre por exposição ao luar é considerada um regionalismo. Preferi a segunda acepção, pelo contexto, mas figurativamente. Quanto a *dewless*, derivações usando o sufixo *-less* (indicando ausência) são difíceis de traduzir sem uma expansão de sílabas que prejudica a qualidade do verso, por isso usei uma paráfrase, também metafórica.

v. 225: *thirds* [terças]. Penso que aqui o sentido é o musical: o intervalo entre uma nota e a terceira que lhe segue na escala diatônica.

v. 241: *spendrift* [pó de penugem de mar]. A palavra é mais comumente grafada como *spindrift*. O termo se refere ao contínuo borrifar de minúsculas gotas de água do mar. Traduzi por algo mais metafórico para evitar ter que apelar a uma paráfrase, uma expansão ainda mais feia.

v. 253: *beldam* [gangana]. O termo é incomum. Uso "gangana", também incomum, mas dicionarizada significando "mulher idosa", que é de fato o significado de *beldam*.

vv. 289-98: *Brain/ .../ ... delusions* [Comboio/ .../ ... desilusões]. A tradução perde muito da força prosódica do original: paronomásias, aliterações, monorrimas etc. Este trecho é também característico de certas flexibilidades sintáticas do inglês que são difíceis de replicar em português sem perda de concisão e tensão prosódica.

v. 295: *hawaiian* [havaianas]. Normalmente, em inglês, pede a inicial maiúscula.

vv. 297-8: *illusions/ ... delusions* [ilusões/ ... desilusões]. Cunard joga *delusions* contra *illusions* no verso anterior. "Desilusão" é principalmente um *falso amigo* (i.e., um falso cognato) e má tradução para *delusion* em geral. Uso-a mais por questões formais do que semânticas. Uma alternativa seria "alucinações" ou "desvarios", no sentido de uma invenção de uma mente doentia.

vv. 311-38: *The sand ... door* [Pela praia ... se levanta]. Esta passagem consiste em 28 pentâmetros iâmbicos rimando ABABCBDEDEFGFGHGGH-IIJKKJLMLM. Para evitar um distanciamento semântico muito grande (até porque, como de resto no poema inteiro, o significado dos versos é difícil de fixar), abri mão da ambição de manter as rimas. Contudo, esta passagem contrasta forte e intencionalmente com os versos livres do resto do poema. Assim, traduzo os pentâmetros iâmbicos (não excessivamente regulares) em dodecassílabos (com tônica regular na sexta) e tento ainda conservar uma certa constância acentual (já que, na tradução, em todos os versos, pelo menos um hemistíquio tem a mesma estrutura acentual de pelo menos um outro hemistíquio num verso próximo, pelo qual se entenda, um verso não mais que dois versos distante). Uma tradução mais literal desta passagem seria:

> A areia está marcada com pegadas de pés desconhecidos
> Onde mares são ocos, seu som inquilino;
> O ar vazio a não ser onde duas asas batem
> No viajar atemporal—profundamente sob o chão
> Ruminam as coisas eternas, mas na rua
> Sequer um sussurro vem destes, palavra alguma se encontra.
> Veja agora essas bagas escuras ao longo da sebe
> Duras feito sangue negro ressequido vertido há muito
> Cuja seiva se fez gelo e seca; um capim na brisa
> Esconde campo de queimado campo, pálidos quero-queros vão
> Choramingando sobre o urzal, e as enchentes já vindo
> Sobre os prados pregados em rendado frígido
> De avenidas invernais, circundadas e cercadas—
> A vida dele é um lugar assim, um lugar exatamente como este.
> Para ele, casa alguma, apenas salões vazios
> Para encher com vozes de estranhos e graça curta
> De gargalhada que passa, enquanto o rendado das sombras
> Rasteja do fogo ao longo das paredes desmanteladas,
> Tapeçaria incerta de temperamentos mutáveis
> Somente a hora do crepúsculo, as solidões
> De mar e céu, a chuva vinda com a primavera;
> Ventos escuros que enodulam as oliveiras, e gemem
> Contra o cérebro escondido por cortinas que se excita sozinho
> Cada noite mais torturado pelo seu aventurar-se.
> As sereias, então, além do lábio do oceano,
> Chamam, e se aprontam na costa derradeira,

E cantando erguem os braços, e esperam por ele
Nepente se levanta na porta da prisão . . .

v. 312: *tenanted by sound* [som inquilino]. Este verso é forte pelo estranhamento que causa. O sentido parece ser: no mar, oco, sons o habitam mas não se apossam dele para sempre, só o fazem temporariamente, como se fossem somente seus inquilinos.

v. 322: *lace* [renda]. A imagem refere-se ao efeito de uma geada na vegetação, i.e., um vasto tecido de fios de gelo que lembra um rendado delicado.

v. 329: *moods* [humores]. Por escassez de contexto, e como em suas outras ocorrências no poema (v. 3, v. 26, v. 60), é difícil cravar o sentido pretendido por Cunard.

v. 346: *Unwinds* [desnovela]. O termo original é menos específico que "desnovela", e pode ter sentido figurado.

v. 347: *Muffled* [Amordaçada]. Ver ocorrência anterior no v. 144. Alternativas seriam "abafada", "sufocada", "calada".

v. 349: *morning March* [março matinal]. A sintaxe de Cunard parece pedir que "manhã" seja um atributo de "março": assim, em vez do mais convencional "manhã de março", "março da manhã", daí "março matinal". A despeito da maiúscula inicial, é possível que Cunard esteja aludindo também a uma marcha, uma caminhada.

v. 356: *specks and forms* [os farelos e formas]. Tanto *speck* quanto *form* possuem vários significados, e a indeterminação que caracteriza todo o poema torna difícil fixar os sentidos que Cunard tem em mente.

v. 359: *Quarter* [Quartier]. Prefiro o termo francês por ser bem conhecido e corrente em português.

v. 370: *cumbrously* [desajeitadamente]. Poderia ser também "com embaraço", "com enfado", "com incômodo", "pesadamente".

v. 373: *automaton* [autômato]. Este termo, neste verso, me parece aludir à diminuição ou perda de consciência que decorre da (que se busca na) embriaguez e nos narcóticos.

v. 395: *beaten out* [batida]. Penso que Cunard usa este verbo preposicional com o sentido de "forçada a assumir uma forma desejada" (como um metal por ação de um martelo). Porém, a expressão tem também o sentido de "derrotada, conquistada", e "obtida à força". Pareceu-me importante não perder a correlação com a batida do coração, no verso anterior.

v. 426: *brown* [bruna]. Como no v. 217 e v. 436, idiossincraticamente, em vez de "marrom", uso "bruna".

v. 429: *patined* [patinados]. No sentido de "cobertos de pátina".

v. 433: *On a little track* [Em trilhos estreitos]. Esta tradução supõe que este verso descreva o fim da viagem, um trecho curto, numa linha local. É possível supor também que seja o fim de uma caminhada. Neste caso, a tradução seria "trilha", no sentido de "senda" (ver também o v. 574, onde o sentido me parece ser o de "senda").

v. 440: *aggressive high* [agressivo mais que]. Parece sintaticamente incompleto ou imperfeito. Tento uma correspondência que também produza um efeito de estranheza. Pode também ser um erro tipográfico: em vez de "aggressive", seria "aggressively".

v. 449: *wearies of it* [se cansa dele]. É difícil, mas não impossível que o referente do pronome seja o céu. É o que assumo. Porém, é possível também que a intenção de Cunard fosse deixá-lo indeterminado. Neste caso, assumindo um *all* elidido, a tradução seria algo como "se cansa", i.e., "se cansa de tudo".

v. 450: *Drawing into a cloud* [Recolhendo-se a uma nuvem]. O original sugere, mais contundentemente, que o sol se esconde, busca refúgio, no interior de uma nuvem, como se essa lhe fosse abrigo, uma caverna.

v. 452: *him* [lhe]. Assumo que o referente é o "tempo".

v. 455: *his knots, unravelling* [seus nós, desfazendo-se]. A sintaxe deixa ambíguo se são os nós que se desfazem, ou se é ELE que (emocionalmente) desmorona.

v. 458: *tears* [arranca]. A palavra *tears*, além de, como verbo, significar "rasgar", "arrancar", como substantivo significa "lágrima", uma polissemia que não consegui reproduzir.

v. 465: *nor wish nor choosing* [nem vontade nem escolher]. No original também a expressão é sintaticamente estranha, já que Cunard recusa usar o substantivo correspondente que seria natural, i.e., *choice* ("escolha", "opção", "preferência").

v. 468: *still* [ainda]. Neste contexto, esta palavra é um pouco ambígua. Pode significar que as costas que foram clássicas ainda hoje o são (como preferi), mas pode também significar que as costas que são agora clássicas são (ainda assim, ou talvez por isso) imóveis, serenas, plácidas.

v. 470: *singly* [solteira]. O original poderia também ser traduzido por "unicamente", "individualmente", mas a escolha de *singly* me parece singular, assim ousei uma tradução menos convencional.

v. 481: *Siena-brown* [Terra de Siena]. Existem, hoje, dois pigmentos que poderiam corresponder à cor que Cunard tem em mente. Chamam-se, no Brasil, "terra de Siena queimada" e "terra de Siena natural", um marrom mais escuro e um marrom-claro, respectivamente. Por ser impossível ser mais preciso, traduzi por "terra de Siena" apenas.

v. 485: *forgotten* [olvidada]. Uso um termo menos corrente porque, em português, "esquecida" tem também o sentido de "desmemoriada", que não cabe aqui.

v. 509: *fly-blown* [imundo]. O termo tem o sentido de "contaminado por contato com moscas e suas larvas", mas preferi um termo mais neutro e genérico.

v. 534: *phoenix-growth* [espinha-de-fênix]. A expressão parece-me instigar a imagem de algo ainda informe que emerge de cinzas, como a fênix. Traduzo *growth* por "espinha" porque esta palavra tem sentido tanto de esqueleto/osso (de peixes) como de um crescimento/furúnculo (na pele).

v. 555: *thougthful* [de pensar profundo]. Esta é mais uma palavra fugidia e em vez "de pensar profundo", como traduzo, pode significar "com consideração/carinho/respeito".

v. 574: *track* [trilha]. Difícil dizer se Cunard tem em mente uma linha de ferrovia ou, como presumo, uma trilha que se segue ao caminhar. Ambas as acepções parecem possíveis neste contexto.

v. 583: *recording* [gravando]. Alternativas seriam "registrando", "compilando", "memorizando".

"*Palavras... como os rios pedregosos*":
um comentário a "Paralaxe"

"Paralaxe" é radicalmente polifônico e neste aspecto reside, penso, a mais espessa barreira para quem se dedica a lê-lo. Neste comentário, busco na biografia de Cunard um mapeamento consistente de vozes/personagens no poema com pessoas na realidade da vida de sua autora, que é a voz sob o poema, na minha interpretação.

Num breve aparte a seu *Modernism: a short introduction*, David Ayers (2004, cap. 3) assume que a voz sob o poema é masculina e postula que uma das inovações de Cunard em "Paralaxe" é ter criado esse tipo de narrador híbrido. A sua é uma abordagem que resulta da opção de não remontar à biografia da poeta, e que não é, claro, menos válida por isso, se bem que me pareça menos eficaz em termos de ajudar os leitores a penetrar a desafiadora opacidade do texto.

Tentar explicar a multiplicidade de vozes, tempos e lugares (i.e., intuir os referentes que subjazem ao texto) me parece fundamental se almejamos uma compreensão mais do que superficial de "Paralaxe". Quero com isso apenas indicar um caminho possível para uma avaliação mais justa da importância do poema de Cunard, principalmente levando em conta o quanto a primeira reação a ele foi de desmerecê-lo como meramente derivativo dos de Eliot e demais principais modernistas.[1]

Minha análise do poema o decompõe em passagens e para cada uma destas proponho, essencialmente, uma atribuição de vozes, tempos e lugares. Minha interpretação, claro, não é de modo algum a única possível. O critério para sua construção é tão somente um grau sufi-

---

[1] Para melhor entender esta sombra, veja, num apêndice, a minha, modesta, análise estilométrica desta questão: se mera imitação, ou mesmo, talvez, se um caso mal resolvido de "ansiedades de influência", para usar a famosa expressão de Harold Bloom.

ciente de consistência com a vida (ou, mais precisamente, com o quanto se sabe da vida) de Cunard. Tomo, portanto, o poema como essencialmente lírico, i.e., o poema como a expressão de eventos e seus efeitos na vida da poeta e não como livre ficção.[2]

Escolho este ângulo de análise porque minha intenção maior é a de apresentar o poema como paradigmático, em poesia, de estratégias da prosa modernista conhecidas por monólogo interior e fluxo de consciência. Como indico no meu comentário a "Paris: um poema", o poema-longo de Mirrlees também exibe traços dessa técnica, mas esta se revela muito mais chave no caso de "Paralaxe".

Para se ter uma ideia aproximada da complexidade que resulta do uso intenso e intrincado desta técnica, Ross e Polk (1996) discutem tentativas (e descrevem a sua própria) de identificar os níveis temporais (i.e., os episódios narrativos) que se poderia discernir, por embaralhados que estejam na mente de Benjy Compson, 33 anos, o personagem com deficiência intelectual que domina a primeira seção de *The sound and the fury*, de William Faulkner, publicado quatro anos depois de "Parallax".[3] Há quem identifique até dezesseis níveis, segundo Ross e Polk. Humphrey (1954) assinala que Faulkner faz uso de variações tipográficas (principalmente itálicos) para, ainda que parcialmente, guiar os leitores nas transições entre monólogos interiores.[4] Cunard é muito menos cortês com os leitores. Há indentações, há o uso de aspas, simples e duplas, e só. É bem mais difícil no caso de Cunard discernir vozes e interlocutores, quer pareçam presentes, fisicamente, quer não.

Não sei de nenhuma outra tentativa de elucidar, em detalhe e de modo plausível, a estrutura polifônica de "Parallax" e, mais especificamente, de organizar as referências (sempre implícitas, baseadas em pronomes apenas) ao que suponho serem seus personagens e com isso des-

---

[2] Por contraste, não leio "Paris: um poema", de Hope Mirrlees, como sendo primariamente lírico neste sentido.

[3] Num apêndice a *O som e a fúria* (Faulkner, 2017), sua tradução do romance, Paulo Henriques Britto explica com algum detalhe o uso sofisticado que Faulkner faz dessa técnica central do Modernismo.

[4] Neste sentido, em 2012, a Folio Society produziu uma edição limitada do romance em que, seguindo uma sugestão do próprio Faulkner, cores diferentes dadas ao texto são usadas para diferenciar segmentos narrativos.

vendar coerentemente a relação do poema com a interioridade da voz que o enuncia.[5]

Para esta específica abordagem à leitura de "Paralaxe", os relacionamentos importantes de Cunard, penso, são os com Pound, Rodker[6] e Eliot.[7] Os relacionamentos com Pound (certamente) e com Rodker (bem menos documentado) parecem ter sido duradouros. O relacionamento de Cunard com Eliot me parece ter sido mais social e mais fugaz do que se depreende dos relatos nas biografias da poeta.[8] Tenho estes relacionamentos em mente na minha análise da estrutura narrativa de "Paralaxe", que apresento agora.

I — vv. 1-49 (ELA sobre ELE-então em LONDRES-então)

Presumo que, nesta passagem, a voz sob o poema no presente do poema (a quem chamo de ELA) escreve sobre ELE, o "tolo-poeta", no passado do poema (a quem chamo, ELE-então).

Presumo que ELA é Nancy Cunard[9] e que o presente do poema

---

[5] Mesmo sem levar em conta outros usos para uma tal interpretação, me parece ser inevitável tê-la em mente em qualquer tentativa de tradução do poema. Isto porque certas características gramaticais o impõem, na medida em que, como é o caso aqui, a língua de origem pode admitir indeterminações que a língua de destino proíbe. Por exemplo, em inglês, adjetivos não passam por flexão de gênero gramatical, mas o fazem em português, não obstante o justíssimo esforço contemporâneo de evitar qualquer uso sexista da linguagem.

[6] John Rodker (1894-1955) foi poeta, novelista e editor. Depois de ter publicado dois livros, com poucos poemas em cada, parou (quase completamente) de escrever poesia em 1925. Entre outros, Pound elogiou *Adolphe 1920*, a novela de Rodker, dizendo-a um dos poucos avanços em relação ao método de Joyce em *Ulysses*. Coincidentemente, como Cunard, Rodker criou uma editora, a Ovid Press, dedicada a publicações modernistas. Entre estas, coletas de desenhos de Henri Gaudier-Brzeska e Wyndham Lewis, e poemas de Eliot e Pound, inclusive a primeira edição de "Hugh Selwyn Mauberley". Rodker também teve um papel fundamental na publicação da segunda edição de *Ulysses* de Joyce, em outubro de 1922, oito meses após a legendária primeira.

[7] Mesmo para o período que é relevante para uma análise de "Paralaxe", as correspondências de Cunard, Pound e Rodker não estão coligidas, nem mesmo em formato digital, de forma ampla o bastante para permitir um juízo mais acurado e sólido de possíveis relacionamentos entre eles. Há indícios, alguns firmes, mas poucas certezas. A correspondência de Eliot para o período já foi publicada, mas pouco revela.

[8] Volto a esta questão um pouco mais adiante neste comentário.

[9] Vários críticos limitam-se a sugerir que o poema, como um todo, é sobre ELE,

cai na primeira metade da década de 1920 ("Parallaxe" foi publicado em 1925). Suponho que o passado do poema caia no período 1914-1919, aproximadamente, ou seja, que se refira à vida de Cunard antes que ela se estabelecesse determinadamente em Paris em 1920.

Assumo que o cenário nesta passagem seja Londres e me refiro a esse lugar e tempo no poema como LONDRES-então.

ELE lê, há uma janela, um beco, macieiras, gente que se encontra sob elas, mariposas passeando sobre as páginas. Estas referências ao doméstico, um quê de sórdido e solitário, remetem vários críticos ao primeiro Eliot (p.e., o de "Preludes" e "The Love Song of J. Alfred Prufrock").

A alusão a "vastidão arruinada" (v. 16) pode, por um lado, se referir mais genericamente ao mundo pós-Grande Guerra, e "seio consumidor" (v. 15) à gula do chão tragando milhões de combatentes mortos, e, por outro, mais diretamente, como leram-na os primeiros críticos, a "The waste land".

No contexto destes versos iniciais apenas, me parece impossível supor com segurança quem é ELE, entre os muitos com quem Cunard se relacionou intimamente. No todo, os candidatos mais plausíveis me parecem Rodker e Pound.

Como se verá, passagens substanciais do poema têm como cenário uma viagem pelo sul da França e outra pela Toscana. E, embora "Paralaxe" não seja essencialmente um poema de amor (ou da amargura de amar), ELE e ELA têm um relacionamento íntimo. Rodker parece ter sido um dos muitos amantes de ocasião de Cunard e viajou com ela pelo sul da Europa em 1923, mas, ao que pude averiguar, nunca pela Itália. Não há evidência concreta que Pound o tenha feito. Por outro lado, há evidência concreta de que, neste mesmo período de cinco anos,

---

o tolo-poeta, mas isso, como tento esclarecer em minha análise, me parece uma simplificação bastante redutora. Quanto à diversidade de tempos, Anne Chisholm, em sua biografia de Cunard, cita uma passagem em um diário desta em que ela contrasta seu presente e seu passado: "*I wish there had been ME now with ME of then*" [Queria que tivesse havido EU agora com EU de então] (Chisholm, 1979, p. 58). Numa nota ao seu *Collected poems 1912-1925*, publicado pela Hours Press, de Cunard, Rodker também escreveu sobre este contraste agora/então: "*The now-self [apologises] for the then-self to the speculative reader*" [O eu-agora [pede desculpas] pelo eu-então ao leitor que especula]. A nota pode ser lida em *Poems & Adolphe 1920* (Rodker, 1996, p. 180).

Cunard esteve bastante apaixonada por Pound e nenhuma de que tenha sentido o mesmo, com a mesma intensidade, por Rodker.

Uma dificuldade na identificação de Rodker com ELE é que não sei de evidência concreta de que Cunard e Rodker tenham sequer se encontrado, muito menos se envolvido, antes de ambos estarem morando em Paris nos anos 1920. Por outro lado, Cunard e Pound se conheciam em Londres desde o período da guerra, embora só se tenham aproximado intimamente a partir de 1921, em Paris. Assim, me parece marginalmente mais provável que ELE-então seja Pound, em LONDRES--então.

Pode haver no poema traços de outros com quem Cunard se relacionou em diferentes graus de intensidade e por diferentes durações; entre eles, de modo possivelmente importante, T. S. Eliot. Mais especificamente, como evidências mais ou menos concretas para esta suposição existem um poema de Cunard, de 1965,[10] escrito na forma de uma carta a Eliot, e duas cartas de Eliot a Emily Hale, a mulher que, a seu modo, ele mais amou.

No poema, Cunard relembra o seu primeiro encontro com Eliot em 1922, confessa o quanto "Prufrock" e "The waste land" penetraram sua linguagem, e menciona um encontro com conotação sexual entre ela e Eliot. Porém, não me parece que o poema baste para confirmar que o encontro, se sexual, resultou num relacionamento mais prolongado.

Anne Chisholm (1979, p. 339) parece ser a origem da hipótese de que Cunard é o modelo de Fresca, a aristocrata sexualmente vulgar e com veleidades de poeta, impiedosamente satirizada numa passagem que Pound expurgou dos esboços de "The waste land" (Eliot, 2022). Mas é impossível afirmar que o encontro foi mais do que *"The awful daring of a moment's surrender/ Which an age of prudence can never retract"* [A audácia terrível de um instante de entrega/ Que décadas de prudência jamais apagarão] (Eliot, 1922, vv. 403-4). Apesar da inexistência de evidências suficientemente sólidas para isso, muitos que escreveram sobre Eliot, e sobre Cunard, simplesmente tomam a conjectura

---

[10] O poema chama-se *Letter* e permaneceu inédito até a sua publicação nos *Selected poems* (Cunard, 2016b, pp. 226-9). Foi escrito em janeiro de 1965 quando ela ouviu no rádio a notícia da morte de Eliot, dois meses antes da sua.

de Chisholm como fato incontestável.[11] ELE-então pode, então, ser Eliot, mas isso me parece bem menos plausível do que a hipótese que ELE-então é um amálgama de Pound, Rodker e, talvez, Eliot.

A passagem termina com um esqueleto (v. 46) que, as portas abertas, sai noite adentro. Um pensamento comanda o esqueleto d'ELE a projetar-se mundo afora, viajar em trapos e poeira, mas com paixão em direção ao futuro mesmo que assombrado e indeciso. No v. 577, esse esqueleto reaparecerá.

Cunard, como documentam amplamente as muitas fotografias dela, sempre foi magérrima. Assim, é plausível que o esqueleto seja uma imagem/metáfora d'ELA. O otimismo implícito neste paradoxal esque-

---

[11] O poema de Cunard não relata nada além de uma conversa entre ela e Eliot. Penso que as biografias de Cunard aceitam a hipótese de Chisholm muito apressadamente. Por exemplo, não me parece implausível que Fresca seja um compósito que inclua Vivienne Haigh-Wood, a mulher de Eliot. Ainda que sem grande distinção, ela escreveu poesia que Eliot julgou de qualidade suficiente para publicar na *The Criterion*, a revista que editava, conforme nota Ann Pasternak Slater em *The fall of a sparrow: Vivien Eliot's life and writings* (Slater, 2020). Segundo alguns, como Robert Crawford, o mais recente biógrafo de Eliot, Haigh-Wood, já casada com Eliot, foi por três anos (1915-1918) amante de Bertrand Russell, com o conhecimento e, quase certamente, a complacência de Eliot, por motivos complexos e nem sempre nobres (Crawford, 2016). Na sua biografia de Haigh-Wood, Carole Seymour-Jones (2001, cap. 6) detalha o quanto este triângulo amoroso foi nocivo tanto a Eliot quanto à sua esposa. Ann Pasternak Slater (2020) assinala que a primeira aparição de Fresca foi em textos publicados na *Criterion* (abril 1924) que Eliot e Haigh-Wood escreveram juntos, quase em conversação (e confronto), atribuídos a um pseudônimo que ambos tinham concordado em adotar. Não é de modo algum impossível que Fresca seja de fato Cunard (e certamente é possível que certos hábitos e comportamentos de Cunard a tenham inspirado), mas, como em tantas outras questões de identificação, a evidência conclusiva me parece ainda ausente. Wilhelm (1990a) afirma que não há como prová-lo. Robert Crawford (2022) revela que nas cartas a Hale, Eliot diz que cometeu "adultério" com uma "jovem de sociedade" que ele diz "notória" (i.e., de má reputação). Crawford oscila entre estar convencido e manter-se neutro de que houve um *affaire* sexual, ainda que breve e circunstancial, entre Cunard e Eliot, mas não considera a identificação como fechada. Matthew Hollis (2022) também remonta à confissão de Eliot na carta a Hale, mas tampouco considera inquestionável que tenha havido algo mais profundo. Ao comentar o vasto acervo de cartas que Eliot escreveu a Hale, ao qual o público só teve acesso em 2020, ao se completarem cinquenta anos da morte desta, Paul Keegan (2020) confirma o quanto Eliot era inteiramente prisioneiro de uma religiosidade e tradicionalismo extremíssimos. Por fim, noto que na sua monumental edição crítica e anotada dos poemas de Eliot (2015), Ricks e McCue não se aventuram a identificar Fresca.

leto é um ponto no poema onde alguns críticos recentes[12] percebem em Cunard o intuito de contestar o pessimismo quase onipresente em "The waste land".

II — vv. 50-90 (ELA a ELA-então em LONDRES-então)

Presumo que esta passagem se aproxima de um monólogo interior/ dramático em que ELA se dirige a um "tu" (ver v. 86) a quem chama de "minha irmã": uma pessoa jovem, bela, livre, curiosa em explorar limites de comportamento que a sociedade da época julgaria intransponíveis etc.

Tais atributos eram amplamente atribuídos à Nancy Cunard jovem, assim como à também poeta e sua companheira constante, Iris Tree, no período[13] em que integravam a autodenominada *corrupt coterie* — um grupo de figuras da alta sociedade londrina na época, famosas por seu radical comportamento social e sexual, chocante no contexto das normas sociais daquele tempo.[14] Minha interpretação é que "minha irmã" é a voz sob o poema em LONDRES-então. Assim, uso ELA-então para me referir a ELA neste tempo anterior ao presente do poema.

Note que neste ponto do poema ELE sai do primeiro plano, o que nega a hipótese simplista de que "Parallaxe" é (inteiro) um poema sobre um tolo-poeta, como alguns afirmam. Aqui, o primeiro plano é tomado por ELA. Assim, mais razoavelmente, o poema não é sobre ELE, apenas, e sim sobre ELE e ELA. E mais, no desenrolar do poema, um *tertius*, um terceiro incluído, uma terceira presença, aflora.

No v. 84, "cytherean" parece atribuir a ELA-então o impulso sensual e a liberdade de comportamento que chamaram a atenção da sociedade londrina da época para Cunard, tornaram-na infame e a fizeram personagem de romances escandalosos da época, como os de Michael Arlen (Chisholm, cap. 7) e dos primeiros romances de Aldous Huxley (Chisholm, cap. 8). Embora me pareça bem menos provável,

---

[12] Por exemplo, "Parallax: a knowing response to T. S. Eliot's 'The waste land'" (Peterson, 2015).

[13] Aproximadamente 1910-1920, em Londres.

[14] *The perfect summer: dancing into shadow in 1911* (Nicolson, 2007).

pode ser que "minha irmã" seja Iris Tree, cujos escândalos também têm lá seu intenso e independente fulgor.[15]

Novamente, o tom de desencanto nesta passagem e os toques mais sórdidos são outros aspectos que podem ter levado os críticos imediatos a acusar o poema de derivativo dos de Eliot da mesma época.

Se "minha irmã" é ELA-então, i.e., Cunard (ou Iris Tree) na década de 1910, a referência a restaurantes (v. 68) com certeza apontaria para o Tour Eiffel, ou Eiffel (e depois White) Tower, um restaurante situado em *1 Percy Street* em Londres, que ficou famoso como reduto de artistas, boêmios e figuras da alta sociedade na época. Cunard e Iris Tree o frequentavam e inclusive moraram juntas por um período num apartamento no mesmo prédio, um andar acima.

Assumo que os vv. 80-90 continuem o monólogo interior/dramático iniciado no v. 50 e que o concluem com a afirmação de que aquele tempo de dissipação ao qual ELA-então se abria ("o amor em flor") não existe mais para ELA. No v. 86, ELA usa a segunda pessoa para se dirigir a ELA-então, presente em sua memória.

III — vv. 91-131 (ELE-então a ELA-então em LONDRES-então)
No poema, tomo as aspas por indicativas de uma voz específica e diferente sendo relatada por citação. Minha interpretação é que nesta passagem, a primeira pessoa é ELE-então, e que, portanto, são d'ELE-então as palavras citadas e a segunda pessoa, a quem as palavras são dirigidas, é ELA-então. O lugar/tempo é LONDRES-então.

Nesta interpretação, estes versos estão em relação de continuidade estrutural com os vv. 50-90. Enquanto os vv. 50-90 tomam a forma de um monólogo interior/dramático pronunciado por ELA, onde a presença implícita é de "minha irmã" (possivelmente ELA-então), estes (vv. 91-131) tomam a forma de uma oração direta. Penso que esta interpretação enfraquece a hipótese de que "minha irmã" seja Iris Tree.

Neste ponto no poema ainda é difícil supor quem é ELE, mas a menção a Commercial Street, no East End de Londres, tenuamente sugere Rodker que, embora nascido em Manchester, vivera naquela parte da cidade desde os seis anos. O que conheço das vidas entrecruzadas

---

[15] Em 1960, indomada, ressurge em *La dolce vita*, de Federico Fellini, no papel da poeta que diz a Marcello (Mastroianni): *"The great thing is: to burn, and not to freeze"* ("O que vale é: queimar, e não congelar").

de Rodker, Pound e Eliot não me parece bastante para discernir se os pensamentos e opiniões nestes versos pertencem a um ou mais deles. É possível que a voz seja de ainda uma outra pessoa (talvez mesmo Lady Cunard, a mãe de Nancy, com quem a filha teve durante a vida inteira um relacionamento de aberto e visceral antagonismo).

IV — vv. 132-47 (ELA sobre ELE-então em LONDRES-então)
Presumo que esta passagem retorna à configuração dos vv. 1-49, i.e., ELA escreve sobre ELE-então, ou mais precisamente sobre o momento e o mundo em que ELE-então se via em LONDRES-então, já que não há referência a ELE nesta passagem.

A imagística nesta passagem (assim como nos vv. 1-49) tem sido comumente associada à dos primeiros poemas de Eliot. Este aspecto de "Paralaxe" levou os primeiros resenhistas a considerar o poema pouco além de uma imitação, quase sem interesse intrínseco. Porém, deixando de lado por um momento a questão de se imitação implica ausência de mérito ou interesse, as imagens de Cunard me parecem também corresponder às que são ubíquas nos primeiros poemas publicados por Rodker no seu *Poems*, de 1914 (i.e., um ano antes de "Prufrock" e três anos antes da primeira coletânea de Eliot). Se estou certo, tal correspondência me parece evidência adicional a favor de, por um lado, identificarmos ELE-então como contendo traços de Rodker e, por outro, reconsiderarmos a relevância de ver exclusivamente na poesia de Eliot a fonte que influenciou "Paralaxe".

Ainda assim, o impacto de Eliot em Cunard, e de resto na totalidade do mundo literário da época, foi intenso. Mas permaneço cético de que isso se reflita em "Paralaxe" tanto, e tão diretamente, quanto pensaram os primeiros críticos do poema.

V — vv. 148-65 (ELA-então a ELA-então em LONDRES-então)
Esta passagem difere dos vv. 1-49 e vv. 132-47 pelo uso explícito e direto dos pronomes pessoais "eu" e "tu". Presumo, de modo um pouco contraintuitivo, que tanto "eu" quanto "tu" refiram-se a ELA-então, i.e., que a passagem é um diálogo interior d'ELA-então consigo mesma, em LONDRES-então.[16]

---

[16] Lois Gordon, em *Nancy Cunard: heiress, muse, political idealist* (2007), sua

Presumo que os cômodos (v. 156) são os de onde ELA-então morava, e que quem não chega a bater na porta, hesita e desiste é ELE-então, embora possa ser um outro alguém com quem ELA-então mantinha um relacionamento paralelo. Cunard morou, a maior parte do tempo, em Londres na mansão da mãe. Mas tanto sozinha quanto com Iris Tree, também manteve pequenos apartamentos alugados, em parte para fugir do convívio com a mãe, em parte para seus encontros de ocasião.

Vale notar que o domingo no v. 159 pode ser diferente do domingo no v. 132, i.e., que aqui não haja continuidade temporal, embora seja mais natural ler estas passagens contíguas como sendo contínuas no tempo (LONDRES-então, nesta interpretação pessoal).

VI — vv. 166-205 (ELA sobre ELA-então em LONDRES-então)
Nesta passagem, presumo, ELA reflete e relembra como ELA-então se sentia, e o que fazia, em LONDRES-então. Note que o tempo verbal é o presente narrativo nos vv. 166-87, e o pretérito (imperfeito?) nos vv. 188-205. É possível que Cunard tenha marcado esta mudança através da indentação do texto.

Aqui, uma outra tênue associação com Rodker é que este, que crescera em Whitechapel, depois se mudou para Battersea (v. 191), ambos bairros de Londres.

VII — vv. 206-26 (ELA narra a transição de LONDRES-então para o sul)
Esta passagem marca uma transição importante e explícita no poema de Londres para o continente e do passado para o presente desta específica passagem. Essa transição entre psicogeografias claramente distintas é marcada, nestes 21 versos, por um esboço do mundo mediterrâneo, como ELA o conhecera desde criança ao viajar com os pais.

Em abril de 1919, Cunard partiu para Paris e viajou pela Provença com uma amiga, Marie Ozanne. Em junho, voltou para Londres via Paris. Passou o verão na Inglaterra e em setembro voltou para Paris. Em outubro, estava de volta na Inglaterra. Em janeiro de 1920, partiu

---

biografia de Cunard, assinala que, nos seus diários e cadernos de notas, ela parece estar sempre dialogando consigo.

para Paris novamente. Cunard sempre insistiu que foi esta partida que marcou a sua transição definitiva para uma nova vida, independente, no continente. Apesar deste testemunho, este não foi o rompimento definitivo de Cunard com a família, ou com a Inglaterra.

VIII — vv. 227-69 (ELA narra uma viagem pela Provença)
Esta passagem relata uma viagem pelo sul da França. Pode corresponder à viagem com Marie Ozanne em 1919 ou à que fez com Rodker em 1923, seguindo um roteiro antes seguido, e a ela sugerido, por Pound. Pode também, por fim, ser um amálgama baseado em ambas as viagens, ou mesmo outras, não claramente delineadas nas biografias de Cunard. Note, nesse contexto, que ELE não é mencionado nesta passagem.

Em sua biografia de Cunard, Lois Gordon (2007, p. 100) afirma que Pound e Cunard viajaram juntos pelo sul da França no verão de 1922. Sandeep Parmar, na sua seleta de poemas de Cunard (2016b, p. xvii), assume o mesmo. Porém, James J. Wilhelm foi quem estudou em maior detalhe as cartas de Cunard a Pound neste período e, por falta de evidências naquelas cartas, não vai além de supor que aquele seria um período propício para uma tal viagem, já que a esposa de Pound estava em Londres, visitando seus pais.[17]

Pelo simples fato de que nos anos seguintes, nem Pound nem Cunard tenham aludido a uma tal viagem, acho pouco provável que tenham viajado juntos como querem Gordon e Parmar. Gordon vai mais longe e afirma que Cunard e Pound viajaram juntos também pela Dordonha em 1923, também sem citar evidências concretas.

Em vez, Wilhelm escreve que Olga Rudge, que nesta época já entrara na vida de Pound e estava prestes a se tornar sua companheira constante pelo resto de suas vidas, se recordava de ter viajado com Pound pela Provença no verão de 1923. Anne Conover indiretamente oferece uma confirmação ao publicar uma fotografia de Pound em sua biografia de Rudge cuja legenda afirma que a foto foi tirada por Rudge durante a viagem dos dois à Provença em 1923.[18]

---

[17] "Nancy Cunard: a sometime flame, a stalwart friend" (Wilhelm, 1990a).

[18] *Olga Rudge & Ezra Pound*: "*What thou lovest well...*" (Conover, 2001).

Se Wilhelm e Rudge/Conover estiverem certos, tendo em vista as cartas de Cunard a Pound, me parece provável que Gordon (2007, p. 100) confundiu Pound e Rodker nesse contexto. De qualquer modo, é, para mim, uma questão em aberto se Pound e Cunard escaparam juntos para a Provença.

Assumo aqui que Cunard e Pound não viajaram juntos em 1922. Sabe-se que Cunard e Rodker viajaram juntos em 1923. Com base nessa mistura de fatos e conjecturas, me parece mais provável que Cunard tenha usado a geografia sugerida por Pound para a viagem que fez com Rodker mas associado ELE, o personagem no poema, a Pound, o poeta por quem estava apaixonada e não a Rodker, que nesta minha interpretação apenas a acompanhara à Provença.

IX — vv. 270-98 (ELA sobre si, agora)
Uma outra transição, penso. Se compararmos esta passagem com as que suponho terem lugar em LONDRES-então, o foco mudou de ELE- e ELA-então para ELA: depois da viagem pela Provença, introspecção.

No v. 287, "independência, liberdade" talvez sinalizem no poema o que Cunard disse sobre esta importante guinada: sua transição da Inglaterra para o continente.

X — vv. 299-310 (ELA em LONDRES-agora)
Parece provável que essa passagem registre o que ELA sentiu em LONDRES-agora ao retornar das viagens pela Provença e a Paris.

Cunard, sempre inquieta, sempre se sentiu ainda mais inquieta em Londres pela proximidade da mãe, com quem convivia em permanente conflito, e pela sombra do seu casamento precipitado (com Sidney Fairbairn, aos 20 anos, em 1916), que estava desfeito em termos práticos, mas não legalmente ainda.

No v. 308, o pronome *he* ["ele"] parece estar em lugar do pronome indefinido *one* com o intuito de evitar um excesso de formalidade e sem denotar alguém, ou um personagem, específico.

XI — vv. 311-38 (ELA sobre o PAI)
Esta é a única passagem metrificada e rimada. Por ser muito abstrata, qualquer interpretação é necessariamente muito especulativa.

Não me parece que o pronome "ele" nesta passagem se refira a

ELE, nem ELE-então. Certas menções (p.e., a bagas na sebe, ao capim no vento, ao urzal) me levam a supor que, nessa passagem, o pronome pode se referir a Sir Bache, o pai de Nancy, um homem introspectivo cujo principal interesse eram as coisas do campo, principalmente a caça.

Seu casamento com Lady Cunard foi massacrado pelas infidelidades dela, que se mudou na década de 1910 para Londres, com Nancy mas sem o marido, e a partir daí se dedicando a interesses muito diversos dos de Sir Bache, e ao seu longo *affaire* com Sir Thomas Beecham (1879-1961), o maestro inglês. Sir Bache viveu sozinho até a morte, em 1925. Há indícios de que Nancy tinha pelo pai um afeto contido e nada do antagonismo com que sempre confrontou e foi confrontada pela mãe. Por exemplo, ela esteve com o pai nos seus últimos dias e estava ao seu lado quando ele morreu, alguns meses depois da publicação do poema. Denoto-o por PAI.

XII — vv. 339-59 (ELA, em Paris, agora, pensa, e pensa no PAI)
Os vv. 354-5 revelam que ELA está de volta a Paris. A magistral fanopeia de "E Paris/ Enrola o carpete monstruoso de suas noites") parece indicar que o trem, ao ir cruzando os subúrbios em direção ao centro, vai acendendo o dia que clareia mais e mais. Não há indicação de que ELE está com ela.

A referência no v. 350 a aves selvagens, capim, tordos, pode ser uma lembrança de uma estadia no campo, com o PAI, nos vv. 311-38. A segunda pessoa no v. 351 pode assim ser um instante em que ELA dialoga em sua mente com o PAI.

XIII — vv. 360-76 (ELA pensa sobre sua vida, em Paris, agora)
Ao que parece, ELE ainda não está com ela, no poema, já que o "ele" no v. 364 se resolve sintaticamente no "trapeiro" [*rag-man*] no v. 363.

Sabe-se que Cunard, especialmente em Paris, levava uma vida dissoluta, bebendo muito e pesado, dormindo com muitos e em hotéis de baixíssimo nível. Cunard, nesse período, parece presa de uma certa *nostalgie de la boue*. Assim, a resposta à pergunta ("Quem está doente, cansada, contumaz, azeda, negando juras/ Depois de ontem à noite?") nos vv. 367-8 me parece ser: ELA.

Em 1920, em Paris, Cunard teve que passar por várias cirurgias, perigosas para a época, culminando numa histerectomia que a deixou entre a vida e a morte por muitos meses e inclusive levou os pais a visitá-la em Paris. Uma suposição é que se tenham tornado inevitáveis pelas consequências de um aborto malsucedido. Nesse período, Pound ajudou-a muito, e de muito perto. Depois que Cunard se recuperou o suficiente, voltou ainda assim a passar por um período em que se pôs constantemente em situações de risco.

XIV — vv. 377-406 (ELA alude ao triângulo formado por TU e TERTIUS, e em duas passagens TU interfere)

Nesta passagem, ELA alude a um triângulo (vv. 391-2), o que torna necessário resolver quem são seus vértices.

Há evidências abundantes de que Cunard viveu um período de paixão complexamente correspondida por Pound, enquanto Rodker, embora íntimo, não parece ter ocupado o centro de sua atenção com a mesma intensidade. Na verdade, no tempo do poema, parece que Cunard esteve intensamente apaixonada por Pound. Porém, como considerei acima, foi Rodker quem viajou com ela pela Provença.

Assim, uma solução possível para os vértices deste triângulo é: Cunard/ELA = "eu", Pound = TU, e Rodker = TERTIUS. TU, aqui, me parece ser ELE, nas passagens em que ELA narra ou reflete. Para manter o tom de diálogo entre dois amantes, onde não há ambiguidade, uso pronomes e formas verbais mais coloquiais.

Uma outra hipótese é que a terceira pessoa seja Dorothy Shakespear, a esposa de Pound. É menos provável que TU seja Rodker e o TERTIUS seja Pound ou, ainda mais improvável, Mary Butts, a esposa de Rodker na época, já que o seu casamento com Rodker tinha se desfeito na prática em 1920, antes portanto do presente do poema, se o tomamos como sendo principalmente o ano de 1923.

Ao que sei, quem primeiro leu e relatou o conteúdo das cartas de Cunard a Pound nesse período foi James J. Wilhelm.[19] Mesmo na ausência das cartas de Pound para Cunard,[20] parece bem claro que

---

[19] "Nancy Cunard: a sometime flame, a stalwart friend" (Wilhelm, 1990a, pp. 201-21) e *Ezra Pound in London and Paris (1908-1925)* (Wilhelm, 1990b, pp. 291-3).

[20] Quase certamente foram destruídas quando os nazistas, no fim da guerra e de sua ocupação da França, atearam fogo à casa de Cunard em Réanville, hoje La Chapelle-Longueville, a noroeste de Paris.

Cunard e Pound eram (ou tinham sido) amantes e que ela ainda o queria de perto e por perto, intensamente.

Esta passagem contém dois trechos entre aspas, vv. 388-90 e vv. 400-6. Acho plausível que, em ambas, a voz seja de Pound e não de Rodker.

Nos vv. 388-90, é plausível que Pound esteja tentando convencer Cunard da impossibilidade de que o relacionamento d'ELE e d'ELA dure: Pound não só não pensava em se separar da esposa como provavelmente já visava um relacionamento mais permanente com Olga Rudge. Pound sabia bem da volatilidade dos relacionamentos de Cunard, e talvez temesse se emaranhar mais ainda.

Nos vv. 400-6, a voz que associo a Pound parece afirmar que uma paixão nova não extingue uma antiga. E, de fato, depois que Nancy Cunard e ele se distanciaram, Pound manteve por décadas um triângulo resultante de seu casamento com Dorothy Shakespear e seu relacionamento com Olga Rudge, com quem ele teve uma filha.[21]

Noto também que esta postura diante do dilema entre o novo e o conhecido foi a solução dialética a que Pound (e Eliot) chegaram enquanto pontas de lança do modernismo em inglês. Os modernismos russo e italiano eram futuristas e desprezavam a tradição que herdaram. O modernismo francês via a sua tradição como em crise (*apud* Mallarmé). Num contraste claro, o modernismo em língua inglesa preferiu reter, acolher, envolver, revolver e amalgamar ao novo o melhor da tradição da qual emergia. Assim, disse não à prisão do pentâmetro, à sintaxe convoluta de Milton, por exemplo, mas disse sim à ambição intelectual dos metafísicos, como Donne, e à ironia e liberdade modernas de Corbière e Laforgue, transformando-as.

XV — vv. 407-34 (ELA narra outra viagem ao sul da França)

ELA viaja de Paris para o norte e para o sul, "subindo e descendo" no mapa, por assim dizer (vv. 407-8). No fim da viagem ao sul, um farol "subindo e descendo" por colinas e vales (vv. 432-4).

---

[21] Pound parece ter mantido ao longo dos longos anos um carinho latente por Cunard, embora politicamente os dois tenham divergido para extremos de tal modo opostos que, no final, a amizade entre eles não teve como não se exaurir num silêncio possivelmente mutuamente desejado.

Cunard estava sempre em movimento, ora em direção à Normandia ao norte, ora à Provença ao sul. Mais especificamente, esta passagem parece corresponder à viagem que Cunard fez em março de 1924 a Sanary-sur-Mer, onde existe um farol, e a Monte Carlo.

Ressalto que tento interpretar a indentação de Cunard (se não houve interferência de Virginia Woolf ao dar forma tipográfica ao poema) como tendo implicações narrativas, com escopo local. Assim, assumo que os vv. 407-31 formam um par com os vv. 463-70. Este par, então, envolve a passagem formada pelos vv. 432-62.

Com sua indentação gradualmente menos acentuada, penso que os vv. 432-4 denotam a transição para a passagem, por assim dizer, incrustada.

XVI — vv. 435-9 (ELA, no sul da França)

ELA, no sul da França, talvez na foz do Ródano no Mediterrâneo, imagina que o possa ligar com o outro mar, talvez o do Norte. (O v. 435 parece aludir a sair e voltar de Mônaco à França.)

Esta passagem se refere, penso, aos mortos da Grande Guerra (ecoando o v. 411). Segundo vários testemunhos de quem a conheceu de perto, Cunard jamais superou o choque de perder, morto em combate, uma das pessoas que com maior certeza se pode dizer que ela amou. Chamava-se Peter Broughton-Adderly e embora o romance tenha sido curtíssimo, parece ter marcado Cunard de modo profundo pelo resto de sua vida. Toda a geração de Cunard foi claramente profundamente afetada pela Grande Guerra.

XVII — vv. 440-50 (ELA dialoga consigo mesma)

É difícil dizer quem é o referente dos pronomes nos vv. 443 (*you* [Você]) e 448 (*Your* [Teus]). Parece-me plausível que se refira a ELA relembrando um momento com ELE, não fica claro se agora ou então.

Note que nenhum dos candidatos que considerei plausíveis de serem identificados com ELE (i.e., Pound, Rodker ou Eliot) tinha olhos escuros (v. 448). Os dela eram claros também. Porém, pode ser que Cunard se refira a olhos claros que o sol escurece quando se esconde atrás de nuvens.

A indentação crescente nos vv. 441-2 me parece indicar o instante em que a memória passa a dominar.

XVIII — vv. 451-62 (ELE reflete sobre o tempo)

Esta passagem entre aspas me parece ser a voz d'ELE, com o referente de "lhe", "ele", e "seus nós" sendo o "Tempo", o "Milorde Eternidade".

Como mencionado acima, essa passagem parece incrustada nas reflexões pareadas que contêm os vv. 440-50 (acima) e 463-70 (abaixo).

XIX — vv. 463-70 (ELA continua a refletir)

Como disse acima, suponho que essa passagem conclua as reflexões iniciadas nos vv. 407-31 e interrompidas pela lembrança de um momento com ELE nos vv. 440-50 e da voz d'ELE nos vv. 451-62.

XX — vv. 471-99 (ELA narra uma viagem pela Toscana)

Esta passagem descreve uma viagem d'ELA pela Toscana sem ELE.

Vale notar as aspas duplas que só se fecharão no último verso do poema. Ao contrário das aspas simples, não me parece que as duplas introduzam uma voz diferente da voz d'ELA. Em vez, as aspas duplas me parecem indicar a intromissão de um outro tempo no poema, talvez uma autocitação, i.e., o resgate por ELA de notas de viagem num diário, fragmentos de poema que ELA cola aqui.

Como mencionado acima, o tempo do poema parece girar em torno de 1923. Note, porém, que a viagem de Cunard a Provença que parece corresponder aos vv. 228-69 ocorreu no verão daquele ano, enquanto a viagem de Cunard pela Toscana que parece corresponder a esta passagem ocorreu no fim do inverno e princípio da primavera. A progressão do poema parece, por isso, violar a sequência cronológica dos fatos aos quais se refere, na minha interpretação.

Assim, as aspas duplas parecem significar, pelo menos em parte, que aqui ELA cita, no verão, fatos e pensamentos registrados por ELA alguns meses antes, no fim do inverno e princípio da primavera, ou então que cita num tempo posterior ainda ao verão, fatos e pensamentos registrados na viagem à Provença. Uma outra hipótese, claro, é que este desalinhamento entre poema e interpretação é evidência de uma inconsistência nesta (ou naquele).

Em janeiro de 1923, no auge da paixão de Cunard por Pound, ela passou por Rapallo, na Ligúria, para onde Pound cogitava se mudar. Veio realmente a fazê-lo. Até sua prisão no fim da Segunda Guerra Mundial, Pound viveu lá com sua esposa, Dorothy, e em outra casa também em Rapallo, com sua amante, Olga. Cunard o visitou em Rapallo, mas não se demorou lá porque a esposa de Pound estava com ele.

De Rapallo, Cunard logo partiu para uma viagem pela Toscana (vv. 470 ss.), provavelmente passando por Gênova (donde o v. 473), a cidade de maior porte mais próxima de Rapallo.

XXI — vv. 500-1 (Um pensamento sobre ELE interrompe a narrativa)

Interrompendo a narrativa/reflexão sobre a viagem pela Toscana, estes versos em parênteses me parecem a intrusão de um pensamento em que ELA parece lembrar uma carta d'ELE, talvez recém-chegada (mas veja o v. 511).

ELE usa o pronome pessoal (*you*) para se referir a ELA, ou seja, parece ser uma carta d'ELE para ELA. Porém, no original, a sintaxe e morfologia do inglês não requerem que o gênero seja explícito, e, portanto, é possível também que a primeira pessoa se refira a ELA e *you* a ELE, ou seja, que a carta fosse d'ELA para ELE.

Wilhelm (1990a) prova que Nancy escreveu muitas cartas a Pound, de muitos lugares, neste período em que o tentava a se encontrar com ela. Conforme uma nota anterior, é provável que as cartas de Pound a Cunard tenham sido irremediavelmente perdidas. O teor dessa passagem é consistente com a minha interpretação dos vv. 400-6, i.e., com uma recusa de Pound a continuar seu relacionamento com Cunard. Por isso, apesar da ausência de aspas, mas interpretando os parênteses como equivalentes àquelas, assumo que a carta é d'ELE para ELA.

XXII — vv. 502-9 (ELA retoma a narrativa)

A narrativa/reflexão sobre a viagem pela Toscana é retomada nesta passagem.

XXIII — vv. 510-80 (ELA reflete sobre seu relacionamento com ele e consigo)

Nesta longa passagem, a narrativa da viagem sai do primeiro plano. A reflexão não mais parece ser sobre a viagem em si.

Penso que a voz, aqui, pode ser d'ELA refletindo sobre o seu relacionamento com ELE e sobre ELA mesma. Por exemplo, o v. 511 lembra uma passagem de uma carta de Cunard a Pound citada por Wilhelm (1990a).

Uma dificuldade de interpretação aqui é associar referentes a "tu" e a "naquele tempo" no v. 511. Numa carta a Pound, Cunard escreve que o quer e somente para ela. Se essa carta decifra o "tu", "naquele tempo" não pode se referir ao exato momento da viagem pela Toscana, já que Pound não a acompanhou e nem Rodker, penso. Assim, "naquele tempo" pode ser uma referência ao breve período em Paris durante o qual Pound e Nancy foram íntimos, ainda que ele vivesse normalmente com a esposa. De fato, os vv. 513-5 parecem descrever um cenário subjacente em que ELA e ELE discutem, criticam, editam seus poemas. É sabido que Pound fez o papel de editor informal dos poemas que Cunard escrevia em Paris. Mais especificamente, as palavras com que o espeta talvez sejam aquelas a que Pound não podia senão se render.

Parte dos vv. 517-9 e do v. 522 está entre aspas. É difícil associar a estes versos uma voz. Pode ser a citação de comentários d'ELE na presença d'ELA, possivelmente durante a viagem pela Toscana. O primeiro trecho entre aspas parece um comentário sobre uma pintura e os vv. 471-99 mencionam vários pintores renascentistas.

Os vv. 523-32 podem aludir à Toscana ou à Provença ou a ambas, como fulcros da visão de Pound sobre o *paradiso* terrestre que ele diria muitos, muitos anos mais tarde, ter tentado criar nos *Cantos*.

ELA se refere a si como "tola instruída" no v. 534, o que penso ser uma alusão ao fato de que ela pedira a Pound roteiros de viagens pela Toscana, Provença e Dordonha que replicassem os de Pound anos antes. A recorrência deste termo (*fool*), que nas passagens iniciais do poema se referiam (nesta interpretação) a ELE, talvez tenha o intuito de indicar que o amor d'ELA por ELE fez d'ELA, ironicamente, uma tola também.

O v. 542 me parece enigmático. No contexto de um triângulo amoroso, pode significar que ela percebe que a escolha por ELE ou pelo TERTIUS resulte em mera troca de prisões/paixões.

No v. 553, ELA se dirige ao seu "par" (ELE, o também poeta, tolo-poeta, como ela). Tanto Rodker quanto Pound eram poetas e, nisso, pares d'ELA.

Os versos 544, 548, 554, 567 e 575 anunciam perspectivas, respectivamente, num extremo ("at one end"), ao lado ("at one side"), atrás ("behind me"), ao redor ("around me"), e à frente ("before me") d'ELA.

Num extremo, um término, uma meta, a beleza que ambos prezam; ao lado, ELE que insiste e protela; atrás, as noites e cidades com ELE quando estavam juntos; ao redor, a herança material do Renascimento, que ELE toma como um dos cumes da sua visão do paraíso terrestre, herança dourada mas carcomida pelo passar do tempo; à frente, um esqueleto que pode se referir a ELA mesma, como sugerido acima, na primeira menção a um esqueleto no v. 46.

XXIV — vv. 581-92 (ELA se dirige a ELE)

Essa passagem em aspas me parece ser a voz d'ELA, como o "esqueleto articulado" (v. 577) que ela se tornou sem ELE, se dirigindo a ELE, "parceiro" (i.e., semelhante, par), no tempo da escritura do poema.

O fecho do poema seria, assim, a aceitação da perda: ELA, descarnada em esqueleto, não mais terá a companhia d'ELE. Essa interpretação é consistente com o fato de que Cunard e Pound não parecem mais ter tido um relacionamento íntimo depois que ele se mudou definitivamente de Paris para Rapallo com a esposa, Dorothy, logo seguidos por Olga, o *tertius* nesse triângulo real que coexistia em paralelo com o ficcional que é relatado no poema, nessa minha leitura.

Embora não seja possível afirmar que isso tenha ocorrido a Virginia Woolf ao dar o título ao poema, o termo "paralaxe" implica uma triangulação e, na minha interpretação, parece assinalar que o poema se refere a um triângulo entre ELA, ELE e um TERTIUS.

Se associamos a estes personagens hipotéticos, pessoas que sabemos envolvidas na vida de Cunard, três triângulos parecem plausíveis: Cunard, Pound e Rodker; Cunard, Pound e Shakespear; Cunard, Pound e Rudge. Sobrejacente a estes, há o triângulo real formado por Pound, Shakespear e Rudge. Tal profusão aumenta a possibilidade de que qualquer um destes vértices erre ao estimar sua proximidade dos outros dois, e a destes dois um em relação ao outro. Neste sentido, Woolf talvez tenha intuído que o poema parece dramatizar uma condição de paralaxe, de distorção de percepções e aspirações, da qual resulta uma profunda reconfiguração na vida da voz sob o poema.

Ainda que tenha perdido o poeta que amou, a voz sob o poema resiste no texto que lemos e que insiste em ser lido para nos lembrar a grande arte de Nancy Cunard, poeta moderníssima.

Sobre a influência de Eliot em "Paralaxe"

Quando "Paralaxe" foi publicado (em 1925), houve uma quase unanimidade dos primeiros resenhistas em desmerecer o poema com base no que lhes pareceu um óbvio, flagrante, inconfundível débito às inovações da poesia de Eliot. Desde então, parece *de rigueur* propagar a crença neste débito.

Ao meu ler, sim, tal débito existe, mas apenas em uma parte relativamente curta do poema, apenas com uma sutil intenção de confronto, e apenas no sentido mais amplo de que o impacto da poesia de Eliot influenciou toda a cultura poética da época, e além. Dessa influência, Cunard não escapou (nem pretendeu escapar, pois tinha imensa estima pela poesia de Eliot).[1]

Porém, para lá dessa influência geral, não me parece que o débito de "Paralaxe" a Eliot seja tão óbvio ou flagrante ou inconfundível. Mais, penso que a reputação literária de Cunard pode ter sido vítima de um viés pró-eliotiano, e possivelmente antifeminino da crítica da

---

[1] Décadas depois, William Carlos Williams disse, da publicação dos poemas de Eliot, e principalmente de "The waste land", que foi semelhante à explosão de uma bomba atômica. Neste sentido, penso que a poesia de Eliot deixou no *air du temps* uma forma de, por assim dizer, radioatividade poética que contaminaria não só Cunard como muitos outros poetas. Num apêndice à sua tradução de *The sound and the fury*, de William Faulkner, Paulo Henriques Britto, ainda que não considere injusta a opinião de Harold Bloom de que o débito de Faulkner a Joyce era óbvio, pondera-a dizendo que "em defesa de Faulkner, seria possível argumentar que, tendo O *som e a fúria* sido publicado apenas cinco anos depois do romance de Joyce, o próprio fato de ter o romancista norte-americano lido, assimilado e emulado com sucesso a obra do irlandês em tão pouco tempo indica o quanto ele estava atento para o que havia de mais avançado em matéria de ficção e preparado para enfrentar o desafio". Mesmo que se considere pouco convincente o estudo que descrevo aqui, em defesa de Nancy Cunard, penso eu, pode-se, no mínimo, dizer o mesmo.

época, agravado, puritanicamente, pela sua imagem de menina rica, herdeira, devassa, diletante.

Este viés continua presente em acadêmicos e comentadores contemporâneos e os leva a dar um peso que penso exagerado a certas visíveis, mas restritas, influências eliotianas. Com isso, parecem-me incorrer no erro de considerar "Paralaxe", como um todo, um poema derivativo e de menor importância, principalmente no âmbito da poesia modernista, onde *make it new* é brado e bandeira.

Para buscar algum indício de que esta minha posição não é, por sua vez, também excessivamente subjetiva, efetuei uma análise estilométrica[2] de "Paralaxe" buscando evidências de provável autoria, i.e., busquei aplicar este método de análise com o propósito de quantificar a evidência neste sentido, ou seja de que, estilisticamente, a linguagem de "Paralaxe" é mais típica de Cunard e não de Eliot relativamente à obra daquela e à deste até então.

Se o resultado desta análise viesse a afirmar que a linguagem de "Paralaxe" é mais típica de Eliot, isto poderia ser tomado como evidência objetiva (e não apenas subjetiva) de que o poema de Cunard tinha sido profunda e amplamente contaminado, por assim dizer, pela influência de Eliot. Se fosse esta a conclusão, as resenhas agressivamente negativas ao poema e o consenso crítico que delas resultou e que ainda perdura seriam mais justificadas.

Por outro lado, se o resultado viesse a afirmar o oposto, i.e., que a linguagem de "Paralaxe" é mais típica de Cunard, isto poderia ser tomado como evidência objetiva de que "Paralaxe" emergiu diretamente, talvez evolutivamente, da poesia de Cunard anterior à influência cataclísmica de Eliot ainda que não inteiramente imune a esta.

Quero ressaltar que, forçosamente, minha análise tem um peso pequeno, e apenas indicativo. Isto porque não é rigorosa ou minuciosa o

---

[2] Ainda que contenciosa para muitos estudiosos de literatura, esta abordagem tem se tornado bastante influente recentemente. Um dos exemplos mais espetaculares do seu uso é na área de estudos shakespearianos onde a estilometria tem sido aplicada para identificar passagens no corpo de peças e poemas isabelinos que mostram sinais de autoria diversa ou de colaboração entre Shakespeare e outros autores. O *The new Oxford Shakespeare: Authorship companion* editado por Gary Taylor e Gabriel Egan (2017) inclui discussões aprofundadas dessa abordagem. Porém, os métodos que uso aqui são extremamente mais limitados e rasos, e seu poder diagnóstico, ainda que sugestivo, não é remotamente comparável aos de Taylor e Egan.

suficiente para decidir convincentemente a questão. Para isto, seria necessário um trabalho bem mais intenso, sofisticado e profundo de análise. O protocolo que usei, de autoria de François Dominic Laramée,[3] é relativamente simples, mas, noto, teve poder suficiente de diagnóstico para confirmar pelo menos um resultado famoso na literatura estilométrica: a atribuição de autoria a alguns dos ensaios na coleção conhecida como *The Federalist papers* (Hamilton *et al.*, 2008).[4]

A análise que fiz é do texto inteiro de "Paralaxe", e o fiz de modo deliberado, já que é principalmente um fragmento do poema (vv. 148-63, menos de 3% do poema) que parece mais derivativo a muitos de seus críticos. É com base neste fragmento e na sua vizinhança imediata que caracterizam "Paralaxe", em sua totalidade, como sendo óbvia, flagrante e inconfundivelmente imitativo do Eliot de "Prufrock" e dos "Preludes". Minha posição, portanto, é que, embora este fragmento mostre mais marcadamente a influência de Eliot, é preciso questionar se é também este o caso para o resto do poema, i.e., se é válido generalizar esta característica destes 16 versos para os quase 575 outros versos do poema.

O protocolo que usei requer que, aos algoritmos, sejam informados textos autênticos dos autores candidatos de modo a caracterizar inicialmente o estilo de cada. Para caracterizar o de Cunard, usei o texto completo de sua coletânea mais recente anterior a "Paralaxe" (i.e., *Sublunary*, de 1923), porque a sua primeira coletânea (i.e., *Outlaws*, de 1921) é ainda imatura em termos de formação de estilo. Para caracterizar o de Eliot, usei os textos completos de *Prufrock and other ob-*

---

[3] "Introduction to stylometry with Python" (Laramée, 2018, 2021).

[4] Os ensaios dos *Federalist papers* tinham o intuito de promover a ratificação da Constituição americana em 1788. Sempre se soube que foram escritos por Alexander Hamilton, James Madison e John Jay, mas, ao publicá-los, os três autores usaram um pseudônimo coletivo: "Publius". Alguns anos mais tarde, Hamilton e Madison discordaram sobre quem, entre eles, teria sido o autor de alguns dos ensaios. Para uma breve discussão da questão, veja a nota de Lawrence Goldman em sua edição da obra (Hamilton *et al.*, 2008, pp. xxxiv-xli). A resolução dos conflitos foi facilitada por análises estilométricas e, hoje, existe um consenso significativo entre os especialistas sobre quem é o autor dos ensaios sobre os quais há declarações conflitantes de autoria. A metodologia que uso aqui é capaz de produzir resultados que estão de acordo com estes especialistas. Para mais detalhes, ver Laramée (2021).

servations, de 1917, e "The waste land", de 1922. O texto cuja autoria se quer decidir é o texto completo de "Paralaxe".

A análise[5] calcula duas métricas bastante conhecidas e relativamente bem aceitas.[6] Em ambos os casos, a análise afirma ser mais provável que é Cunard, e não Eliot, a autora de "Paralaxe".[7]

---

[5] No limite, as análises estilométricas podem fazer uso tanto das categorias funcionais (i.e., pronomes, preposições, verbos modais e auxiliares, conjunções etc.) quanto das de conteúdo descritivo (i.e., substantivos, verbos, adjetivos e advérbios) presentes no texto e, a partir destas, tentam identificar e contrastar (entre outras) a frequência, o tamanho e a colocação de vocábulos e agrupamentos destes, possivelmente até o nível de construções sintáticas bem definidas. Hábitos de pontuação são também considerados, às vezes. A partir daí muitas possibilidades se abrem em termos, por exemplo, de registro (p.e., culto ou não), de sincronia (p.e., contemporâneos ou não) ou diacronia (p.e., anterior um ao outro ou não) etc. Por exemplo, a reação à publicação dos primeiros poemas de Eliot centrou-se majoritariamente no que parecia aos resenhistas a novidade do seu léxico distinto, suas construções sintáticas concisas, o discurso paratático, por contraste com a poesia que os precedia. Migrar desta impressão subjetiva a uma caracterização objetiva é uma das aspirações da estilometria moderna. Assim, uma análise estilométrica almeja, em geral, culminar numa caracterização objetiva (i.e., quantificada) de um texto, ou conjunto de textos, sob a hipótese de que esta é capaz de captar, preservar e refletir a presumida individualidade estilística dos autores de modo mais útil para fins de debate. A análise usada aqui para contrastar o estilo de Cunard com o de Eliot usa três métodos simples, mas eficazes em conjunto se o que se busca é uma quantificação preliminar, e não necessariamente decisiva. A variação no tamanho das palavras é um dos fatores usados (p.e., a dicção de Mina Loy usa palavras de origem latina com maior frequência que a maioria dos poetas seus contemporâneos, e estas tendem a ser mais longas que as palavras originárias do anglo-saxão), mas o seu peso é reduzido. Mais importante, é o grau de interseção do léxico usado por diferentes autores, onde o grau de interseção é tão maior quanto maior for o número de palavras que fazem parte do léxico de ambos os autores em questão (p.e., se uma análise estilométrica contrapondo Augusto dos Anjos e Cruz e Sousa diagnosticasse um baixo grau de interseção, tal resultado poderia ser tomado como evidência objetiva de contrastes como o que Alfredo Bosi traça, subjetivamente, entre "o blasfemo Augusto dos Anjos e o crente Cruz e Sousa"). Neste caso, minha análise usa dois métodos diferentes para quantificar o grau de interseção. Vale notar que a reação negativa de muitos resenhistas de "Paralaxe" tendeu a se embasar na percepção de que o poema de Cunard emergira da mesma paisagem lexical dos primeiros poemas de Eliot. Assim, a análise relatada aqui toca, penso, no cerne da questão levantada por aqueles resenhistas.

[6] As métricas são o χ-quadrado de Kilgariff e o δ de Burrows (Laramée, 2021).

[7] Os valores obtidos para o χ-quadrado de Kilgariff foram 954.7867 e 1023.1625 para Cunard e Eliot, respectivamente. Os valores obtidos para o δ de Burrows foram

Em outras palavras, objetivamente, não há evidência convincente emergindo desta análise (com a ressalva de ser esta um tanto carente de sofisticação técnica) para afirmar que o poema de Cunard é imitativo de Eliot num grau incômodo, i.e., excessivo, superior ao que parece inevitável tendo em mente o imenso impacto dos dois volumes de Eliot que precederam "Paralaxe". Foi esta, contudo, a posição tomada, subjetivamente, pelos primeiros resenhistas do poema e reafirmada por muitos desde então. Esta posição, que me parece apressada e injustificada, contribuiu muito para a relativa obscuridade posterior do poema de Cunard. Espero que esta tradução, comentário e análise de "Paralaxe" contribua para o resgate da maestria e originalidade de Nancy Cunard, que, para alguns, longe de ser excessivamente tributária às inovações de Pound e Eliot, abriu uma nova vertente no corpo de poemas-longos modernistas, tanto quanto o fizeram Mina Loy, com a insurreição de "Canções para Joannes", e Hope Mirrlees, com a lâmina irônica de "Paris: um poema".

1.106 e 1.131 para Cunard e Eliot, respectivamente. Em ambos os casos, quanto menor o valor obtido para um candidato a autor, mais provável é que este seja o verdadeiro autor. Em ambos os casos, portanto, podemos concluir que "Paralaxe" é mais estilisticamente tributário da obra anterior de Cunard do que da de Eliot.

Sobre o poema-longo modernista

Álvaro A. Antunes

Quão longo tem que ser um poema para ser um poema-longo?

Muitas vezes, um poema-longo é disposto em seções que podem ou não ter características relativamente claras de poemas independentes, componentes de um todo maior. Um poema-longo é quase sempre mais bem caracterizado por um viés estético e de arte poética do que por sua extensão, mas uma resposta numérica poderia ser que os três poemas que melhor definem esta forma ("Homage to Sextus Propertius" e "Hugh Selwin Mauberley", de Pound, e "The waste land" de Eliot) têm, respectivamente, em torno de 600, 400 e 430 linhas.

O núcleo deste livro é formado por traduções de três poemas-longos modernistas escritos por mulheres: "Songs to Joannes" tem cerca de 410 linhas; "Paris: a poem", cerca de 430; e "Parallax", cerca de 600. Os poemas são não só tão extensos quanto os paradigmáticos de Pound e Eliot como contemporâneos àqueles. Por outro lado, não são nem de longe tão conhecidos, embora ou os antecipem ou dialoguem com eles, ainda que não direta ou mecanicamente.

Além da extensão, que aspectos, que estratégias de arte poética caracterizam o poema-longo modernista?

Em escala global, o Modernismo é tão vasto e variado e desenvolveu-se por um período tão longo de tão intensa transformação social, econômica, política e cultural, que mesmo hoje, um século depois do seu apogeu, é impossível definir o poema-longo modernista através de um único, incontestável, esquema classificatório. Há ângulos demais e demasiadas nuances e ênfases se revelam e se projetam em variadas direções de cada um destes ângulos.

Na ausência de um consenso, e apenas por isso, proponho aqui um conjunto de atributos característicos (entre tantos outros possíveis conjuntos que seriam diferentemente esclarecedores). Meu intuito é o de balizar a leitura dos poemas-longos neste livro e dar aos leitores uma base conceitual com que relacioná-los a outros poemas-longos na história literária das últimas doze décadas.

Com algum detalhe, mas sem chegar a uma definição formal, eis o que penso estar por trás das qualificações que usei ao introduzir os poemas traduzidos neste livro.

O poema-longo modernista, tal como o entendo, é *não-referencial* no sentido em que se recusa a estabelecer *a priori*, e de modo abrangente e claro, uma realidade de fundo, uma estação terminal de sentido que o ancora. Em vez, em alguns casos, a oculta inteiramente, transferindo aos leitores a tarefa de descobri-la quando, e se, existe, ou então de inventá-la, o que torna qualquer interpretação essencialmente subjetiva.

O poema é *polifônico* no sentido em que frequentemente acolhe e mescla, entrelaça, e não raro colide, múltiplas vozes, transferindo aos leitores a necessidade de orquestrá-las e de coreografar os personagens, muitas vezes indistintos, ou periféricos, às quais pertencem.

O poema é *não-linear* no sentido em que costuma não se limitar a uma trajetória singular e consistente no espaço-tempo e, em paralelo, de modo deliberado, a aspirar à simultaneidade através do uso de estratégias de montagem e colagem para que tempos e lugares se interpenetrem e se justaponham sem óbvia congruência, sem que o poema sinalize claramente que isto está se dando.

Não-referencial, polifônico e não-linear, o poema resulta *indeterminado*, no sentido em que raramente é explícito e raramente está claro quem, ou o quê, existe no terminal de sentido do poema. Do mesmo modo, não é incomum não ficar explícito ou claro onde, quando, por que e para que o poema se situa em relação a quem, ou o quê, dentro dele existe.

Quando, por exemplo, o texto usa um pronome pessoal, em vez de uma imediata e incontestável identificação do personagem a quem o pronome se refere, não é raro não sabermos identificá-lo sem antes refletir e ponderar. Isto porque é também comum sermos confrontados com múltiplas, igualmente válidas, identificações possíveis. A esta incerteza de sujeitos e objetos no curso do poema se acrescem dúvidas quanto ao tempo e ao espaço narrativos. Em vez de clareza sobre o que, por exemplo, para um personagem, parece uma memória sua de um certo lugar, o poema nos deixa desconcertados: o personagem, na verdade, pode estar vivendo seu presente, e talvez até num lugar que nos parece incongruente se consideramos apenas a superfície do texto.

Essa indeterminação acarreta, portanto, uma incerteza constante quanto a personagens, enredo, época, localização, motivação, entre outros aspectos narrativos ou poéticos.

O poema é *fragmentado* no sentido em que tende a usar uma linguagem em que os vários elementos linguísticos (i.e., fonéticos, ortográficos, sintáticos, semânticos, e mesmo os de escopo textual) são tensionados, guinados, desestabilizados, o que frequentemente leva a parecer fragmentado o texto mesmo que em conjunto constroem. Com isso, tais elementos acabam por dominar o primeiro plano, tornando a linguagem do poema o foco principal de atenção, o agente motor, o gerador do evento que é a leitura do poema, e cada leitura se torna potencialmente diferente de todas as outras, antecedentes, contemporâneas ou futuras.

O poema, em muitos casos, é intensamente *alusivo*, i.e., presume significativamente mais familiaridade do que os poemas pré-modernistas faziam com o presente e o passado da sociedade e da cultura de onde ele emerge ou às quais se refere, e quase sempre o faz visando tecer uma rede de relações intertextuais, em princípio, mas não somente.

O poema tende a ser *extremista* no sentido em que abraça com entusiasmo uma gama de registros, meios de expressão, dispositivos de comunicação que vão dos mais demóticos, ou democráticos, aos mais recônditos, ou eruditos, muitas vezes apelando a ambos ao mesmo tempo e preferindo com frequência posições as mais radicais.

O poema é *anticonvencional* no sentido em que antagoniza ou, às vezes, coopta e redefine formas herdadas, prescritas, conformadas, convencionais, recusando-as ou trespassando-as por meio de ironia e sarcasmo.

O poema é *renovador* no sentido em que é sempre escrito sob a bandeira da renovação, inovação, invenção, sob o signo da poemáxima *"renovar/ dia sol/ a/ sol dia/ renovar"* (na formulação palindrômica de Augusto de Campos à palavra de ordem de Pound, derivada de uma antiquíssima inscrição chinesa, em 1928) e busca o impacto, o arrebatamento, o êxtase das novas formas, constante e continuamente elaboradas, sempre consciente da tradição, do sol do qual, e com o qual, o poema almeja extrair um novo dia.

Fragmentado, alusivo, extremista, anticonvencional e renovador, cada poema ambiciona ser *novo* e, no limite, almeja tanto criar *ab initio* sua própria poética quanto, se possível, cravá-la inédita e exclusiva. E, em todo caso, sempre se posiciona poeticamente com intensa intenção de ir além do que vê como (e quase sempre, seja por sinergia ou por antagonismo, confronta) pesadas poéticas passadas.

Nos dois grandes poemas-longos de Pound, várias dessas características são bastante evidentes. Por ser uma performance poética sobre algumas das elegias de Propércio, "Homage to Sextus Propertius" (1917) não é indeterminado (ou não mais do que os originais que o inspiraram), mas é explosivamente novo. O poema é arquitetado como uma montagem de fragmentos que Pound escolhe como peças de um mosaico onde se lê seu antagonismo à poesia imperial vitoriana, espelhando assim o de Propércio ao nascente império romano de Otaviano Augusto. "Propertius" é vorazmente alusivo, e não só porque os originais pertencem àquele período da poesia latina mais influenciado pelos eruditos alexandrinos. O poema é também extremista porque Pound, homenageando a logopeia que lia em Propércio, é cortantemente irônico e anacrônico. É anticonvencional nos longos versos de variada cadência, remontando a Walt Whitman, penso. Finalmente, "Homage to Sextus Propertius", como "Mauberley" e como "The waste land", é renovador em dois sentidos. Por um lado, homenageia e contesta a tradição que o precede e, por outro, o faz de tal modo a propor o poema como floração de um ramo que ele ao mesmo tempo inventa, já que "Propertius" é o primeiro exemplar importante do conceito de *tradução criativa* (ou *transcriação*, como preferia Haroldo de Campos) assim como da ideia de *tradução como crítica*, i.e., o refazer a tradição sob a consciência clara de que só um novo poema na língua de destino criticamente conduz e condiz ao poema na língua original.

"Hugh Selwyn Mauberley" (1920) exibe várias das características de inovação linguística que ressaltei acima em relação a "Propertius" e adiciona àquelas a não-referencialidade. "Mauberley" é um exímio exemplo da ideia, muito cara a Pound, de *persona*, i.e., uma máscara poética, produto da arte de habitar uma outra mente, um outro tempo, outro lugar. Pound faz uso de mais de uma voz sob o poema em "Mauberley", a ponto de não haver um amplo consenso crítico sobre de quem é cada voz e, por conseguinte, qual dentre elas subjaz a cada seção entre as várias que constituem o poema. Mais tarde, nos *Cantos*, este recurso à polifonia se tornaria mais amplo e mais intenso ainda.

Finalmente, "The waste land" (1922) é reconhecidamente, e com certa razão, o mais influente entre os poema-longos modernistas e ostenta, de modo nítido e em grau bem acentuado, todas as características que listei acima. Seu impacto inicial foi múltiplo, mas, fora dos círculos literários, o que mais deixou atônito o público leitor da época foi a indeterminação do poema. Com o tempo, depois de muita exegese e comentários, os muitos referenciais que sustentam e entretecem as várias seções aparentemente isoladas do poema foram sendo desvendados. A polifonia é implacável, constante e extremamente fragmentada e diversa; a não-linearidade é intrínseca, inextricável.

O poema é fragmentado, muito além do que a polifonia naturalmente induz; é mais alusivo ainda do que "Propertius" e "Mauberley" e espera dos leitores o conhecimento de um vasto arco de autores e obras; é extremista (por exemplo, no uso de línguas estrangeiras, ou de vários registros, de modalidades narrativas); é anticonvencional no sentido em que sua poética é ao mesmo tempo semelhante e distinta às que Pound instigava em "Propertius" e "Mauberley"; é renovador na medida em que, para quase todos os efeitos, define a poética do Modernismo e radicaliza e enraíza as inovações de Pound, pré-*Cantos*, as dos poetas continentais, principalmente franceses; e claro as da base laforguiana descortinadas em *Prufrock and other observations*. "The waste land" provou-se, assim, terra fértil, e ainda pulsa.

Bibliografia[1]

AYERS, David. *Modernism: a short introduction*. Oxford: Blackwell Publishing, 2004.

BENSTOCK, Shari. *Women of the Left Bank: Paris, 1900-1940*. Londres: Virago Press, 1986.

BIRNBAUM, Phyllis. *Glory in a line: a life of Foujita — The artist caught between East & West*. Londres: Faber and Faber, 2006.

BLÜMLINGER, Christa. "Minor Paris city symphonies". In: JACOBS, Steven; KINIK, Anthony; HIELSCHER, Eva (orgs.), 2019, cap. 3, pp. 66-75.

BRADBURY, Malcolm; MCFARLANE, James (orgs.). *Modernismo: guia geral, 1890-1930*. Tradução Denise Bottmann. São Paulo: Companhia das Letras, 1999.

BRIGGS, Julia. *Mirrlees, (Helen) Hope (1887-1978)*. Oxford Dictionary of National Biography, 2004. <https://doi.org/10.1093/ref:odnb/62695>.

_____. *Reading Virginia Woolf*. Edimburgo: Edinburgh University Press, 2006.

_____. *Modernism's Lost Hope: Virginia Woolf, Hope Mirrlees, and the Printing of "Paris"*. In: BRIGGS, Julia, 2006, pp. 80-95.

_____. *Hope Mirrlees and continental modernism*. In: SCOTT, Bonnie Kime (org.), 2007a, pp. 261-70.

_____. *Commentary on "Paris"*. In: SCOTT, Bonnie Kime (org.), 2007b, pp. 287-303.

BROOKER, Peter. *A student's guide to the selected poems of Ezra Pound*. Londres: Faber & Faber, 1979.

BURKE, Carolyn. *Becoming modern: the life of Mina Loy*. Nova York: Farrar, Strauss & Giroux, 1996.

CAWS, Mary Ann. *Mina Loy: Apology of Genius*. Londres: Reaktion Books, 2022.

CENDRARS, Blaise. *Complete poems*. Tradução Ron Padgett. Berkeley/Los Angeles: University of California Press, 1993.

---

[1] Os itens marcados com (*) não foram consultados e são listados apenas para a conveniência dos leitores.

_____. *Poésies complètes*, Claude Leroy (org.), Paris: Denöel, 2005. (*)

CHISHOLM, Anne. *Nancy Cunard*. Londres: Sidgwick & Jackson, 1979.

COCTEAU, Jean. *Le cap de Bonne-Espérance*. Paris: Éditions de la Sirène, 1919. (*)

_____. *Le cap de Bonne-Espérance suivi du Discours du grand sommeil*. Paris: Poésie/Gallimard, 1967.

CONOVER, Anne. *Olga Rudge & Ezra Pound: "What thou lovest well..."*. New Haven: Yale University Press, 2001.

COOPER, Diana. *Autobiography: "The rainbow comes and goes", "The light of common day" and "Trumpets from the steep"*. Londres: Faber & Faber, 2008. (*)

CRAWFORD, Robert. *Young Eliot: from St Louis to "The waste land"*. Londres: Vintage, 2016.

_____. *Eliot after "The waste land"*. Londres: Jonathan Cape, 2022.

CRYSTAL, David. *A dictionary of linguistics and phonetics*. (6ª ed.) Oxford: Blackwell Publishing, 2008.

CUNARD, Nancy. *Outlaws*. Londres: Elkin Matthews and Marrot, 1921.

_____. *Sublunary*. Londres: Hodder and Stoughton, 1923.

_____. *Parallax*. Londres: The Hogarth Press, 1925.

_____. *Poems-two-1925, etc.* Londres: Aquila Press, 1930. (*)

_____. *Black man and white ladyship, an anniversary*. Toulon: Privately printed, 1931. (*)

_____. *Man-ship-tank-gun-plane: A poem*. Londres: [s.n.], 1944a. (*)

_____. *Relève into maquis. [A poem.]*. Derby: Grasshopper Press, 1944b. (*)

_____. *Grand man: memories of Norman Douglas*. Londres: Secker and Warburg, 1954. (*)

_____. *G.M.: memories of George Moore*. Londres: Rupert Hart-Davis, 1956. (*)

_____. *These were the hours: memories of my Hours Press, Réanville and Paris, 1928-1931*. Hugh Ford (org.). Carbondale, Edwardsville: Southern Illinois University Press, 1969. (*)

_____. *Essays on race and empire*. Maureen Moynagh (org.), Peterborough, Ontario: Broadview Press, 2002. (*)

_____. *Poems of Nancy Cunard: from the Bodleian Library*. John Lucas (org.). Nottingham: Trent Editions, 2005. (*)

_____. *Parallaxe et autres poèmes (Hors-la-loi et Sublunaire)*. Tradução Dorothée Zumstein. Paris: Les Nouvelles Editions, 2016a.

_____. *Selected poems*. Sandeep Parmar (org.). Manchester: Carcanet Press, 2016b.

CUNARD, Nancy (org.). *Negro: an anthology*. Londres: Wishart & Co., 1934. (*)

_____. *Authors take sides on the Spanish Civil War*. Londres: Left Review, 1937. (*)

CUNARD, Nancy; PADMORE, George. *The white man's duty: an analysis of the colonial question in the light of the Atlantic Charter*. Londres: W. H. Allen, 1943. (*)

DAVIS, Alex; JENKINS, Lee M. (orgs.). *The Cambridge companion to modernist poetry*. Cambridge: Cambridge University Press, 2007.

_____. *A history of modernist poetry*. Cambridge: Cambridge University Press, 2015.

DE COURCY, Anne. *Five love affairs and a friendship: The Paris life of Nancy Cunard, icon of the jazz age*. Londres: Weidenfeld & Nicolson, 2022.

DICKIE, Margaret. *On the modernist long poem*. Iowa City: University of Iowa Press, 1986.

ELIOT, T. S. *Prufrock and other observations*. Londres: The Egoist, 1917.

_____. *The waste land*. Nova York: Boni & Liveright, 1922.

_____. *The poems of T. S. Eliot (volume 1: Collected and uncollected poems)*. Christopher Ricks e Jim McCue (orgs.). Londres: Faber & Faber, 2015.

_____. *Poemas*. Tradução Caetano W. Galindo. São Paulo: Companhia das Letras, 2018.

_____. *The waste land: a facsimile and transcript of the original drafts including the annotations of Ezra Pound (Centenary edition in full colour)*. Valerie Eliot (org.). Londres: Faber & Faber, 2022.

FAULKNER, William. *O som e a fúria*. Tradução Paulo Henriques Britto. São Paulo: Companhia das Letras, 2017.

FIELDING, Daphne. *The Rainbow Picnic: A Portrait of Iris Tree*. Londres: Eyre Methuen, 1974. (*)

FORD, Hugh (org.). *Nancy Cunard: brave poet, indomitable rebel 1896-1965*. Filadélfia: Chilton Book Company, 1968.

GALVÃO, Maíra Mendes. *Tradução enquanto prática teórica (e um ensaio tradutório do poema "Songs to Joannes", de Mina Loy)*. Dissertação de Mestrado, FFLCH-USP (DLM), dez. 2020.

GĄSIOREK, Andrzej. *A history of modernist literature*. Chichester: Wiley-Blackwell, 2015.

GAY, Peter. *Modernismo: o fascínio da heresia — de Baudelaire a Beckett e mais um pouco*. Tradução Denise Bottmann. São Paulo: Companhia das Letras, 2009.

GORDON, Lois. *Nancy Cunard: heiress, muse, political idealist*. Nova York: Columbia University Press, 2007.

GROSS, Jennifer R. (org.). *Mina Loy: strangeness is inevitable*. Princeton: Princeton University Press, 2023.

HAMILTON, Alexander; MADISON, James; JAY, John; GOLDMAN, Lawrence (orgs.). *The Federalist papers*. Oxford: Oxford University Press, 2008.

HARRISON, Jane. *Prolegomena to the Study of Greek Religion*. Cambridge: Cambridge University Press, 1908 (2ª ed.).

_____. *Themis: A study of the social origins of Greek religion*. Londres: Merlin Press, 1912.

HASS, Robert; EBENKAMP, Paul (orgs.). *Modernist women poets: an anthology*. Berkeley: Counterpoint Press, 2014.

HAUSSER, Elisabeth. *Paris au jour le jour: les évenéments vus par la presse, 1900-1919*. Paris: Les Editions de Minuit, 1968. (*)

HIGONNET, Patrice. *Paris, capital of the world*. Cambridge: Harvard University Press, 2002.

HOLLIS, Matthew. *The waste land: a biography of a poem*. Londres: Faber & Faber, 2022.

HOME, Stewart (org.). *What is situationism? A reader*. Edimburgo/São Francisco: AK Press, 1996.

HUMPHREY, Robert. *Stream of consciousness in the modern novel*. Berkeley: University of California Press, 1954.

JACKSON, Kevin. *Constelação de gênios: uma biografia do ano de 1922*. Tradução Camila Mello. Rio de Janeiro: Objetiva, 2015.

JACOBS, Steven; KINIK, Anthony; HIELSCHER, Eva (orgs.). *The city symphony phenomenon: cinema, art, and urban modernity between the wars*. Nova York: Routledge, 2019.

JANUZZI, Marisa Alexandra. *"Reconstru[ing] Scar[s]": Mina Loy and the Matter of Modernist Poetics*. PhD Dissertation. Columbia University, 1997.

KEEGAN, Paul. "Eliot's Letters". *London Review of Books*, vol. 42, nº 20, 22 out. 2020.

KOUIDIS, Virginia M. *Mina Loy: American modernist poet*. Baton Rouge: Louisiana State University Press, 1980.

LALÉ, David. *Last stop Salina Cruz*. Richmond: Alma Books, 2007.

LARAMÉE, François Dominic. *Introduction to stylometry with Python*. The Programming Historian, 21/4/2018, 28/10/2021. <https://doi.org/10.46430/phen0078>.

LEVENSON, Michael (org.) *The Cambridge companion to Modernism*. Cambridge: Cambridge University Press, 2005.

LOGUE, Antonia. *Shadow-box*. Londres: Bloomsbury, 1999.

LOY, Mina. *Love songs*. Alfred Kreymborg (org.) *Others*, vol. 1, nº 1. Nova York: Alfred Kreymborg, 1º jul. 1915.

_____. *To you*. William Carlos Williams (org.). *Others*, vol. 3, nº 1. Nova York: Alfred Kreymborg, 1º jul. 1916.

_____. *Songs to Joannes*. Alfred Kreymborg (org.). *Others*, vol. 3, nº 6. Nova York: Alfred Kreymborg, 1º abr. 1917.

_____. *Lunar Baedecker* [sic]. Paris: Contact Publishing Co., 1923.

_____. *The last lunar Baedeker*. Roger L. Conover (org.). Manchester: Carcanet Press, 1985.

_____. *The lost lunar Baedeker*. Roger L. Conover (org.). Nova York: Farrar, Strauss & Giroux, 1996.

_____. *Poemas de Mina Loy*. Tradução Virna Teixeira. *Cadernos de Literatura em Tradução*, (7), pp. 229-39, 2006.

_____. *Stories and essays of Mina Loy*. Sara Crangle (org). Champaign: Dalkey Archive Press, 2011.

_____. *Insel*. Elizabeth Arnold (org.). Londres: Melville House Publishing, 2014a.

_____. *Apologia do gênio*. Tradução Felipe Rizzo. *Escamandro*, 5/2/2014b.

_____. *Parto*. Tradução Guilherme Gontijo Flores. *Escamandro*, 28/3/2014c.

_____. *Canções para Joannes*. Tradução Álvaro A. Antunes. *Escamandro*, 30/3/2020a.

_____. *Escritura estilhaçada: manifesto feminista, notas sobre a existência e outros escritos*. Tradução Maíra Mendes Galvão. São Paulo: edições 100/cabeças, 2020b.

_____. *Canções para Joannes*. Tradução Miguel Cardoso. Lisboa: não (edições), 2022.

MACKRELL, Judith. *Flappers: six women of a dangerous generation*. Londres: Picador, 2013.

MACMILLAN, Margaret. *Paris 1919: Six months that changed the world*. Nova York: Random House, 2019.

MARCUS, Jane. *Cunard, Nancy Clara (1896-1965)*. Oxford Dictionary of National Biography, 2004. <https://doi.org/10.1093/ref:odnb/39454>.

_____. *Nancy Cunard: a perfect stranger*. Clemson: Clemson University Press, 2020.

MIRRLEES, Hope. *Madeleine, one of love's Jansenists [a novel]*. Londres: W. Collins Sons & Co., 1919.

_____. *Paris: a poem*. Londres: The Hogarth Press, 1920. fac-símile: <https://www.bl.uk/collection-items/paris-by-hope-mirrlees>.

_____. *The Counterplot*. Londres: W. Collins Sons & Co., 1924.

_____. *Paris: a poem* (revised). *Virginia Woolf Quarterly* I.2 (1973), California State University Press, pp. 4-17.

_____. *Moods & tensions: poems*. Oxford/Teerã: Amate Press, 1976.

_____. *Collected poems*. Sandeep Parmar (org.). Manchester: Carcanet Press, 2011.

_____. *Lud-in-the-mist*. Londres: Gollancz, 2013.

_____. *Paris: a poem*. Londres: Faber & Faber, 2020a.

_____. *Paris: um poema*. Tradução Álvaro A. Antunes. *Escamandro*, 3/8/2020b.

Moshenka, Joe. "The poet and the whale", *Literary Review*, abr. 2022.

Nicolson, Juliet. *The perfect summer: dancing into shadow in 1911*. Londres: John Murray, 2007.

North, Michael. *The Making of "Make It New"*. Guernica, 15/8/2013.

Parmar, Sandeep. *Reading Mina Loy's autobiographies: myth of the modern woman*. Londres: Bloomsbury, 2013.

Peterson, Rai. "Parallax: a knowing response to T. S. Eliot's 'The waste land'". *Studies in the Humanities*, vol. 21, 2015.

Potter, Rachel; Hobson, Suzanne (orgs.). *The Salt Companion to Mina Loy*. Londres: Salt Publishing, 2010.

Pound, Ezra. "A few don'ts by an imagiste". *Poetry: A Magazine of Verse* (mar. 1913), pp. 200-6.

_____. *Ta Hio: The Great Learning*. Seattle: University of Washington Book Store, 1928.

_____. *Poesia*. Tradução Augusto de Campos, Haroldo de Campos, Décio Pignatari, J. L. Grünewald e Mário Faustino. Brasília: Hucitec/UnB, 1983.

_____. *Lustra*. Tradução Dirceu Villa. São Paulo: Selo Demônio Negro, 2019.

_____. *Extrapound*. Tradução Augusto de Campos. São Paulo: Selo Demônio Negro, 2020.

Pugliesi, Lucas Bento. "A escritura de Mina Loy entre figurações do feminino na virada do século". *Criação & Crítica* (19), pp. 58-70, 2017.

Rainey, Lawrence. *The annotated "Waste land" with Eliot's contemporary prose*. New Haven: Yale University Press, 2005.

Robertson, George. "The Situationist International: its penetration in British culture". In: Home, Stewart (org.), 1996, pp. 107-33.

Rodker, John. *Poems & Adolphe 1920*. Andrew Crozier (org.). Manchester: Carcanet Press, 1996.

Ross, Stephen; Polk, Noel. *Reading Faulkner: The sound and the fury*. Jackson: University of Mississippi Press, 1996.

Ruthven, K. K. *A guide to Ezra Pound's* Personae *(1926)*. Berkeley: University of California Press, 1969.

Scott, Bonnie Kime (org.). *The gender of Modernism: a critical anthology*. Bloomington: Indiana University Press, 1990.

_____. *Gender in Modernism: new geographies, complex interactions*. Urbana: University of Illinois Press, 2007.

Scuriatti, Laura. *Mina Loy's critical modernism*. Gainesville: University of Florida Press, 2019.

Seymour-Jones, Carole. *Painted shadow: a life of Vivienne Eliot*. Londres: Constable, 2001.

SHATTUCK, Roger. *The banquet years: The origins of the avant-garde in France, 1885 to World War I*. Londres: Jonathan Cape, 1969.

SHREIBER, Maera; TUMA, Keith (orgs.). *Mina Loy: woman and poet*. Orono: The National Poetry Foundation, 1998.

SLATER, Ann Pasternak. *The fall of a sparrow: Vivien Eliot's life and writings*. Londres: Faber & Faber, 2020.

SONTAG, Susan. *Contra a interpretação e outros ensaios*. Tradução Denise Bottmann. São Paulo: Companhia das Letras, 1999.

SOUHAMI, Diana. *Wild girls: Paris, Sappho and art: The lives and loves of Natalie Barney and Romaine Brooks*. Londres: Weidenfeld & Nicolson, 2004.

_____. *No modernism without lesbians*. Londres: Head of Zeus, 2020.

TAYLOR, D. J. *Bright young people: the rise and fall of a generation 1918-1940*. Londres: Vintage, 2008.

TAYLOR, Gary; EGAN, Gabriel (orgs.). *The new Oxford Shakespeare: Authorship companion*. Oxford: Oxford University Press, 2017.

TEARLE, Oliver. *The great war, "The waste land" and the modernist long poem*. Londres: Bloomsbury Academic, 2019.

UNGARETTI, Giuseppe. "Ultimi cori per la terra promessa" (16). In: *Il taccuino del vecchio 1952-1960*. Tradução Andrew Frisardi (org.). Manchester: Carcanet Press, 2003, p. 218.

WILHELM, James J. "Nancy Cunard: a sometime flame, a stalwart friend". *Paideuma* 19.1-2, 1990a.

_____. *Ezra Pound in London and Paris (1908-1925)*. Pensilvânia: The Pennsylvania State University Press, 1990b.

WOOLF, Virginia. *The diary of Virginia Woolf — volume 2 (1920-1924)*. Anne Olivier Bell (org.). Harmondsworth: Penguin Books, 1981.

Sobre o tradutor

Álvaro A. Antunes Fernandes nasceu em 1953 em Além Paraíba, MG, e lá cresceu. Viveu o ano de 1970 em Long Island, nos EUA. Por quinze anos, viveu e trabalhou em São Paulo e no Rio de Janeiro, na indústria informática. Em 1984 graduou-se em Economia, no Rio de Janeiro; em 1990, obteve um mestrado em inteligência artificial em Edimburgo, na Escócia, e, lá também, em 1995, um doutorado em ciência da computação. Viveu no Reino Unido os últimos trinta e cinco anos. Na área de ciência da computação, foi pesquisador na Heriot-Watt University, em Edimburgo, por seis anos e, depois, professor no Goldsmiths College, da Universidade de Londres, por dois anos e, por vinte anos, na Universidade de Manchester, onde se aposentou em 2018. Desde então, vive em Buxton, Derbyshire.

Nos anos 1980 foi um dos fundadores da Interior Edições, para a qual traduziu *The Aspern Papers/Os papéis de Aspern*, de Henry James (1984), *The Hunting of the Snark/A caça ao turpente*, de Lewis Carroll (1984), os *Canti/Cantos*, de Giacomo Leopardi (1985), e *Safo: tudo que restou* (1987), uma recriação indireta dos fragmentos de Safo. Traduziu a versão de Ezra Pound para o inglês moderno do poema anglo-saxão "The Seafarer" (do século VIII) para o *Suplemento Literário de Minas Gerais*, e esparsos de Novalis, Púchkin, Ezra Pound e Catulo para a revista eletrônica *Musa Rara*. Para a revista eletrônica *Escamandro*, traduziu Mina Loy e Hope Mirrlees. Em 2021 sua tradução integral dos *Cantos* de Leopardi foi relançada pela Editora 34, em edição bilíngue, inteiramente revista, e recebeu o Prêmio APCA de Tradução.

Este livro foi composto em Sabon pela Franciosi & Malta, com CTP e impressão da Edições Loyola em papel Pólen Natural 80 g/m² da Cia. Suzano de Papel e Celulose para a Editora 34, em junho de 2024.